**· BU**

Biblioteca Universale Rizzoli

A Davide,

a cnobate

al bivio

delle

? he vi de

Lench
Nov 2015

# Attilio Bolzoni in BUR

## Il capo dei capi
### Vita e carriera criminale di Totò Riina
*con Giuseppe D'Avanzo*

La storia di Totò Riina, da picciotto a capo indiscusso
di Cosa Nostra. L'ascesa sanguinaria e spietata di colui che ha
portato i contadini di Corleone ai vertici del governo mafioso,
riscrivendo completamente le regole del gioco.

**Saggi** - Pagine 288 - ISBN 1701924

# Attilio Bolzoni

# PAROLE D'ONORE

BUR

FUTUROPASSATO

Proprietà letteraria riservata
© 2008 RCS Libri S.p.A., Milano

ISBN 978-88-17-02505-8

Prima edizione BUR Futuropassato settembre 2008

Per conoscere il mondo BUR visita il sito **www.bur.eu**

# Parole d'onore

# Appunti

Sono voci che provengono da un altro mondo. Salgono minacciose, stordiscono. A volte arrivano sfuggenti e all'apparenza innocue, a volte sono volutamente cariche di presagi. Nascondono sempre qualcosa, portano sempre un messaggio. Tutto è messaggio nella loro parlata. Anche i dettagli che sembrano più irrilevanti, i gesti che accompagnano o prendono il posto delle voci. Anche i silenzi. È un coro inquietante che ho ritrovato sul mio taccuino. Quelle parole e quei «discorsi» sono diventati i miei appunti.

In questo libro i mafiosi raccontano l'ultimo mezzo secolo della loro Sicilia. Parlano di moralità e famiglia, di affari e delitti, di regole, amori, amicizie tradite, di religione e di Dio, soldi e potere, di vita e di morte. Del rapporto con il carcere e con la legge, di latitanze infinite, dello Stato.

In alcune circostanze scoprono le loro fragilità, in altre mostrano una fibra stupefacente. E ricordano con rimpianto antichi privilegi, descrivono i luoghi simbolo della loro autorità. L'Ucciardone, primo fra tutti. Confessano il loro passato o difendono il loro presente. Parlano ancora di mogli e di figli, di padri, di sorelle o fratelli rinnegati. Spiegano chi sono e da dove vengono. Uno di loro dice: «Perché in Sicilia, quello a cui non si può rinunziare, è la considerazione che hanno gli altri per te». È quella che loro chiamano la *dignitudine*. Il libro è il resoconto di un viaggio dentro i territori mafiosi. È una raccolta dei loro pensieri e dei loro «ragionamenti». Parole d'onore.

Un inventario di follie. Una combinazione fra il delirio e la logica più implacabile, fra la paranoia e una spaventosa razionalità. Non è solo un linguaggio e non è solo un codice quello di mafia: è esercizio d'intelligenza, esibizione permanente di potere. Ogni riflessione è un calcolo, ogni modo di dire svela una natura di criminali molto speciali. L'interpretazione delle loro parole consente di penetrare in quell'altro mondo, di attraversarlo riconoscendone i segni, fiutandone odori e umori.

«Conoscere i mafiosi ha influito profondamente sul mio modo di rapportarmi con gli altri e anche sulle mie convinzioni. Per quanto possa sembrare strano, la mafia mi ha impartito una lezione di moralità» spiegava Giovanni Falcone in *Cose di Cosa Nostra* a Marcelle Padovani. Falcone è stato il primo, con il rigore del magistrato e la passione civile di certi grandi siciliani, a esplorare sino in fondo la mentalità mafiosa. Diceva: «Conoscendo gli uomini d'onore ho imparato che le logiche mafiose non sono mai sorpassate né incomprensibili. Sono in realtà le logiche del potere, e sempre funzionali a uno scopo. In certi momenti, questi mafiosi mi sembrano gli unici esseri razionali in un mondo popolato da folli. Anche Sciascia sosteneva che in Sicilia si nascondono i cartesiani peggiori».

Nelle pagine di questo libro troverete le parole di mafiosi grandi e piccoli, noti e meno noti, i palermitani e quegli altri delle province interne, pentiti e mai pentiti. Sottoterra o dimenticati. Leonardo Messina. Tommaso Spadaro. Giuseppe Di Cristina e Pino Marchese, Masino Buscetta, Totò Riina, Nino Salvo, Pietro Aglieri, Stefano Giaconia, Luciano Liggio, Giuseppe Joe Gambino, Tano Badalamenti, Vito Ciancimino, Calogero Ganci, Gioacchino La Barbera, Giovanni Brusca, Aurelio Neri, Nino Rotolo, Francesco Inzerillo, Bernardo Provenzano, Gaspare Mutolo, Totuccio Contorno, Giovanni Bontate, Michele Greco, Matteo Messina Denaro, Antonino Giuffrè, Nino Calderone, Angelo Siino. E tanti, tanti altri ancora. Ogni capitolo è una storia a parte, però mai del tutto separata dalle altre. È come un fiume sotterraneo che scorre nella vicenda siciliana per oltre cinquant'anni. È un andare avanti e indietro nel tempo con un ordine dettato dalle loro argomentazioni. Sempre le stesse, sempre uguali. Eterne. Ogni capitolo ha dentro una frase di mafia. Riferita a un processo o a un pubblico ministero. Carpita da una microspia. Urlata o sussurrata in una piazza. Sono molte voci ma la trama è una sola. Tutto si tiene in Cosa Nostra.

Il libro si articola in cinque sezioni. La prima «entra» in quella che è la *tradizione* mafiosa, la seconda nella *tragedia*. Poi c'è una parte che ricostruisce le «relazioni esterne» di Cosa Nostra, in particolare il suo rapporto con lo *Stato*. Giustizia, politica, soldi. La quarta parte parla del *silenzio*, la sommersione mafiosa seguita al rumore delle stragi del 1992. E, alla fine, c'è il futuro. Le incertezze e le paure degli eredi dei grandi capi. Il destino di Cosa Nostra.

Gran parte del materiale è ricavato da verbali di udienze e da interrogatori, atti pubblici e consultabili. Qualche intervista l'ho recuperata nel mio archivio. Come quella celebre di Mario Francese a Ninetta Bagarella. Alcune citazioni e alcuni brani sono stati testualmente riportati da libri dove i boss si confessano, ogni riferimento è indicato nelle fonti in fondo a queste pagine.

Il mio mestiere di giornalista mi ha portato anche a far conoscenza con molti di loro. Nei Palazzi di giustizia. Nelle borgate. Qualche volta anche nello loro case. Li ho incrociati sulle strade di Palermo, dove un quarto di secolo fa infuriava la guerra di mafia. Fra gli ultimi orti di Brancaccio e dopo le case diroccate sul mare della Bandita, dietro i palazzoni di Passo di Rigano e dell'Uditore, in mezzo ai vicoli dell'Acquasanta e dell'Arenella. Li ho rivisti qualche anno dopo rinchiusi nelle gabbie delle aule bunker. Un osservatorio unico per capire il loro pensiero.

Dal maxiprocesso di Palermo dell'inverno 1986 alle ultime scorribande della primavera del 2008. Dai Buscetta e dai Liggio – passando per Totò Riina e per le stragi – fino al «decalogo» ritrovato nel covo dei Lo Piccolo, padre e figlio, capi improvvisati di una Cosa Nostra dall'incerto futuro.

Un'ultima avvertenza. In alcune pagine sono citate parole di personaggi che non sono mafiosi. Parlano di mafia e di Sicilia. Con disagio o con fastidio, anche loro trasportando in qualche modo un messaggio.

L'idea di questo libro è nata tanto tempo fa, forse nel 1993. Nelle settimane successive all'arresto di Totò Riina ho soggiornato per qualche tempo a Corleone, in più di un'occasione ho avuto modo di incontrare suo fratello Gaetano. Ero là per ricostruire la vita di quei «contadini» siciliani che avevano tenuto in ostaggio lo Stato italiano. Con Gaetano Tanuzzu Riina abbiamo parlato di tante cose. Anche di Tommaso Buscetta. Di quello che aveva confessato al giudice Falcone. Di quello che aveva fatto nella sua esistenza fra la Sicilia e l'America, Palermo e il Brasile.

Gaetano Riina, un giorno, mi ha dato una risposta che ho riconosciuto come una delle più formidabili parole d'onore mai sentite. Mi ha detto, a proposito del pentimento di Buscetta: «Ha visto il mondo e gli è scoppiato il cervello».

*Attilio Bolzoni*

Corleone, paese siciliano a cinquantasei chilometri da Palermo. I corleonesi più famosi. Bernardo da Corleone, santo. Francesco Paolo Nascè, letterato. Bernardino Verro, sindaco socialista assassinato dalla mafia. Madre Teresa Cortimiglia, fondatrice dell'Ordine delle suore francescane di Santa Chiara. Pippo Rizzo, pittore. Francesco Bentivegna, patriota fucilato dai Borboni. San Leoluca, abate basiliano. Placido Rizzotto, sindacalista ucciso dalla mafia. Salvatore Riina, Bernardo Provenzano e Vito Ciancimino, mafiosi.

Mario Puzo, l'autore de Il Padrino, ha chiamato il protagonista del suo romanzo Vito Corleone. Vito come Ciancimino. Corleone come il paese.

# «Ha visto il mondo e gli è scoppiato il cervello»

## Gaetano Riina detto Tanuzzu

Corleone, primavera del 1993. Il paese siciliano è in stato di assedio, occupato militarmente da reparti polizieschi, isolato. In ogni strada c'è un furgone con un'antenna che manda e riceve segnali, ogni due porte c'è una casa piena di *spilli*. Cimici. Corleone è un grande microfono.

Sono passati soltanto cento giorni dalla cattura di Totò Riina e fra i viottoli polverosi che scendono dalla Rocca del Mascaro è caccia grossa a tutti gli altri latitanti. Li cercano nelle masserie dietro la Montagna dei Cavalli e a valle, verso i confini di un monastero. La famiglia di Totò Riina è appena tornata in paese. La moglie Ninetta, i figli Giovanni e Salvo, le figlie Maria Concetta e Lucia. Abitano tutti al numero 24 di via Scorsone, nella parte alta del paese dove un vicolo si arrampica fino alla vecchia fabbrica del ghiaccio. Ogni mattina nella piccola piazza davanti al municipio appare come un fantasma Gaetano Riina, il fratello più piccolo del capo dei capi di Cosa Nostra. È un uomo dall'aspetto umile, basso, tarchiato e sgraziato, sempre infagottato in vestiti troppo lunghi e troppo larghi.

La sua vecchia utilitaria è posteggiata in un cortile, il motore che brontola, che butta fumo e perde olio. La sua famiglia è la più potente della Sicilia. Ha tesori nascosti nei forzieri di mezza Europa, ma Tanuzzu sembra un miserabile, sembra ancora il contadino di cinquant'anni prima che zappava la terra nei feudi dei conti e dei baroni. Mai ostentare ricchezza, mai esibire averi. Per i Riina è sempre stato un assillo.

Sulla piazza di Corleone Tanuzzu incontra i suoi compaesani. Sono lunghe giornate aspettando tutto e niente, sotto il sole del primo caldo siciliano. Sono lunghi dialoghi fatti di sguardi, di cenni e di silenzi. È una parlata contorta, faticosa. Ogni tanto una frase lasciata in sospeso, una pausa e poi un'altra mezza parola.

Sfrecciano i blindati lungo le strade del paese, qualcuno ricorda la retata della notte precedente e quell'altra del mese passato, i carabinieri che hanno chiuso tutte le vie d'entrata e d'uscita e poi se ne sono andati all'alba. A mani vuote, senza un ricercato.

Un pentito li aveva portati a Corleone. Uno come Tommaso Buscetta. Quel nome viene appena mormorato in piazza. Tanuzzu fa finta di non sentirlo, le sue labbra però si piegano in una smorfia. Poi si volta lentamente e sibila: «Quello è pazzo». Gaetano Riina lo ripete un'altra volta – «Quello è pazzo» – senza cambiare il tono della voce, senza muovere un muscolo, senza mai guardare negli occhi gli altri.

Tommaso Buscetta, il più grande nemico di Cosa Nostra, quello che *ha consumato famiglie e cristiani*, non accende l'ira di Gaetano Riina. È come se Tanuzzu parlando di lui non portasse più rancore, come se avesse seppellito in fondo al cuore ogni risentimento. Tanuzzu comincia a fare un elenco, ricorda tutti gli uomini che nella sua giovinezza hanno lasciato Corleone e Prizzi e Piana degli Albanesi per andare lontano, fuori dalla Sicilia. Uomini che hanno scelto di non vivere più in quell'isola chiusa, distante, diversa. Un recinto. Una tribù.

«Tommaso Buscetta ha viaggiato» dice Gaetano Riina ai suoi compaesani. È andato in Continente, a Milano e a Torino. È andato a New York. E poi in Brasile. Sulla piazza di Corleone, Gaetano Riina scopre a se stesso e agli altri l'origine della follia di Tommaso Buscetta. Rassegnato sussurra: «Ha visto il mondo e gli è scoppiato il cervello».

# LA TRADIZIONE

# La Commissione

## 1960

Capo: Salvatore Greco detto Cicchiteddu
Capimandamento:
Antonino Matranga (famiglia di Resuttana)
Mariano Troia (famiglia di San Lorenzo)
Michele Cavataio (famiglia dell'Acquasanta)
Calcedonio Di Pisa (famiglia della Noce)
Salvatore La Barbera (famiglia di Palermo centro)
Cesare Manzella (famiglia di Cinisi)
Giuseppe Panno (famiglia di Casteldaccia)
Antonio Salamone (famiglia di San Giuseppe Jato)
Lorenzo Motisi (famiglia di Pagliarelli)
Salvatore Manno (famiglia di Boccadifalco)
Francesco Sorci (famiglia di Villagrazia)
Mario Di Girolamo (famiglia di Corso Calatafimi)

*Alla fine degli anni Sessanta, dopo la guerra fra i Greco e i La Barbera, Cosa Nostra si riorganizza con un «governo provvisorio», il Triumvirato.*

Triumvirato:
Gaetano Badalamenti (famiglia di Cinisi)
Stefano Bontate (famiglia di Santa Maria del Gesù)
Luciano Liggio (famiglia di Corleone)

## 1975

Capo: Gaetano Badalamenti
Capimandamento:
Antonio Salamone (famiglia di San Giuseppe Jato)
Luciano Liggio (famiglia di Corleone)
Stefano Bontate (famiglia di Santa Maria del Gesù)
Rosario Di Maggio (famiglia di Passo di Rigano)
Salvatore Scaglione (famiglia della Noce)
Giuseppe Calò (famiglia di Porta Nuova)
Rosario Riccobono (famiglia di Partanna Mondello)
Filippo Giacalone (famiglia di San Lorenzo)
Michele Greco (famiglia di Croceverde Giardina-Ciaculli)
Nenè Geraci «il vecchio» (famiglia di Partinico)

Cercando «mafia» su Google, i risultati trovati nel maggio 2008 sono stati 60 milioni e 200 mila. Alla voce «Cosa Nostra» sono stati 2 milioni e 280 mila. La richiesta «Totò Riina» ha consegnato 181 mila siti e quella «Bernardo Provenzano» 197 mila.

Eppure fino a qualche decennio fa la mafia c'era e non c'era. I siciliani la pativano ma ne parlavano come di un'antica setta in via di estinzione. Agli italiani l'ha fatta conoscere per la prima volta Leonardo Sciascia con Il giorno della civetta. Era il 1961.

# «Come carta ti brucio, come santa ti adoro»

## Leonardo Messina

È un predestinato. Anche il nonno del nonno del suo bisnonno era *combinato*, il primo della sua razza che avevano fatto uomo d'onore. Da sette generazioni si tramandano sangue e mafiosità. Nel 1980 tocca a lui, a Leonardo, nato a San Cataldo, un paese a sette chilometri e a quattordici tornanti da Caltanissetta. Il centro della Sicilia.

«Io mi sentivo un figlio d'arte. Mio nonno paterno, che si chiamava Leonardo come me, era rappresentante della famiglia di Serradifalco, mio zio materno Cataldo La Marca era capodecina della famiglia di San Cataldo, il papà di mia suocera Vincenzo Sollami era sottocapo... io ho la carica di capodecina...»

Leonardo Messina ha trentadue anni quando racconta la sua storia.

«Non è che uno la mattina si alza e dice "da oggi faccio parte di Cosa Nostra". Ti seguono fin da bambino, ti crescono, ti osservano, ti allevano, ti insegnano a sparare e a uccidere. Poi ci sono anche uomini che entrano in Cosa Nostra con il destino di diventare capi. Ed è così.»

C'è un apprendistato. Può essere lungo o anche molto breve.

«Il primo passo è quello di *avvicinati*, dopo un periodo di avvicinamento che può durare uno, cinque o vent'anni, dipende dalla persona, qualcuno ti dice che è arrivata l'ora di entrare a far parte di Cosa Nostra. Però, quando ti chiamano, tu sai già dove stai entrando, anche perché hai già servito questi uomini. Sai perfettamente qual è il discorso. E comunque c'è sempre una persona che ti guida.»

È il padrino, il *pipino* nel dialetto stretto delle province interne dell'isola.

«Ognuno si sceglie il suo. Il mio *pipino* è stato Vincenzo Burcheri, fu lui a pungermi. Fu lui e non il capodecina Luigi Calì in quanto poco prima, il 16 novembre 1980, Calì era stato ucciso e la famiglia di San Cataldo era stata decapitata. Avevano fatto fuori anche Liborio Terminio. Di solito la riunione per affiliarti è come una festa alla quale partecipano tantissime persone, cominciano a spiegarti tutti i problemi, nessuno però ti spiega le regole di Cosa Nostra. Quelle devi intuirle da solo, te le spiegheranno poi, a poco a poco.»

Il predestinato di San Cataldo ricorda il momento che aspettava da una vita.

«Avevo alle mie spalle Vincenzo Burcheri, c'era tutta la Commissione provinciale, con un ago mi hanno punto il polpastrello di un dito e mi hanno dato in mano una santina che raffigurava la Madonna dell'Annunziata, l'hanno macchiata con il mio sangue, le hanno dato fuoco e io me la passavo da una mano all'altra. Poi mi hanno suggerito le parole da dire. Mi hanno detto di ripetere: "Come carta ti brucio, come santa ti adoro, come brucia questa carta deve bruciare la mia carne se un giorno tradirò la Cosa Nostra".»

Leonardo è uomo d'onore. Tutti lo abbracciano, tutti lo baciano.

La *punciuta*. Agli iniziati chiedono il dito indice della mano destra, la mano che spara. In alcune borgate una volta usavano le spine di arancio amaro. A Riesi era una spilla d'oro, sempre la stessa.

La santina che ogni mafioso venera è quella della Madonna dell'Annunziata. È la patrona di Cosa Nostra. Si festeggia il 25 marzo.

# «Il giuramento somiglia ai dieci comandamenti»

## Salvatore Contorno detto Totuccio

«Se mi trovo qui è per salvarmi la vita. La mia famiglia è sistemata, se muoio io non mi interessa nulla. E mi trovo qui anche perché Cosa Nostra è diventata una banda di vigliacchi e di assassini. I veri pentiti di Cosa Nostra sono loro, ora tutto è cambiato, ammazzano anche le donne e i *picciriddi*. Infami sono loro, se dicono cornuto a me. Nella mia famiglia cornuti non ce n'è, ma nelle loro famiglie sì. Allora cornuto non sono io, cornuti sono loro.»

«È stato nel 1975 che sono stato chiamato a fare il giuramento. Fu la buonanima del mio amico Mimmo Teresi a portarmi dalla buonanima di Stefano Bontate. Con le forze o con le buone sono stato costretto a rimanere dentro Cosa Nostra. Il giuramento somiglia ai dieci comandamenti: non guardare la donna d'altri, dì sempre la verità, chi tradisce Cosa Nostra sarà bruciato come un santino. Prima uno viene *frequentato*, per capire se è un carabiniere o no, poi accertano se in famiglia ci sono corna, insomma se c'è gente buona.»

«Michele Greco è un traditore. Dei morti ammazzati a Palermo tutta la colpa ce l'ha lui. Se lui voleva, poteva dire: no, queste cose non si fanno. Io di Michele Greco posso raccontare dei discorsi molto vecchi, di quando ero ragazzino. Michele Greco è il figlio di Piddu il Tenente, sì, proprio un tenente dei carabinieri. Fra il 1940 e il 1945 c'era stata una lite tra i Greco di Ciaculli e i Greco di Croceverde Giardina. C'era stata una festa paesana e ne è venuto fuori un morto, il fratello di Michele Greco. A questo punto Piddu il Tenente – infamone, infame morto dove si trova – ha denunciato i fatti alla polizia dicendo che il figlio gliel'avevano ucciso Totò

Pace di Ciaculli e Paolino Greco e altre due persone. Quattro *cristiani* che hanno preso trent'anni a testa. Perciò, nell'usanza che io conoscevo, quando uno è figlio di un padre così infame, non poteva diventare uomo d'onore. Questa è stata la rottura di Cosa Nostra. Nel nostro ambiente, quando uno ha un padre infame o una madre *buttana* o uno zio finanziere, non può entrare in Cosa Nostra.»

«Improvvisamente sbucò una motocicletta e Pino Greco, sul sellino posteriore, sparò contro di me una raffica di kalashnikov. Intuii la mossa e, mentre guidavo la macchina, buttai fuori mio figlio e l'altro bambino che era con me. Presi la pistola, Pino Greco mi sparò ancora, io sono sicuro di averlo colpito al petto. Ho saputo poi che aveva addosso un giubbotto antiproiettile.»

«Dopo essere scampato all'attentato me ne andai a Roma per cercare Pippo Calò. Non per farmi aiutare da lui, ma per ammazzarlo. Gli impicci della droga li aveva tutti in mano Calò, non è fesso, aveva un sacco di beni ma nemmeno un'unghia intestata a suo nome. Mentre ero a Roma mi ammazzarono un po' di parenti, tanto per farmi paura... a me, che non ho mai avuto paura di nessuno. Questi sono gli uomini d'onore che abbiamo oggi a Palermo: dovevano ammazzare me, non quelli innocenti.»

«Insieme alla buonanima del mio amico Mimmo Teresi e ad altri quattro sono stato invitato da Rosario Riccobono per una *mangiata*, una pacificazione. Ho detto a Teresi: Mimmo, guarda che è una gabbia, guarda che è una trappola. Loro andarono e non tornarono più. Li ho aspettati per ore e ore. Soltanto così mi sono salvato. Per la seconda volta.»

# «Lui è come a noi»

## Tommaso Buscetta

«Io sono stato fatto uomo d'onore nel 1946. Ero molto giovane, direi bambino. A quel tempo si mandavano biglietti a tutte le famiglie e in tutta la Sicilia, per sapere chi aveva da dire contro il giovane proposto. Allora c'erano dei valori più morali. Non era necessario che un uomo d'onore sapesse sparare, era necessario che ci fossero quelli che sapevano sparare.»

«Sono stati fatti uomini d'onore avvocati, dottori, ingegneri, principi. Questi non vanno e non andavano a sparare. Erano fatti uomini d'onore perché servivano alla causa comune, chi perché aveva il feudo, chi perché doveva curare le ferite. Tutte queste persone aderivano con molta volontà. Cosa Nostra non si accingeva a fare un uomo d'onore se non dopo averlo sperimentato, sperimentato, sperimentato.»

«Mi hanno detto che era nata per difendere i deboli dai soprusi dei potenti, per affermare i valori dell'amicizia, del rispetto della parola data. In una parola, il senso dell'onore. Cosa Nostra faceva la legge sulla nostra isola... Perché noi siciliani ci siamo sentiti trascurati, abbandonati dai governi stranieri e anche da quello di Roma.»

«La parola mafia è un'invenzione letteraria. I veri "mafiosi" sono chiamati semplicemente uomini d'onore o soldati. Ognuno di essi fa parte di una famiglia. Nella famiglia vi sono il capo, eletto dagli uomini d'onore, che a sua volta nomina il sottocapo e uno o più consiglieri. Se però la famiglia è grande, anche i consiglieri sono eletti, in numero non superiore a tre. Poi ci sono i capidecina. Il capo della famiglia viene chiamato rappresentante. Le famiglie sono riunite a tre a tre ed esprimono un capomandamento, che è la persona votata dalle tre famiglie per rappresentarle in Commissione. I membri dalla Commissione, ai miei tempi, duravano nella carica per tre anni, ma non so se tuttora vengono rispettate queste regole. Attualmente, la profonda degenerazione dei principi ispiratori di Cosa Nostra ha portato come conseguenza che queste regole vengono rispettate solo formalmente, perché nella realtà la Commissione è lo strumento attraverso il quale colui o coloro che dominano impongono la loro volontà.»

«Dopo la Commissione c'è la Commissione interprovinciale, che è costituita dai rappresentanti delle province di Palermo, Catania, Caltanissetta, Agrigento e Trapani. L'Interprovinciale tratta problemi che vanno al di sopra dell'interesse della piccola borgata. Se si dovesse decidere, è solo un esempio, un colpo di Stato, allora si riunirebbe la Commissione interprovinciale. Nell'Interpovinciale, da uno a dieci comandano: Palermo 10, Trapani 8, Agrigento 8, Caltanissetta 6, Catania 4.»

«Quando gli uomini d'onore parlano fra loro, però di fatti che attengono a Cosa Nostra, hanno sempre l'obbligo assoluto di dire la verità. Chi non dice la verità noi lo chiamiamo *tragediaturi* e può subire punizioni che vanno dall'espulsione – in tal caso si dice che l'uomo d'onore è *posato* – fino alla morte. L'uomo d'onore non cessa mai di essere tale, fino a quando vive. Un uomo d'onore non si può presentare da solo a un altro uomo d'onore, poiché nessuno dei due avrebbe mai la certezza di parlare effettivamente con un uomo d'onore. Ci deve essere sempre un terzo uomo d'onore, che li conosca entrambi e li presenti. Dicendo: *lui è come a noi* oppure *lui è la stessa cosa*. Questa è la Cosa Nostra.»

# «Siamo uomini d'onore, siamo l'élite della criminalità. Siamo i peggiori di tutti»

Antonino Calderone

«Ogni uomo d'onore si sente tale. E lo sa, e se lo ripete dentro di sé continuamente, e si sente superiore a qualsiasi altro malvivente. Quando vede i ragazzi della criminalità comune li osserva bene, li coltiva nell'ipotesi di farne entrare qualcuno nell'associazione, ma li guarda sempre con un certo distacco perché sono elementi rozzi, immaturi, che possono mettersi a fare delle cose che un uomo d'onore non dovrebbe fare. Lo sfruttamento della prostituzione, per esempio, che la mafia non ammette... La furbizia di Cosa Nostra è sempre stata quella di essere l'associazione degli uomini d'onore, una cosa segreta e per pochi, ma di restare contemporaneamente collegata con la vita normale. Con i mestieri e le professioni della gente. Dentro la mafia c'è di tutto. A parte i giudici e i poliziotti, c'è gente di tutti i tipi. Il mafioso è come un ragno. Costruisce ragnatele di amicizie, di conoscenze, di obbligazioni...»

«Noialtri siamo uomini d'onore, gli altri sono uomini qualsiasi. Mi scuserete di questa differenza che io faccio tra mafia e delinquenza comune, ma ci tengo. Siamo uomini d'onore, siamo l'élite della criminalità. Siamo assai superiori ai delinquenti comuni. Siamo i peggiori di tutti.»

«Uomini d'onore si diventa in massima parte per eredità di famiglia, ma non come nell'aristocrazia, perché il padre lascia lo scettro del comando e il titolo di principe o di marchese al figlio. No, nella mafia è più complicato. C'è un'osservazione, uno studio... Ai miei tempi per esempio non si sapeva cosa era questa mafia, di cui tutti parlano oggi. A Catania si favoleggiava addirittura della Mano Nera. Si assorbìva la mentalità mafiosa senza saperlo. La fantasia del bambino si accende per certe cose: arriva quello e si bacia tuo padre, arriva quell'altro e si bacia pure lui con tuo padre.»

«Ora è normale. Assolutamente normale che due uomini che si conoscono da vicino, che sono intimi, si bacino in certe occasioni. Per esempio, quando si incontrano, due uomini oggi si possono pure baciare, se sono molto amici o parenti. Ma ai miei tempi... questo non succedeva mai. Una volta le persone si salutavano, si stringevano la mano, si inchinavano, sorridevano l'uno all'altro per mostrarsi simpatia. Ma non si baciavano, perlomeno nella mia città. Questa "baciata" non era una cosa normale... Quando due uomini si baciavano, la cosa aveva un sapore equivoco, nessuno pensava che era così... normale. Io ho cominciato a conoscere la mafia quando ho visto Pippo, il mio fratello maggiore che era uomo d'onore, che baciava altri uomini d'onore. Gli uomini d'onore si baciavano quando si incontravano. Erano gli unici che lo facevano.»

«Pippo aveva altri amici, giovani come lui, che si conoscevano e si frequentavano da una vita. Erano cresciuti assieme, avevano giocato assieme, avevano lavorato assieme. Eppure quando si incontravano, diventati più grandi, non si baciavano. Si salutavano. Si dicevano: "Ciao, ciao, come stai?". Poi scherzavano, si prendevano in giro, ma non si baciavano. Allora io, quando vedevo gli uomini d'onore che si baciavano – ma non sapevo ancora che quelli erano uomini d'onore, l'ho saputo dopo –, restavo a bocca aperta, e mi chiedevo, mi arrovellavo.»

# «Non dobbiamo parlare di mafia, parliamo di amicizia»

## Giuseppe Genco Russo

Paolo Campo, famiglia di Ribera, anni Settanta:

«Mi protesto innocente del reato di associazione di tipo mafioso perché non ho mai *delinquito*. Debbo però dire che sono nato e morirò mafioso, se per mafia s'intende, come io intendo, fare bene al prossimo, dare qualcosa a chi ne ha bisogno, trovare lavoro a chi non ne ha, prestare soccorso a chi è in difficoltà. In questo senso sono stato e sono considerato e mi considero mafioso. Io non ho mai prestato alcun giuramento per aderire alla mafia. Io sono nato mafioso.»

Giuseppe Genco Russo, rappresentante della famiglia di Caltanissetta, anni Cinquanta e Sessanta:

«Non dobbiamo parlare di mafia: parliamo di amicizia. La gente dice che sono un uomo molto potente e molto famoso: io dico che sono soltanto il capo della mia famiglia. Io non sono né ambizioso né vanitoso. La gente mi chiede chi votare perché sentono il dovere di consigliarsi per mostrare un segno di gratitudine, di riconoscenza, si sentono all'oscuro e vogliono adattarsi alle persone che gli hanno fatto bene. Sono nato così. Senza scopi mi muovo. Chiunque mi comanda un favore io penso di farglielo perché la natura mi comanda così. Le cose vengono dietro, una dopo l'altra. Quando è venuto uno e gli ho fatto un favore, poi è venuta avanti così, una specie di abitudine. Così si è allargata la cerchia del nome mio.»

Calogero Vizzini, capo della mafia agraria, immediato dopoguerra:

«In ogni società ci deve essere una categoria di persone che aggiustano le situazioni quando si fanno complicate. In genere sono funzionari dello Stato. Là dove lo Stato non c'è, o non ne ha la forza sufficiente, ci sono dei privati... *Nenti sugnu iu. Un cittadinu qualunque sugnu...* La gente crede che sia per discrezione che parlo poco. No, parlo poco perché poco so. Abito in un villaggio, vengo a Palermo solo di rado, conosco poca gente. Eppoi, mi sono fatto grandetto ormai, ho più di settant'anni.»

Giuseppe Joe Bonanno, boss del clan dei Castellammaresi a New York, anni Settanta:

«Ho aiutato molta gente. Nessun uomo può dire che l'ho imbrogliato o che l'ho defraudato di ciò che gli apparteneva. Ho condotto un'esistenza produttiva, non sono mai stato un parassita. Ho dovuto proteggere me stesso e la mia gente, ho commesso molti errori ma sono rimasto sempre fedele al mio nome e ai miei principi. Sono nato in un mondo che aveva una sua tradizione, sono nato tra gente a cui l'esperienza aveva insegnato a coltivare certi valori. Questa tradizione era il fiore della nostra cultura. Ci insegnava le cose giuste e le cose sbagliate, guidava i giovani nel loro cammino verso la maturità, spingeva gli uomini nella retta via e li puniva se lo meritavano. La nostra tradizione ci indicava il modo di vivere. Ho imparato che la vera ricchezza nasce da una famiglia unita e da amici veri. Quando un uomo tradisce gli amici *cantando* con la polizia, tradisce anche se stesso.»

# «L'avete visto oggi, sul giornale, a Gina Lollobrigida?»

Antonino Calderone

«Uno dei migliori uomini d'onore che ho conosciuto è stato senza dubbio Totò Greco Cicchiteddu. Era un trascinatore, dotato di un grande carisma. Ed era molto diverso da quel falso di suo cugino Michele, il quale non era nessuno, è rimasto nella naftalina fino al 1975, fino a che l'altro suo cugino, Totò Greco l'ingegnere, non l'ha fatto diventare rappresentante provinciale e capomandamento...»

«Anche la reputazione e la notorietà all'interno di Cosa Nostra non è detto che coincidano sempre con la posizione effettiva di un uomo d'onore all'interno dell'associazione. Tutti conoscono Calogero Vizzini, don Calò, e tutti sanno di Giuseppe Genco Russo. Erano celebri, tutti i giornali parlavano sempre di loro. Eppure Calogero Vizzini non è mai stato rappresentante dell'intera Sicilia. Il capo della Commissione regionale ai suoi tempi, negli anni Cinquanta, era invece Andrea Fazio, un mafioso di Trapani che nessuno conosceva. E Giuseppe Genco Russo era soltanto il rappresentante della provincia di Caltanissetta.»

«La notorietà di Giuseppe Genco Russo e di Calogero Vizzini non era ben vista in Cosa Nostra. Si mettevano troppo in mostra, davano interviste, si facevano addirittura fotografare. Erano diventati dei nomi di cartellone, come i cantanti e le ballerine. Si ironizzava molto su di loro, a quei tempi, in Cosa Nostra. Riferendosi a Giuseppe Genco Russo, Totò Minore usava dire: "L'avete visto oggi, sul giornale, a Gina Lollobrigida?"...»

«I grandi uomini d'onore erano poco conosciuti. Era gente che fuggiva dalla pubblicità, come il vecchio Giovannino

Mongiovino, al quale mio fratello offrì la carica di rappresentante regionale, pregandolo di assumere quella carica perché la sua autorità era tale da garantire il rispetto di tutte le famiglie, e che rifiutò dicendo che non se la sentiva di rappresentare gente che non meritava di stare in Cosa Nostra.»

«La considerazione di cui un mafioso gode all'interno di Cosa Nostra non è legata alla sua professione o al suo titolo di studio. Un grande uomo d'onore, un vero leader capace di comandare e di padroneggiare una famiglia, sicuro di sé, elegante come Stefano Bontate, aveva un grado di istruzione molto modesto. Tutto il contrario di suo fratello Giovanni, che aveva la laurea ma era una figura più scialba, indecisa, ed era considerato molto meno di lui nella sua stessa famiglia e anche fuori. Anche perché quando Stefano o qualcun altro lo strapazzava, se ne andava sempre a piangere da Michele Greco.»

Fra gli specchi e gli stucchi di un salone liberty la mafia decide il suo futuro. È quello dove agli inizi del 1881 Richard Wagner aveva composto al pianoforte il terzo atto del Parsifal, muri color panna, vetrate floreali, decorazioni raffinate. Intorno a un grande tavolo rotondo, nell'angolo più lontano dalle cucine, i boss siciliani e i boss americani firmano un patto che li farà diventare i criminali più ricchi del mondo. È il primo passo di Cosa Nostra nel traffico internazionale di stupefacenti. Il summit comincia il 10 ottobre 1957 e finisce quattro giorni dopo al Grand Hotel et Des Palmes, una casa patrizia costruita un secolo prima dai mercanti inglesi Ingham-Whitaker e poi trasformata in uno splendido albergo nel cuore di Palermo.

Alle «Palme» in quell'inizio di autunno si incontrano tutti i capi. Dall'America arrivano Frank Garofalo, Giuseppe Joe Bonanno, Vito Vitale, Santo Sorge, Lucky Luciano, Charles Orlando, Nicola Nick Gentile e Carmine Galante. Si baciano e si abbracciano con Vincenzo Rimi da Alcamo, Cesare Manzella da Terrasini, Giuseppe Genco Russo da Mussomeli. Per i palermitani ci sono don Mimì La Fata, Calcedonio Di Pisa, Rosario Mancino.

Vent'anni dopo Palermo è la capitale dell'eroina.

# «Voi federali vi occupate delle virtù dei cittadini, io penso ai loro vizi»

Salvatore Lucania detto Lucky Luciano

È un siciliano che gli altri mafiosi non considerano mai sino in fondo un vero siciliano. E non tanto perché è cresciuto praticamente dall'altra parte del mondo, lontano, portato dai suoi genitori a Brooklyn quando ha appena nove anni. È per quello che fa. Per come lo fa. Troppo avanti rispetto a tutti. E anche troppo ricco. E troppo fortunato. Fin da ragazzino nell'East Side gli danno un nome molto speciale: Lucky. Negli archivi dell'Fbi la sua scheda è la numero 62920. Sulla foto segnaletica c'è scritto Salvatore Lucania, tutti lo conoscono però come Lucky Luciano. Fra le due grandi guerre è lui il re del crimine in America.

Negli anni Trenta vive nella più sontuosa suite del Waldorf Astoria di New York e incassa mezzo milione di dollari al mese. Il primo aprile 1936, in Arkansas, l'agente del Narcotic Bureau che lo arresta a Hot Springs non riesce a trattenere la sua rabbia. Gli grida: «Tu hai drogato l'America». Gli risponde Lucky: «Voi federali vi occupate delle virtù dei cittadini, io penso ai loro vizi». I suoi uomini spacciano eroina *coast to coast*, Lucky controlla cinquemila ragazze in dodici diversi Stati.

Se c'è qualcosa che più di tutte le altre fa la differenza tra la mafia americana e la mafia siciliana è proprio quella: le *buttane*. I capi delle famiglie di Palermo considerano la prostituzione «un'attività indegna», non rispettabile per gli uomini d'onore. Se gli americani fanno soldi a palate con le signorine da Atlantic City a Las Vegas, i siciliani disprezzano quel genere di affari e mal considerano tutto ciò che ruota intorno al sesso a pagamento. Ma l'America è l'America e Lucky è Lucky: il boss che ha modernizzato Cosa Nostra.

È nato nel 1897 fra le miniere di zolfo e gli alberi di ulivo intorno a Lercara Friddi, l'ultimo paese della provincia di Palermo prima delle terre agrigentine. Famoso diventa sul finire della Seconda guerra mondiale, quando lo fanno uscire da Sing Sing libero sulla parola «per la sua assistenza agli Alleati». Lascia gli States come «indesiderato», in realtà è il premio per avere contattato i boss siciliani prima dello sbarco sull'isola. Nel 1946 sverna nella Cuba dei casinò che annuncia l'avvento di Batista, va a Caracas, a Casablanca, a Rio e a Bogotà. Torna in Italia. Napoli. Palermo. Capri. Taormina. Roma.

Negli ultimi anni della sua esistenza Lucky Luciano si trasferisce a Napoli. Ha una stanza fissa all'hotel Vesuvio con vista sul golfo, si circonda di sicari e di attricette. Serate con Orson Welles e Ava Gardner, mangiate al ristorante Giacomino, scommesse sui puledri di Agnano. È popolarissimo. Per le strade di Napoli, i marinai della flotta Usa in libera uscita gli chiedono l'autografo. Uno stile di vita che non piace agli uomini d'onore di Lercara Friddi e di Palermo, di Bagheria, di Alcamo. Ma lui non è uno qualunque, lui è Lucky.

# «Io sono il Gianni Agnelli di Palermo»
## Tommaso Spadaro

C'è un quartiere a Palermo che è tutto suo. La Kalsa. Cortili, vicoli, chiese barocche, bastioni e una fortificazione che un tempo era dimora degli emiri. L'atmosfera ha ancora qualcosa di orientale, è la Palermo più sfregiata e sensuale. Qui comanda don Masino. Don Masino Spadaro.

Diventa uomo d'onore per necessità. Non sua, per necessità degli altri uomini d'onore. È la fine degli anni Sessanta e Cosa Nostra prova a risorgere dopo la sua prima grande guerra interna: le Giuliette al tritolo, le «ammazzatine» fra i Greco e i La Barbera, le retate di polizia, i processi di Catanzaro e Bari, la prima Commissione parlamentare antimafia. I boss sono quasi sul lastrico. Ci sono ancora i cantieri edili aperti del «sacco» di Palermo, ma l'affare del momento sono le *bionde*. Il contrabbandiere che ha più navi è Tommaso Spadaro, «il re della Kalsa».

È ricchissimo. Sfrontato. Chiacchierone. «Io sono il Gianni Agnelli di Palermo» ripete a ogni angolo di strada. Non ha le «qualità» che dovrebbe avere un uomo d'onore. La discrezione, l'apparente remissività, la modestia. Sembra venuto da un altro mondo. Ma le regole sono fatte per essere violate. Anche dentro Cosa Nostra.

I boss hanno bisogno di *piccioli*: hanno bisogno di soldi e di Masino Spadaro. Della sua flotta, delle rotte sicure nel Tirreno, dei suoi contatti con i Napoletani.

Lo *combinano* nella famiglia di Porta Nuova. Quella di Tommaso Buscetta. Quella di Pippo Calò. E *combinano* perfino quel napoletano di Zaza. Una cosa mai vista prima: un uomo d'onore non siciliano. Ma, alla fine di quei nervosi anni Sessanta, le casse che sbarcano ogni notte nel golfo di Napoli sono 35 o 40 mila. Un motivo più che valido per elevare al rango di uomo d'onore anche uno come don Masino.

È la Commissione che regola adesso il «traffico» nel Tirreno. Una nave per volta. E un carico per volta. Il primo alla Commissione. Il secondo alla famiglia di Porta Nuova. Il terzo a Nunzio La Mattina, che è un altro contrabbandiere palermitano. Il quarto ai Napoletani.

Per cinque o sei anni la mafia siciliana fa il contrabbando. Gli uomini d'onore salgono e scendono da Napoli, prendono alloggio all'hotel President a Santa Lucia, mangiano al ristorante Ù cafone, frequentano il night club 84. È la loro prima contaminazione. Incontrano Michele Zaza e i suoi soci, a Marano *fanno pane* – diventano amici – con i fratelli Lorenzo e Ciro Nuvoletta. Dopo i tabacchi lavorati esteri, arriva la morfina base. Con le stesse flotte contrabbandiere, gli stessi uomini.

È Antonino Calderone che ricorda quel periodo: «Sarà cominciato verso il 1978 che è venuta la droga. Quella ha fatto cambiare la vita a Cosa Nostra, agli uomini d'onore li ha fatti impazzire».

Masino Spadaro finisce subito in carcere. Trent'anni per traffico di stupefacenti. Gli sequestrano diciotto appartamenti e quattro magazzini a Palermo, tre ville a Santa Flavia, quattro aziende, quindici conti correnti, quindici libretti a deposito e due cassette di sicurezza stracolme di ori. Nel carcere di Spoleto don Masino si iscrive all'università. Facoltà di lettere e filosofia: studia Kant, Schopenhauer e sant'Agostino. Quando nel 2008 ha quasi finito di scontare la pena, gli notificano un altro ordine di arresto. Mandante dell'omicidio del maresciallo dei carabinieri Vito Ievolella. Più di un quarto di secolo prima, il maresciallo indagava sugli affari del re della Kalsa.

## «L'ambiente dei contrabbandieri era poco dignitoso per un uomo d'onore come me»

Francesco Marino Mannoia

I chimici vengono da lontano, li conoscono come i Marsigliesi. In realtà sono tutti corsi. Bousquet e Doré, Rammen e Bozzi. Insegnano ai mafiosi come trasformare la morfina base in eroina. Sono nascosti nei casolari intorno a Trabia. O dall'altra parte della provincia, verso Cinisi e Carini. Di giorno e di notte si muovono fra ampolle e alambicchi, respirano fumi, maneggiano acidi. Loro lavorano la *pasta* e i Bontate e gli Inzerillo la vendono. Ai cugini d'America. È morto e sepolto il traffico delle *bionde* nel Tirreno. Palermo è una grande raffineria.

«L'ambiente dei contrabbandieri era pessimo, poco dignitoso per un uomo d'onore come me. Ricordo che il mio primo chilo fu alla fine del 1978, Giovanni Bontate ne aveva ricevuta una discreta quantità da Nunzio La Mattina, pensavano di darla ai Marsigliesi. Ma poi Nino Vernengo, che aveva studiato all'università e si interessava di questo problema, riuscì effettivamente a produrre eroina...»

Comincia così, il 9 novembre 1989, la confessione di Francesco Marino Mannoia sulla droga che riempie di *piccioli* gli uomini d'onore. Lo ascolta Giovanni Falcone, scrive il verbale d'interrogatorio con una penna stilografica, ogni tanto lo interrompe per una domanda. Il primo pentito dello schieramento dei Corleonesi è scrupoloso nella ricostruzione del suo resoconto, quasi pignolo.

«La tropeina ce la procurava Stefano Bontate, noi la trattavamo con il cloruro di benzoile e con l'etere e poi la trasformavamo in benzoiltropeina. Per la cristallizzazione usavamo il toluolo. Preciso che la caratteristica di questa sostanza, cioè la benzoiltropeina, è di avere un punto di fusione molto elevato: circa 270 gradi...»

Da quella fine del 1978 al 2 dicembre 1980 – quando lo arrestano per la prima volta – Francesco Marino Mannoia raffina settecento chili di morfina. In una stalla a Baida. Dietro un bar a Pagliarelli. In un magazzino alla Guadagna. In una villetta sulla via Messina Marine. In una cucina a Ponte Ammiraglio. In certi giorni sembra un fantasma. Tutti quei vapori gli fanno venire la pelle bianca, a volte la sua faccia è piena di pustole.

È stipendiato. Prima lo pagano tre milioni di lire al chilo, poi cinque milioni. Sono tutte le famiglie che gli portano ogni mese la morfina. I quaranta chili per Gerlando Alberti, gli ottanta chili per Stefano Bontate, i settantanove chili per Pippo Calò, i duecentonovantatré chili per Antonino Rotolo. La morfina arriva dappertutto in Sicilia. Con gli aerei a Punta Raisi. Con le navi a Trapani. Con i camion attraverso lo Stretto. I siciliani non hanno più bisogno dei Marsigliesi per diventare i padroni del grande traffico nel mondo. Adesso hanno i loro chimici. E soprattutto hanno i parenti dall'altra parte dell'Atlantico.

È John Gambino – dei Gambino americani, una delle cinque grandi famiglie di New York – che viene nell'isola per prendere accordi. Con i suoi zii di Torretta, i Di Maggio. E con quegli altri di Passo di Rigano, gli Inzerillo. Incontra Stefano Bontate. Hanno grandi progetti, insieme fanno grandi affari. È una stagione felicissima per Cosa Nostra.

In ventiquattro mesi – dalla fine del 1978 all'inizio del 1981 – i Bontate e gli Inzerillo incassano dai trenta ai trentacinque milioni di dollari. I Gambino d'America ne incassano dagli ottanta ai novanta milioni. Solo con la *pasta* che passa fra le mani di Mannoia, il primo chimico di Palermo.

# «Per me modica quantità sono quattro chili»

## Gaspare Mutolo

Il suo mondo è dentro i confini di Resuttana, la sua borgata. Brucia qualche auto, lo sguinzagliano per le strade di Palermo per mettere paura ai commercianti. Fa «recupero crediti»: le estorsioni. È un mafioso come tanti altri fino a quando, un giorno, conosce un cinese di Singapore. È quel giorno che Gaspare Mutolo diventa il più grande importatore di stupefacenti di tutto l'Occidente.

Racconterà anni dopo quella sua vita.

«Cominciai con un traffico di modica quantità...» Il presidente della Corte d'assise lo ferma e chiede: «Mutolo, che cosa intende lei per modica quantità?». Risponde: «Per me modica quantità sono quattro chili».

Poi ricorda il resto.

«Da quelle cose di poco conto sono passato al traffico più importante che abbia mai organizzato Cosa Nostra, il progetto era quello di prendere la morfina base in Thailandia e farla raffinare durante il trasporto in mare.»

Nel 1982 Gaspare Mutolo è nel carcere di Teramo, detenuto in semilibertà. Esce la mattina, sale sulla sua Ferrari, corre verso Fiumicino, prende l'aereo per Palermo, incontra in Sicilia chi deve incontrare, torna con l'ultimo volo a Roma e poi rientra nel penitenziario di Teramo. È un detenuto modello. Il giudice di sorveglianza sa che vende mobili per conto di una piccola azienda abruzzese, in realtà compra tonnellate di eroina.

Favolosi gli affari con i Gambino di Cherry Hill, con i Caruana e con i Cuntrera che si dividono fra Montréal e Caracas. E con Koh Bak Kin, il cinese di Singapore. È come la manna che cade dal cielo la droga che Gaspare porta a Cosa Nostra. Profitti da capogiro.

«Dopo un po', a Koh Bak Kin, gli ho detto di mandarmi tutta la droga che voleva perché io la davo via tranquillamente. La compravo a 50 milioni al chilo, sulla piazza di Roma era già sui 110 o 120 milioni. Parlo della thailandese, quella bianca, quella che... si sapeva che per questa droga gli americani impazzivano... Per carichi di 400 o 500 chili, io avevo la possibilità di comprarla a 13 mila dollari al chilo e si poteva venderla negli Stati Uniti a 120 mila o 130 mila dollari.»

Tutte le famiglie siciliane partecipano con quote piccole e grandi. Per primo il suo capo Saro Riccobono, che comanda da Partanna Mondello fino a Cardillo. E poi gli altri. I Palermitani come Pino Savoca. I Corleonesi di Totò Riina. I Catanesi, quelli di Santapaola e quelli legati ai Pillera. Non c'è un solo boss che vuole restare fuori, tutti vogliono salire sulla giostra.

«In quegli anni conoscevo a Palermo solo persone che trafficavano in eroina.»

È il nuovo Eldorado della mafia. Dopo le tre raffinerie scoperte dai poliziotti in Sicilia fra il 1980 e il 1981 e dopo l'arresto del «chimico» Francesco Marino Mannoia, il canale thailandese di Gasparino fa tutti ricchi.

«Solo nei primi carichi le quote erano fisse, 300 mila dollari. Non si sapeva ancora se i trasporti andavano bene o male. Su quei primi 300 mila dollari la mia parte è stata di 50 o 55 milioni. Però all'inizio non si guardava tanto al guadagno, noi siciliani dovevamo rompere un mercato che c'era con altri personaggi, per cui anche se si dava 10 mila dollari in meno noi dovevamo essere competitivi con tutte le altre nazioni, noi ci volevamo prendere tutto il mercato.»

*90... 91... 97... 99... 100...* I numeri come titoli sulla prima pagina del quotidiano «L'Ora», inchiostro rosso sulle foto dei cadaveri in bianco e nero. Ogni giorno due o tre omicidi, è la conta dei morti di Palermo.

# «Ecco, lo dico: il danno»

## Salvatore G.

È mezzogiorno fra le case dell'Oreto, a Palermo. Davanti al Policlinico c'è l'ingorgo di auto della domenica, gli ambulanti magrebini vendono le loro cianfrusaglie sui marciapiedi, lo *stigghiolaro* arrostisce le interiora di capretto sulla brace. C'è ressa anche nel bar all'angolo. Un uomo con le spalle al muro sta bevendo un caffè, la donna che lo accompagna è già alla cassa per pagare. Due ragazzi si fanno largo tra la folla. Uno tira fuori il revolver e spara.

Cinque colpi. Cinque pallottole alla testa di Nenè Geraci, detto «il giovane», capomafia di Partinico che è appena uscito dal carcere. Una libertà che fa paura a Vito Vitale, il nuovo signore del paese. Nenè è sceso in città per un ricovero in ospedale. Si concede ancora un caffè. L'ultimo.

C'è un testimone che vede in faccia il ragazzo con il revolver in mano e anche quell'altro che guarda fuori, oltre le vetrine. È il banconista. Si chiama Salvatore G.

Nel primo pomeriggio di domenica 23 novembre 1997, Salvatore è negli uffici della omicidi della squadra mobile per «i riconoscimenti». È sconvolto, ha conati di vomito. Salvatore sviene. Due anni dopo, il 6 novembre 1999, è chiamato in un'aula di giustizia per testimoniare.

Pubblico ministero: «Lei ricorda, per caso, se nell'intervallo di tempo che è andato dal servire il caffè, ha anche servito bottiglie di acqua a qualcuno?».

Salvatore G.: «Questo non glielo so dire».

Avvocato: «Presidente, posso? Solo una domanda: scusi, lei ha parlato di un fuggi fuggi generale dal bar. Ma come mai? Avete sentito colpi di arma da fuoco?».

Salvatore G.: «Perché gente dall'esterno all'interno, la voce si è sparsa. Quindi io, sopra il banco...».

Avvocato: «La voce si è sparsa, cosa vuol dire?».

Salvatore G.: «Che c'è stato... il discorso, no?».

Avvocato: «Cioè, qualcuno da fuori è entrato dicendo...».

Salvatore G.: «Ha avvisato noi dentro».

Avvocato: «Ha avvisato di che cosa, ha detto che cosa?».

Salvatore G.: «Di quello che è successo».

Avvocato: «E che cosa è successo?».

Salvatore G.: «È successo che c'è stato... questo fatto che è successo. Diciamo... diciamo il... il danno».

Avvocato: «Il danno?».

Salvatore G.: «Ecco, lo dico: il danno».

Presidente: «Uno da fuori, entra e dice: ci fu un danno?».

Salvatore G.: «No».

Presidente: «Ci fu una sparatoria?».

Salvatore G.: «Mi... mi perdoni. Siccome, allora, le ripeto a dire: io ero sopra il banco a servire il caffè. Ora, siccome il bar la domenica mattina è sempre affollato. Sia la gente che è esterna, che parla di partite di calcio. Sia la gente che è interna che si consuma la rosticceria... quello che è successo l'hanno saputo all'esterno ed è entrato all'interno e poi se ne sono andati tutti via».

# «L'incaprettamento, come si faceva di solito»

## Giuseppe Marchese

Pubblico ministero: «Quindi, erano a terra i cadaveri?».

Giuseppe Marchese: «Sì, sì, incaprettati, di queste persone...».

Pm: «Lei, li riconobbe?».

Marchese: «No, io veramente non li conobbi, però... però erano legati, legati a terra. L'incaprettamento, come si faceva di solito...».

Pm: «A terra... legati...».

Marchese: «Che prima si strozzavano, e dopo la corda gli si faceva passare dal collo, gli si piegavano le gambe, e la corda veniva passata fra il collo, a tirare, fino alle gambe, in modo che lui, pure che magari era ancora vivo, non aveva nessun motivo, nessun modo di muoversi... in più, quando venivano strangolati c'è il fatto che si fanno addosso, fanno la cacca e sì... anche la pipì... poi quando c'è la decomposizione si buttano...».

Pm: «E li portano dove?».

Marchese: «In mezzo alla campagna...».

Pm: «Nella campagna dei Prestifilippo?».

Marchese: «Là, se... se si va a scavare in tutta quella tenuta, perché non è facile trovare dei punti prestabiliti da quanto è grande... c'è, diciamo, una cosa immensa. Ce ne sono cadaveri, là in mezzo. Delle volte scherzavamo, dicevamo: da quanti cadaveri ci sono lì, altro che concime di vacche e vacche...».

Pm: «Sì, va bene, lo sappiamo che cos'è il concime...».

Marchese: «Quando è arrivato Mario Prestifilippo per prendere mio zio con Pino Greco succede... succede che, mentre loro conversavano, ridevano, si scherzava, perché dopo quando si faceva un omicidio, era sempre... era sempre uno spasso, si facevano omicidi giorno per giorno, ed era una passeggiata praticamente...».

Pm: «Quindi, ritorniamo...».

Marchese: «Ritorniamo...».

Pm: «Ritorniamo al momento in cui arrivate voi».

Marchese: «C'era Pino Greco e io apprendo da loro che il Mafara Franco si è messo a piangere davanti a mio zio Fifo, mio zio Filippo, dicendo: "Fifù, io non non c'entro niente, non c'entro niente con queste cose...", insomma si è messo a piangere, voleva essere perdonato, cercare di non ammazzarlo... Ma Grado Antonino gli ha detto: "Comportati da uomo d'onore, lasciali perdere questi cornuti". Perché già quello lo sapeva che quando ormai hai la corda al collo, c'è poco... c'è poco da fare...».

Pm: «Parlavano?».

Marchese: «Sì... E allora Salvatore Cocuzza dice: "Allora mi sono perso il meglio"... lo dicevo prima, quando uno partecipa a queste cose è come una passeggiata, vedere godere la gente dell'omicidio. Come anch'io, quando c'era qualche omicidio, si rideva, si scherzava... o magari si faceva qualche omicidio, quello prima si sedeva sulla sedia, e si interrogava, gli si dava anche qualche paio di schiaffi, cose così insomma... con tutto ciò questi due vengono caricati su una Lambretta...».

Pm: «Una Lambretta, che significa?».

Marchese: «Un'Ape... giardiniere...».

Pm: «E vengono caricati, da chi?».

Marchese: «Chi stava caricando era Mario Prestifilippo con il... il Minnone...».

Pm: «Vuole dirci per favore il nome esatto di questo Minnone?».

Marchese: «Giuseppe Greco».

Pm: «Greco Giuseppe...».

# «Liberati del canuzzu»

## Giovanni Brusca

Il bambino è prigioniero da settecentosettantanove giorni. È una larva, non pesa neanche trenta chili. Un uomo lo mette con la faccia al muro e lo solleva da terra, il bimbo non capisce, non fa resistenza, nemmeno quando sente la corda intorno al collo. Il suo è appena un sussurro: «Mi portate a casa?». Ci sono altri due uomini che lo tengono. Per le braccia e per le gambe. E poi il piccolo Giuseppe se ne va.

Un mese e mezzo dopo, un mafioso si presenta davanti a un sostituto procuratore della Repubblica di Palermo, che gli chiede: «Intende collaborare con la giustizia?». Giuseppe Monticciolo risponde: «Intendo fare dichiarazione di omicidio».

Comincia dalla fine, dall'ultimo. Comincia da Giuseppe Di Matteo, undici anni, il figlio di Santino Mezzanasca, uno dei sicari di Capaci. Il bambino lo rapiscono per far ritrattare il padre pentito. Mezzanasca non ritratta e suo figlio sparisce in un bidone di acido muriatico, i suoi resti sotterrati in una fossa dietro le montagne di Palermo.

Giuseppe Di Matteo viene rapito il 23 novembre 1993 e ucciso l'11 gennaio 1996. Lo prendono al maneggio di Villabate, i macellai di Brancaccio. Lo legano e lo portano dopo la piana di Buonfornello, a Lascari. Poi lo consegnano a Giovanni Brusca, quello che a San Giuseppe Jato chiamano *ù verru*, il maiale. Lo nascondono nei bagagliai delle automobili, lo spostano da un covo all'altro per mezza Sicilia. A Misilmeri, vicino Palermo. A Villarosa, alle porte di Enna. In contrada Giambascio, alle spalle di San Giuseppe Jato. Sempre legato e bendato, sempre incatenato. Giuseppe non piange mai. Non chiede mai niente ai suoi carcerieri.

Per due anni lo tengono prigioniero. E aspettano un segnale da quell'*infamone* di suo padre. A Giuseppe fanno scrivere lettere al nonno. Vogliono spingere Mezzanasca a rimangiarsi tutto. Passano le settimane, non succede nulla. È la sera dell'11 gennaio 1996. Giovanni Brusca guarda la tv, è l'ora del telegiornale.

Sente una notizia: «Grazie alle rivelazioni del collaboratore di giustizia Santino Di Matteo, sono stati condannati all'ergastolo Giovanni Brusca e Leoluca Bagarella».

Giuseppe Monticciolo è lì, accanto a Brusca, che ha uno scatto d'ira. Poi *ù verru* gli ordina: «Liberati del *canuzzu*». Uccidi il cagnolino.

Vincenzo Chiodo è quello che gli sbatte la faccia al muro e lo solleva. Enzo Brusca e Giuseppe Monticciolo lo tengono per le braccia e per le gambe. È Chiodo che stringe la corda. «Lo ha strozzato lui» confessa Monticciolo. Gli chiede il magistrato: «Il bambino non ha reagito?». Monticciolo abbassa gli occhi: «No, niente, non era più un bambino come tutti gli altri, era debole, debole...».

I bidoni di acido sono già pronti. Dopo un po' si vedono solo i piedini di Giuseppe. I tre mafiosi si baciano.

Racconterà qualche tempo dopo Giovanni Brusca: «Noi avevamo l'abitudine di mettere sempre da parte l'acido, anche se non c'era la necessità immediata di utilizzarlo. Ci vogliono 50 litri di acido per disintegrare un corpo in una media di tre ore. Il corpo si scioglie lentamente, rimangono i denti della vittima, lo scheletro del volto si deforma. A quel punto si prendono i resti e si vanno a buttare da qualche parte. A San Giuseppe Jato li andavano a buttare nel torrente. Ai palermitani che ci sfottevano perché eravamo contadini, rozzi, noi rispondevamo: e voi allora, bella acqua che bevete a Palermo...».

L'acqua del torrente di San Giuseppe Jato finisce in una diga. Quella che disseta tutta Palermo.

## «Spara sempre due o tre colpi,
## vedi che in testa poi ti può sbrizziare»

### Antonino Rotolo e Gianni Nicchi

Antonino Rotolo: «Un revolver l'uno».

Gianni Nicchi: «Sì».

Rotolo: «E provateli questi revolver».

Nicchi: «Sì».

Rotolo: «Vedi che sono... buone, dico...».

Nicchi: «Lo so già, ne abbiamo già parlato di queste cose qua».

Rotolo: «Si devono provare».

Nicchi: «Si devono provare».

Rotolo: «Con chi lo vuoi fare questo lavoro?».

Nicchi: «Io? Due, non abbiamo bisogno di nessuno, dobbiamo essere solo due».

Rotolo: «Due chi?».

Nicchi: «Io con Enzo o io e Totò. Non abbiamo bisogno, non mi devono blindare le strade, perché la strada di passaggio è libera fino in via Roccella».

Rotolo: «Spara sempre due o tre colpi...».

Nicchi: «Ora, un'altra cosa...».

Rotolo: «E non ti avvicinare assai...».

Nicchi: «Lo so».

Rotolo: «E non c'è bisogno di fare troppo *scrusciu* [rumore]...».

Nicchi: «No, no...».

Rotolo: «Uno...».

Nicchi: «Uno per buttarlo a terra».

Rotolo: «Quando cade a terra in testa e basta. Vedi che in testa poi ti può *sbrizziare* [spruzzare], quindi subito...».

Nicchi: «Subito io me ne vado, scarpe... che non c'entrano niente con quelle mie, pantaloni in cerata che appena lo tiro si strappa tutto, quello con i bottoni e un k-way in cerata, sempre con il casco messo e basta».

Rotolo: «E i guanti?».

Nicchi: «I guanti, quelli che ho io. In lattice, di lattice tipo questi degli infermieri».

Rotolo: «Ma dico, hai provato?...».

Nicchi: «Certo».

Rotolo: «... Hai provato a tenere il revolver con i guanti di lattice?...».

Nicchi: «Sì, tutto, per vedere se mi scivola».

Rotolo: «Poi tutto quello che hai messo si deve bruciare o sennò si deve *vurricare* [seppellire]...».

Nicchi: «Una cosa...».

Rotolo: «Vedi che facendo un fatto di questo...».

Nicchi: «Due, tre giorni...».

Rotolo: «Ti devi andare a chiudere, perché una traccia...».

Nicchi: «... rimane...».

Rotolo: «... rimane la polvere...».

Nicchi: «Rimane».

# LA TRAGEDIA

## La Commissione

*1979*

Capo: Michele Greco

Capimandamento:
Salvatore Inzerillo (famiglia di Passo di Rigano)
Bernardo Brusca (famiglia di San Giuseppe Jato)
Stefano Bontate (famiglia di Santa Maria del Gesù)
Salvatore Scaglione (famiglia della Noce)
Giuseppe Calò (famiglia di Porta Nuova)
Rosario Riccobono (famiglia di Partanna Mondello)
Francesco Madonia (famiglia di Resuttana-San Lorenzo)
Nenè Geraci «il vecchio» (famiglia di Partinico)
Calogero Pizzuto (famiglia di Castronovo di Sicilia)
Ignazio Motisi (famiglia di Pagliarelli)

*Via Scorsone numero 24. Se qualcuno bussa a quella porta c'è sempre una donna che risponde: «La signora Bagarella non abita più qui». Ma è lei, è Ninetta, la moglie del capo dei capi di Cosa Nostra. È cominciato tutto in questa casa di Corleone, alla fine degli anni Cinquanta. È cominciato tutto qui. L'amore fra Ninetta e il giovane Totò. Il patto di sangue fra i Bagarella e i Riina. La carica dei Corleonesi.*

# «1 metro e 59 centimetri»

## Totò Riina

«Io sono alto 1,61 nella tessera, misurato l'altro giorno al carcere sono 1,59. Se uno dice di conoscermi e poi sbaglia dieci, quindici o sedici centimetri, queste sono accuse infamanti, *tragedianti*, accuse fuori dal normale. Quindici centimetri per un uomo è come un metro. *Scusasse* presidente se mi alzo, ecco qua quanto è alto Salvatore Riina.»

«Io non ho dato ordine di uccidere *trasversalmente* a nessuno perché a me non ha mai fatto male nessuno, io ho sempre lavorato per me e per la mia famiglia, non ho avuto *ingranaggi* con queste persone.»

«Signor pubblico ministero non diciamo latitanza, io in realtà... a me non mi ha mai cercato nessuno... io ogni mattina andavo a lavorare, a me non mi ha mai fermato nessuno, prendevo il treno per andare a Trapani, prendevo l'autobus, a me non mi ha mai detto niente nessuno.»

«In base a La Torre a Reina e a Mattarella, ma queste sono cose politiche... dovete cercare altrove... dovete vedere in alto, non dovete cercare me, non sono un *politicamente* e non volevo pigliare il posto di La Torre o di Reina o di Mattarella.»

«Ero agricoltore quando ero giovane, in questi ultimi tempi ho lavorato in una ditta di costruzioni e ho campato la famiglia. C'era una persona anziana che mi dava lavoro da più di vent'anni. Prima mi dava 300 mila lire al mese, poi alla settimana. La mia, presidente, è una famiglia modesta. Mia moglie e i miei figli non sono abituati ad andare al ristorante e fare la bella vita. E poi mia madre in tutti questi anni non mi ha mai abbandonato, mi ha sempre mandato soldi quando ne avevo bisogno. Mia madre ha tre pensioni, una di invalidità ce l'ha pure mio fratello Gaetano.»

«Sono stato assolto in un processo a Bari per associazione. Sono stato assolto a Genova al processo per avere ucciso il procuratore Scaglione, sono stato assolto a Reggio Calabria per avere ucciso il giudice Terranova. Sono tanti i processi dove sono stato assolto. Se io invece di aver due, tre, quattro, cinque, sei o dieci processi *ne avrebbi avuto* solo uno come il maxi ter del presidente Prinzivalli, io adesso sarei un libero cittadino.»

«Non conosco Greco Michele, non conosco Provenzano Bernardo, non conosco Madonia Francesco, non conosco Geraci Antonino, non conosco nessun Ciancimino, non ho mai conosciuto Stefano Bontate, non ho mai conosciuto Salvatore Inzerillo, non conosco Salvatore Contorno, non conosco Antonino Calderone, non conosco Giuseppe Marchese, non conosco Giovanni Drago, conosco Leoluca Bagarella perché è mio cognato.»

# «Amo Totò Riina perché la Corte d'assise di Bari mi ha detto che non si è macchiato le mani di sangue»

## Antonina Bagarella detta Ninetta

«L'ho scelto, primo perché lo amo e l'amore non guarda a tante cose. Poi perché ho in lui stima e fiducia, la stessa stima e fiducia che ho in mio fratello Calogero, ingiustamente coinvolto in tanti fatti. Io amo Riina perché lo ritengo innocente. Lo amo nonostante la differenza di età, 27 anni io, 41 anni lui. Lo amo perché la Corte d'assise di Bari mi ha detto che Salvatore Riina, assolto con formula piena da tanti delitti, non si è macchiato le mani di sangue.»

«Incomincio dal mio fidanzamento ufficiale. È avvenuto nel luglio del 1969, due anni fa, dopo che Totò Riina fu assolto e scarcerato. Quando venne scarcerato una sera venne a Corleone, ma io non l'ho visto quella sera. Dopo venti giorni fu mandato al confino, ha avuto il permesso di sostare quarantotto ore a Corleone. È stata in quella occasione che ci siamo fidanzati. Da allora non l'ho più visto.»

«Mi giudicano male perché io, insegnante, mi sono innamorata e fidanzata di uno come lui. L'ho conosciuto negli anni Cinquanta, quando a Corleone successe quel che successe coinvolgendo tante famiglie, la mia compresa e quella di Riina pure. E fu quello l'ambiente della mia prima infanzia, un ambiente triste che trasformò la via Scorsone di Corleone in una caserma di carabinieri. Io con Salvatore ci conoscevamo da bambini. Io sentivo di amarlo. Ma forse, non sono una donna? Non ho il diritto di amare un uomo e di seguire le leggi della natura?»

«I miei guai giudiziari iniziarono quando, il 16 dicembre del 1969, inoltrai istanza alla Questura per ottenere il passaporto. Dovevo andare in Venezuela, per battezzare una bambina che mia sorella aveva dato alla luce nel novembre precedente. Mi hanno rilasciato il passaporto, dopo un mese me lo ritirarono. Dalla Pasquetta 1970 fino al 17 aprile, fui letteralmente piantonata a casa mia. Ormai mi avevano tolto l'insegnamento. Mi sono trasferita a Frattamaggiore, luogo di soggiorno di mio padre... Ogni notte, per tre volte consecutive e negli orari più impossibili, agenti venivano in casa con il pretesto di sorvegliare mio padre e di controllare le persone che l'assistevano. Ero sfinita. Sono tornata a Corleone.»

«Io posso dire, con tutta sincerità, che dal giorno del fidanzamento, cioè da due anni, non ho più visto Salvatore Riina, né ho più avuto di lui notizie né dirette né indirette. Non è vero che sono andata alla curia arcivescovile di Aversa nel tentativo di celebrare nozze segrete con Totò. Dopo tutto quello che è successo, io non posso che sposarmi alla luce del sole. Non sono una protagonista dei *Promessi Sposi*. Non ho alcun interesse a recitare la parte di Lucia nelle nozze segrete con Renzo.»

Intervista raccolta il 27 luglio 1971 da Mario Francese, cronista giudiziario de «Il Giornale di Sicilia».

Mario incontra Antonina Bagarella la mattina del giorno prima in tribunale, Ninetta è a Palermo perché i giudici la vogliono inviare al soggiorno obbligato: «Quattro anni in un comune del Nord per stroncare l'attività in favore della cosca di Luciano Liggio».

Indossa un vestito a fiori, è bella, mora, con due grandi occhi neri. Il giornalista che parla con lei – un segugio, uno che fa bene il suo mestiere in quella Palermo che non vede e che non sente – sarà ucciso otto anni dopo. Il 26 gennaio 1979. Di sera, sotto casa. Su ordine di Totò Riina.

## «Io non l'ho mai visto arrabbiato»

Gaspare Mutolo

«È una persona educatissima Totò Riina, con un'espressione così buona, che uno ci parla e lui sembra un predicatore, quel viso bello... purtroppo sono i visi che ingannano. Un altro viso che inganna è quello di Michele Greco, che ha saputo prendere in giro le persone più feroci di Palermo, anche lui con quella faccia buona. Andava dicendo: "No, perché appena parte la prima *scupettata*, a Palermo succede un macello"... i visi che ingannano...»

«Totò Riina è una persona molto docile, apparentemente umile, io non l'ho mai visto arrabbiato. Qualche volta l'ho visto con un colorito più acceso, ma mai sgarbato o aggressivo. Nel 1973 siamo passati da una persona prepotente come Luciano Liggio a Salvatore Riina che spesso diceva: "Ho fiducia nei giovani, bisogna fare largo ai giovani". Con uno stratagemma. Fin da allora, aveva fatto in modo che tutte le famiglie gli mettessero a disposizione una o due persone con la scusa che era latitante. In qualsiasi momento e in qualsiasi borgata trovava chi lo accompagnava, chi lo faceva entrare, chi lo faceva dormire. Con il suo modo docile, era riuscito a creare attorno a sé tutto un gruppo.»

«Se uno parla con Salvatore Riina si domanderà: ma è mai possibile che questo è Salvatore Riina? Così buono! È stata la prima persona che ha inventato il sistema che, prima di uccidere uno, lo invita a tavola. Lo fa mangiare tranquillamente, lo fa divertire. Dopo mangiato lo strangolava e non se ne parlava più. Non gridava: "Tu hai fatto questo! Tu hai fatto quello!", no no, si mangiava, ci si divertiva e poi si uccideva. Questa è stata la novità che ha portato Totò Riina.»

«Conosco molto bene Luciano Liggio, così come conosco bene Salvatore Riina. Liggio sa che Salvatore Riina l'ha avuta e ce l'ha ancora con lui, anche perché Liggio una volta disse a tutti i capifamiglia di non rivolgersi più a Riina ma a Provenzano, come giustificazione portò il fatto che Salvatore Riina beveva e quindi parlava troppo. Siccome Salvatore Riina ha sempre avuto delle persone fidate nelle varie famiglie, si aggiornava sempre di quello che succedeva e questo discorso gli fu riferito. Luciano Liggio era una persona sanguinaria, metteva paura solo a parlarci. Mentre Riina no. Liggio, con il tempo, ha cominciato a capire che quel ragazzino che conosceva da tanti anni era molto più intelligente di quanto pensasse. Se Luciano Liggio non è uscito dalla galera è perché Salvatore Riina non ha voluto. Ricordo che, subito dopo il 1974, quando Luciano Liggio era stato arrestato e si trovava al carcere di Lodi, io e altri abbiamo detto a Salvatore Riina che potevamo fare una squadretta e andarlo a prendere. Ma Riina ci ha risposto: "Fatevi i fatti vostri, questi sono fatti che riguardano me, se occorre vi disturbo io". Luciano Liggio da quel momento non è più uscito dalla galera.»

# «Sembrano due persone ma è una persona sola»

Salvatore Cancemi detto Totò Caserma

I Corleonesi. Uno è nel bollettino dei ricercati del ministero degli Interni dal mese di luglio del 1969, l'altro scompare nel settembre 1963. Sono figli di contadini, poveri, affamati. Fanno la vita grama dei siciliani che negli anni a cavallo della Seconda guerra mondiale si spezzano la schiena nelle campagne: colline arse dal sole, distese di grano e qualche ulivo. Contrada Frattina, le Rocche di Rao, la Venere del Poggio, Strasatto. Il feudo. Con i suoi baroni e i suoi marchesi, con i campieri a cavallo. Salvatore Riina è nato nel 1930, Bernardo Provenzano nel 1933. Salvatore Riina detto il Corto o zio Totò. Bernardo Provenzano detto Bino o Binnazzu, detto anche il Trattore o il Ragioniere. Il primo resta latitante per ventiquattro anni e cinque mesi, il secondo per quarantadue anni e sette mesi.

I Corleonesi. «Loro sono i padroni della Sicilia e non c'era, diciamo, una differenza fra i due, quello che aveva uno aveva l'altro, la possibilità che aveva uno l'aveva pure l'altro, se le scambiano, erano lo stesso» spiega in un'aula di Corte d'assise Salvatore Cancemi, uomo d'onore della Commissione. Cancemi è ancora più esplicito: «Sembrano due persone ma è una persona sola».

I Corleonesi. Sono quelli che scendono alla fine degli anni Sessanta dal loro paese e all'inizio degli anni Ottanta si impadroniscono di Palermo. Sono quelli che cancellano dalla faccia della terra la «crema» della mafia siciliana. Quelli che danno l'assalto allo Stato. È la prima volta che Cosa Nostra, da quando esiste, dichiara guerra allo Stato italiano.

I Corleonesi. Uccidono magistrati, poliziotti, uomini politici, prefetti, generali, giornalisti, imprenditori, medici, te-stimoni, donne, bambini. E tutti gli altri mafiosi. Mille sono i morti, dal 1979 al 1983, nelle quattro province occidentali dell'isola. I Corleonesi seminano il terrore. Mettono bombe, progettano attentati come quelli dei terroristi. È una Cosa Nostra che modifica il suo Dna, che non si insinua più nella società siciliana ma che alza la testa, vuole dominarla. È la Cosa Nostra di Totò Riina e di Bernardo Provenzano. È la Cosa Loro.

I Corleonesi. All'inizio gli altri li definiscono con spregio i *picciuttunazzi*, i ragazzi villani e «grezzi» che vengono dai campi, i *peri incritati*, quelli con le scarpe sempre sporche di terra. Contadini. Alla fine gli altri si ritrovano tutti loro servi. I Madonia di Resuttana, i Galatolo dell'Acquasanta, i Ganci della Noce, Michele Greco di Croceverde Giardina, Antoni-no Rotolo di Pagliarelli, Pippo Calò di Porta Nuova, i Bru-sca di San Giuseppe Jato, Mariano Agate di Mazara del Val-lo, Nitto Santapaola di Catania, Giuseppe Piddu Madonia di Caltanissetta. Sono diventati tutti Corleonesi.

I Corleonesi. Il Corto viene arrestato in circostanze mai chiarite il 15 gennaio 1993. A Palermo, sulla circonvallazio-ne. Reparti speciali dei carabinieri. Bernardo Provenzano fi-nisce la sua latitanza l'11 aprile 2006 in un casolare sulla Montagna dei Cavalli, a due chilometri dalla sua vecchia ca-sa giù in paese. Polizia di Stato.

I Corleonesi. Due uomini che tengono in ostaggio la Sici-lia e l'Italia per quasi vent'anni.

I Corleonesi. Fanno tutto da soli? Fanno tutto Totò Riina detto il Corto o zio Totò e Bernardo Provenzano detto Bino o Binnazzu, detto anche il Trattore o il Ragioniere?

I Corleonesi. Due uomini che sono un uomo solo.

# «Monsciandò per tutti»

## Totò Riina

L'acqua nel pentolone è impregnata di aromi per stemperare il forte sapore della carne. Carote, gambi di sedano, patate, pomodori secchi, cipolle, foglie di prezzemolo. L'acqua si cambia tre volte, l'ultima è per la cottura della minestra che precede a tavola i pezzi di *picurazza*. Antica pietanza dei pastori della valle del Belice la pecora bollita, piatto dalla lunga preparazione, torna molte volte nei racconti degli uomini d'onore sulle loro «mangiate».

Servono la *picurazza* i fattori di una masseria in una campagna del Trapanese, quando Totò Riina all'inizio del 1992 convoca i capi e i sottocapi delle famiglie di Mazara del Vallo e di Marsala per decidere l'uccisione di Carlo Zicchitella e Leonardo Marino. Lo zio Totò l'assaggia appena, sorseggia un dito di vino, poi uno dei commensali sbuccia un'arancia e gliela porge.

Quando bisogna «ragionare» su qualcosa o qualcuno, i mafiosi organizzano sempre quell'avvenimento – il banchetto – che in siciliano è lo *schiticchio* o la *schiticchiata*. La tavola è un luogo sacro per gli uomini d'onore. Il mangiare un rito.

Ci sono gli anni che si incontrano tutti nel baglio di Stefano Bontate, al fondo Magliocco. E gli anni che si spostano a Cinisi da Gaetano Badalamenti, nel suo villino ai piedi di Montagnalonga. Poi è Michele Greco che apre le porte della sua tenuta, la Favarella. Carciofi e castrato arrostito sulle griglie, caponata, peperonate, pecorino con i grani di pepe rosso, mandarini, cassate e cannoli.

E, alla fine, arrivano gli anni dei Corleonesi. Il tormento dell'«invito a pranzo» dai Brusca di San Giuseppe Jato, nella loro masseria ai Dammusi. È l'incubo di tutti gli uomini d'onore.

«C'è lo zio Totò che vuole mangiare con te, ti deve parlare» avvisano i messaggeri di Salvatore Riina. Chi riceve l'*ambasciata* trema. È in trappola. Se non ci va, il suo destino è segnato. Vuol dire che non è «affidabile» o, peggio, che ha qualcosa da nascondere. Se ci va, sa che può fare la fine di tanti altri invitati: non tornare più.

Totò Riina è sempre seduto a capotavola, ai Dammusi. Alla sua destra ha Bernardo Brusca, alla sua sinistra Nenè Geraci «il vecchio». Qualche volta c'è pure Mariano Agate. O Raffaele Ganci o Francesco Madonia. Si mangia, si ride e si scherza e poi qualcuno scivola alle spalle dell'ospite e lo strangola con una cordicella.

«*Monsciandò* per tutti» ordina lo zio Totò quando portano via il cadavere. Ci sono sempre casse piene di Moët & Chandon anche ai Dammusi.

Omicidi, grandi abbuffate, il cibo come segno di potere e forse anche di risarcimento per una fame antica, *schiticchiate* che cominciano a mezzogiorno e finiscono al tramonto. Un mondo mafioso che a tavola viene cancellato dalle morigerate abitudini alimentari dell'ultimo padrino. Bernardo Provenzano ha portato una rivoluzione gastronomica dentro Cosa Nostra. Rigorosissima la sua dieta: latte fresco, miele, ricotta. E cicoria.

*Le guerre di mafia raccontano la mafia. Quando Cosa Nostra spara si rivela, quando tace ed è in pace nessuno sa cosa succede fra gli uomini d'onore.*

*1958-1963*

*Corleonesi contro Corleonesi (Liggio, Riina, Provenzano e Bagarella da una parte, il vecchio Michele Navarra dall'altra)*

*1962-1963*

*Palermitani contro Palermitani (scontro fra i Greco i La Barbera)*

*1981-1983*

*Corleonesi contro tutti*

## «Troppe invidie, troppi tradimenti, troppe cose tinte»

### Ignazio Lo Presti

Una voce porta dall'altra parte del mondo i cadaveri di Palermo. Sono parole bisbigliate, parole che diventano metafora della grande guerra di mafia degli anni Ottanta.

È già morto Stefano Bontate. È morto anche Salvatore Inzerillo. Sono morti Mimmo Teresi e una decina di uomini d'onore della famiglia di Santa Maria del Gesù e dell'Uditore. I Corleonesi stanno uccidendo tutti i capi della vecchia guardia. È morto pure Santino, il fratello di Totuccio Inzerillo. Tommaso Buscetta però non sa ancora niente di Santino quando, una sera di giugno del 1981, telefona al suo amico Ignazio a Palermo. Ignazio Lo Presti, il cognato dei cugini Salvo di Salemi, i potenti esattori. Buscetta è in Brasile, si fa chiamare «Roberto».

Ignazio: «Pronto, pronto?».

Roberto: «Ignazio?».

Ignazio: «Eh... buonasera Roberto».

Roberto: «Come stai?».

Ignazio: «Bene, lei come sta... pronto?».

Roberto: «Bene, bene... mah... la vita...».

Ignazio: «La vita è... una cosa tremenda».

Roberto: «Lo so».

Ignazio: «Stiamo impazzendo qua...».

Roberto: «C'è qualche cosa?... La cosa più crudele che esiste a questo mondo è che non c'è ritorno».

Ignazio: «Eh già...».

Roberto: «Ma dimmi una cosa, ma io posso parlare con il fratello?».

Ignazio: «Io, diciamo, non l'ho visto... non lo vedo e non

vedo più nessuno da un mese... cose troppo tinte ci sono qua, signor Roberto».

Roberto: «Sì...».

Ignazio: «Troppo tinte... non si sa più da chi uno si deve guardare».

Roberto: «Ah... ho capito...».

Ignazio: «Ci sono cose gravi, gravi...».

Roberto: «Questa è la vita... la mano del destino...».

Ignazio: «Troppe invidie, troppi tradimenti, troppe cose tinte».

Roberto: «Comunque io torno a telefonare fra tre, quattro giorni, se tu hai possibilità, deve essere una cosa molto riservata».

Ignazio: «Certo, lo capisco questo».

Roberto: «E mi sai dire qualche cosa...».

Ignazio: «Ma... se lei pensa comunque di venire... noi, diciamo, organizziamo la cosa».

Roberto: «Sì, sì...».

Ignazio: «Però non ne deve sapere niente nessuno... io, io ho parlato con Nino...».

Roberto: «Eh?».

Ignazio: «Gli ho detto che avrebbe chiamato lei... mi ha detto che se pensa di venire, diciamo, che sa niente nessuno, vediamo di farlo venire».

Roberto: «A lui... avrei piacere di sentirlo».

Ignazio: «Non sa niente perché non c'è stato...».

Roberto: «Allora non cercare, non cercare...».

Ignazio: «Cioè, io so come pescarlo...».

Roberto: «No, no... non cercarlo».

Ignazio Lo Presti scompare qualche settimana dopo la telefonata con «Roberto». Lupara bianca. Tommaso Buscetta si prepara a tornare in Sicilia. Per incontrare Nino e Ignazio Salvo e *ragionare* sulle *cose tinte* che stanno avvenendo a Palermo.

# «Gli esattori non sono mostri»
## Nino e Ignazio Salvo

Sono due, Nino e Ignazio. Nino è sanguigno, estroverso, ama i lussi. Sul suo yacht ancorato alla Cala, van Gogh e Matisse alle pareti delle cabine, invita i potenti d'Italia. Ignazio è chiuso, taciturno, ogni tanto la sua ombra si intravede dietro i vetri dell'auto blindata che sfreccia per le vie di Palermo. Solo lui ce l'ha in Sicilia una macchina così, corazzata e di «rappresentanza». A volte gliela chiedono in prestito i carabinieri o la polizia, quando sull'isola scendono «personalità» da scortare. Sono cugini, originari di un paese alla fine della Valle del Belice: Salemi.

*Unni viditi muntagni di issu, chissà è Salemi, passatatici arrassu; sunnu nimici di lu crucifissu e amici di Satanassu.*

È un antico detto siciliano: dove vedete montagne di gesso, questa è Salemi, stateci lontano; sono nemici del crocifisso e amici di Satanasso.

Sono famosi Nino e Ignazio Salvo. E intoccabili. Democristiani, i primi finanziatori delle corrente «andreottiana» nella Sicilia occidentale. Sono i migliori amici di Salvino, l'ex sindaco di Palermo Salvo Lima. E sono uomini d'onore. Legatissimi a Stefano Bontate, il principe di Villagrazia, il boss che più di chiunque altro incarna l'aristocrazia mafiosa.

Sono ricchissimi i Salvo. Hanno terre da una parte all'altra dell'isola, tre finanziarie, una banca, società turistiche, alberghi, aziende vinicole. Soprattutto sono i padroni della Satris, le esattorie. Nel resto d'Italia si pratica un «aggio» del 3,5 per cento, a Palermo la gabella è del 6,72 per cento e in certi anni sfiora anche il 10 per cento. Un sistema feudale. I signori del regno sono loro: Nino e Ignazio. Leggi e leggine della Regione garantiscono a loro privilegi da califfi. Ringhiano: «Smettiamola, una volta per tutte: gli esattori non sono mostri che succhiano il sangue ai siciliani».

Pagano tutti. Amici e nemici. Maggioranza e opposizione. Quando intuiscono che a Roma vogliono fare ordine nelle esattorie siciliane, i cugini di Salemi mobilitano tutte le truppe parlamentari al loro servizio. Si dice che controllino fra i sessanta e i settanta deputati in Parlamento, più una buona parte degli onorevoli alla Regione. E si racconta che – il 5 agosto 1982 – il primo governo Spadolini cada proprio per volere di Nino e Ignazio.

Nel 1976, la prima Commissione parlamentare antimafia li definisce «uno dei più gravi fattori di inquinamento della provincia di Trapani». Nel 1986, sono due dei quattrocentosettantaquattro imputati rinviati a giudizio al maxiprocesso istruito da Giovanni Falcone.

È un periodo inquieto per i gabellieri. Loro, che sono sacri simboli della Sicilia, subiscono l'«affronto» più grande. Qualcuno fa quello che nessuno ha mai fatto fra Palermo e Trapani: un sequestro di persona. Rapiscono Luigi Corleo, il suocero di Nino. Il riscatto che chiedono è di venti miliardi. Il vecchio Corleo non si troverà mai più. Non sono stati dei balordi qualunque a prenderlo, sono stati i Corleonesi di Totò Riina. È un segnale, il primo che i *viddani* di Corleone lanciano agli uomini d'onore che comandano dentro Cosa Nostra.

Quando infuria a Palermo la guerra di mafia, Nino Salvo si ripara per qualche mese in Grecia. Scompare per settimane anche Ignazio. Cercano di capire cosa sta succedendo dopo l'uccisione di Stefano Bontate, dopo l'agguato a Totuccio Inzerillo. Ignazio Lo Presti, cognato di Nino, ha l'incarico di contattare Tommaso Buscetta in Brasile. Vogliono che torni in Sicilia. Don Masino ha carisma, vogliono farlo parlare con Totò Riina e i suoi. Ma è troppo tardi. I Corleonesi hanno già deciso di non fare prigionieri.

# «Quel magistrato ha fatto cose da pazzi»
## Nino Salvo

«Nessuno ha mai potuto dire: i Salvo sono mafiosi. Oppure: Nino Salvo è un boss. Io sono nato con la Democrazia cristiana, essere fedeli non paga. Sulla nostra pelle stiamo subendo sia l'attacco di chi sta tentando di strumentalizzare tutta l'imprenditoria siciliana, sia l'attacco di chi vuole colpire la Dc e gli uomini che le stanno vicini... alcune forze politiche, soprattutto all'interno della sinistra, adoperano spesso come strumento di lotta politica una rozza e selvaggia aggressione fatta di ammiccamenti, di insinuazioni, di maldicenze.»

«Ne hanno dette di tutti i colori sul nostro conto, perfino che ricicliamo i soldi sporchi del racket dell'eroina. Ma noi Salvo guadagniamo tanti di quei soldi con le esattorie che cerchiamo qualcuno che ricicli i nostri miliardi. Siamo i più ricchi dell'isola, siamo il più grande gruppo finanziario siciliano, abbiamo una liquidità enorme. Se nel 1983 non ci confermeranno l'appalto decennale delle esattorie, ci scateneremo.»

«Non so come la Guardia di Finanza si orienterà a chiudere l'indagine tributaria sulle nostre esattorie, per quanto mi riguarda ho la coscienza tranquilla. Ma mi dispiacerebbe molto scoprire un domani che qualcuno, approfittando dell'emozione seguita all'assassinio dell'onorevole Pio La Torre, abbia voluto cogliere un'occasione di immediato vantaggio politico. Questo blitz nasce in un momento particolare, e per capirlo basta ripercorrere alcune date. Il 30 aprile 1982 viene ucciso il deputato comunista La Torre, il 10 maggio si riunisce il comitato centrale del Pci. Il giorno successivo, i giornali diffondono uno stralcio dell'intervento di Ugo Pecchioli che indica nel sistema delle esattorie il reliquiario di ogni nefandezza passata e presente e futura. Bene, dopo due giorni la Guardia di finanza è nei nostri uffici. Solo una coincidenza?»

«È vero, io sono stato tirato in ballo molto spesso. E, direi, con puntuale insistenza. Ma da chi? Certamente né dalla magistratura, né da alcun altro organo inquirente. Sfido chiunque a trovare la benché minima traccia di valore processuale nei miei confronti. Il mio nome è stato tirato in ballo da qualche foglio locale troppo zelante nel costruire, attorno ai Salvo, una letteratura facile da smistare a tutti gli altri giornali. Il discorso dei miei rapporti con la mafia è stantío. In venticinque anni di carriera, non sono mai entrato in un processo di mafia, non ho mai avuto un avviso di reato. Se fossi un mafioso, tutto questo sarebbe possibile?»

«So bene che quando si parla di gruppo di pressione si allude a tante cose... alla pratica della corruzione o alle consorterie clientelari... ma simili metodi non ci appartengono. Ciò non significa che i Salvo non abbiano un peso nella realtà siciliana. Ce l'hanno, eccome. Le nostre cooperative funzionano, a differenza di molte altre. Le nostre iniziative nel settore turistico marciano a gonfie vele e siamo noi che esportiamo il vino in Unione sovietica, mentre le cooperative rosse stanno a guardare. Alla luce di tutto questo perché la gente non dovrebbe avere fiducia nei Salvo e nelle idee, politiche ed economiche, che i Salvo rappresentano all'interno della Dc?»

«Quel magistrato ha fatto cose da pazzi. È andato a guardare dentro le banche, dove passa il denaro. Cose da pazzi!»

È il 1982. Quel magistrato è Giovanni Falcone.

*Il clero siciliano è diviso. Un questionario distribuito fra i sacerdoti di Palermo svela che sono ancora troppi i parroci indulgenti verso i boss, in molti non avvertono Cosa Nostra come un pericolo vicino. Il 15 per cento dei preti intervistati mostra «una piena consapevolezza della specificità del problema mafia», il 20 per cento ne ha «una conoscenza stereotipata, talvolta esprimendo critiche dirette soprattutto nei confronti della magistratura», il 65 per cento manifesta ancora «una certa ambiguità nell'affrontare il tema e la presenza mafiosa sul territorio non viene vissuta come una questione di diretta competenza della Chiesa, non sembra apparire una minaccia diretta». La ricerca è pubblicata nel 2008.*

# «Gesù Gesù, anche un parrino in Cosa Nostra»

## Giuseppe Calderone detto Pippo

Con la tonaca addosso sembra un prete, don Agostino. È svelto di cervello, furbo come un saraceno. Ha la sua parrocchia a Carini e la sua masseria allo Zucco, un paradiso terrestre incastrato nell'ultima gola della Conca d'Oro. A tredici anni entra in seminario, a ventinove sposa Totò Riina e Ninetta Bagarella, a cinquantuno si sposa lui. Fra le sue tante vite avventurose, una notte d'inverno diventa mafioso. Non lo sa quasi nessuno che l'hanno «fatto» i Corleonesi. Non lo sanno neanche quelli che dovrebbero saperlo. Pippo Calderone, il capo della Commissione regionale, non lo sapeva.

«Lui è come a noi, è la stessa cosa» gli dice Tano Badalamenti un giorno del 1969 a Ramacca. È così che si fa tra uomini d'onore la presentazione rituale. Pippo Calderone, detto Cannarozzu d'argento per quell'apparecchietto che gli dà una voce metallica dopo l'operazione alla laringe, guarda stupefatto il fratello Antonino: «Gesù Gesù, anche un parrino in Cosa Nostra».

*Parrino* in siciliano vuol dire prete. Tanti sono sempre stati i parrini tolleranti con gli uomini d'onore, però uno *punto* non si era ancora visto prima di quel giorno a Ramacca. Don Agostino è dell'Anonima sequestri, la cosca di Luciano Liggio che fa rapimenti a Milano. A ventiquattro anni è l'economo alla diocesi di Monreale, la più ricca e chiacchierata dell'isola. Amministra i beni. Ha confidenza con il denaro il più piccolo dei tre fratelli Coppola di Partinico – c'è Domenico e c'è anche Giacomo – che è il nipote preferito dello zio Ciccio, quello che negli States è conosciuto con un altro nome: Frank tre dita.

Don Agostino ha molti amici. È ospite nelle tenute di Peppuccio Garda, il patriarca di Monreale. Riceve in sacrestia Vito Ofria e Filippo Nania, che a Partinico sono *intesi*, importanti. E incontra sempre Luciano Liggio.

Il 16 aprile 1974 allestisce un altare fra i giardini di Cinisi. Servono messa don Mario e don Rosario. «In nome del Padre, del Figlio e dello Spirito Santo, il Signore sia con voi.» Totò e Ninetta sono marito e moglie. Latitanti e felici.

Il parrino ha fiuto. Capisce che sta accadendo qualcosa di sconvolgente dentro la Cosa Nostra, ci sono i Corleonesi che già fanno una guerra sotterranea ai Palermitani. Organizzano i sequestri di persona, una delle azioni assolutamente vietate dalle regole mafiose. E li fanno anche in Sicilia. Troppo rumore. Troppi sbirri per le strade. Troppo allarme sociale.

Una mattina sparisce Luciano Cassina, il figlio del conte Arturo, il re degli appalti di Palermo. Sei mesi dopo viene liberato. Nove mesi dopo don Agostino entra all'Ucciardone per favoreggiamento nel sequestro. In carcere riceve altri due mandati di cattura. Per il rapimento di Luigi Rossi di Montelera e per quello dell'industriale Emilio Baroni. Gli notificano un ordine di arresto dopo l'altro. Estorsione, ricettazione, uno anche per l'omicidio di un piccolo malavitoso. Condanne. E miracolose assoluzioni. All'inizio degli anni Ottanta la Chiesa siciliana non può più fare finta di non vedere. E dal Vaticano gli arriva la sospensione *a divinis*.

Nel suo paese lo chiamano ancora don Agostino. Lui si ritira allo Zucco. Coltiva la vigna. Ma comincia a stare male. Finisce in ospedale per problemi ai reni. E lì conosce una ginecologa. È una bellissima ragazza con gli occhi verdi e i capelli color fuoco. Amore a prima vista. Don Agostino si sposa con Francesca Caruana. I Caruana di Siculiana.

# «Cosa Nostra si vuole farla risalire all'apostolo Pietro»

Leonardo Messina

Tutti hanno una Bibbia. E tutti pregano. In tasca hanno sempre un santino. O l'immagine di un Cristo, di una Madonna. Sono religiosissimi. E ostentano la loro devozione. Anche quando sono lontani, dall'altra parte del mondo. Come i fratelli Cuntrera di Siculiana – Gaspare, Paolo e Pasquale –, i signori del narcotraffico fra gli anni Settanta e gli anni Ottanta, che per la Drug Enforcement Administration sono con i Caruana «i più grandi commercianti di eroina del bacino mediterraneo». Originari di quel piccolo paese della provincia di Agrigento, i Cuntrera sono diventati ricchissimi in Canada e in Venezuela. Ma non dimenticano mai il loro santo protettore: il Santissimo Salvatore del Crocifisso. Per quasi un quarto di secolo, il 3 maggio di ogni anno, Gaspare, Paolo e Pasquale venerano la statua del Cristo Nero in una chiesetta di Montréal. Con un generoso obolo la sottraggono ai fedeli della Matrice di Siculiana per averla tutta per sé, anche in terra straniera.

«Tutti noi uomini d'onore pensiamo di essere cattolici, Cosa Nostra si vuole farla risalire all'apostolo Pietro» spiega il pentito Leonardo Messina.

Benedetto Santapaola è il capo della famiglia di Catania, studia nell'istituto salesiano di San Gregorio, frequenta l'oratorio di Santa Maria delle Salette, sogna di fare il sacerdote e poi sceglie di fare l'assassino.

Calogero Vizzini, il patriarca di Cosa Nostra, quando nel 1943 gli americani sbarcano in Sicilia ha due fratelli preti: don Giovanni e don Salvatore. E un cugino parroco, don Angelo. E due zii vescovi, monsignor Giuseppe Scarlata e monsignor Giuseppe Vizzini.

Il «papa» di Croceverde Giardina Michele Greco tiene sempre in mano un Vangelo e due breviari, nella sua cella recita la liturgia delle Ore: «I salmi, la lode mattutina, dell'ora terza, della sesta, della nona, i vespri e la compieta, che è la preghiera della notte».

Devoto è il sanguinario Luciano Liggio di Corleone. Devoto è Giuseppe Piddu Madonia di Vallelunga, che quando lo arrestano ha una valigia piena di immaginette sacre. E devoto è quel Filippo Marchese che, prima di strangolare qualcuno, si fa sempre il segno della croce. Devoto è Bernardo Provenzano, rifugiato in un miserabile casolare nelle campagne dietro Corleone dove in ogni angolo aleggia lo spirito divino.

Ma il più religioso di tutti, il più mistico fra i boss di Cosa Nostra, è quello che il britannico «Guardian» nel 1995 inserisce in cima alla lista degli italiani più famosi al mondo. È Pietro Aglieri, detto *ù signurinu*. Ex parà della Folgore, ex seminarista a Monreale, un diploma di maturità classica al liceo diocesano, figlio di un commerciante di agrumi, una zia suora, è il capo della famiglia della Guadagna e fedelissimo dei Corleonesi. È uno dei boss che decidono di uccidere Paolo Borsellino.

*Ù signurinu* – un soprannome ereditato dal padre che lo eredita dal nonno – viene arrestato il 7 giugno 1997, quando ha trentotto anni e da quasi nove è latitante. Il suo rifugio sembra una cappella. Ci sono le panche allineate come in una chiesa, c'è un altarino, c'è una statua della Madonna illuminata dai ceri. Sulle sedie sono sparsi libri di Kierkegaard, romanzi, un'introduzione al pensiero filosofico della suora Edith Stein morta ad Auschwitz. Il capo della famiglia della Guadagna è in jeans e maglietta, dal collo gli pende un pesante crocifisso in legno. Pietro Aglieri non si pente. E, anche lui, in nome di Dio, comincia una scivolosa trattativa con lo Stato. Una dissociazione morbida. Lui la chiama «la via del silenzio attivo».

# «C'è molta confusione fra peccati e reati»
## Pietro Aglieri

«Preferisco soffermarmi sui miei pensieri, dove mi trovo molto più a mio agio a parlare con Dio. Ecco perché il mio silenzio. Non il silenzio omertoso come qualcuno suppone e nemmeno quello di chi non ha nulla da dire, ma il "silenzio attivo", dove conta lasciar parlare più le azioni personali, in opposizione alle tante chiacchiere in libertà.»

«Mi pare abbastanza intuibile il perché non si voglia nemmeno tentare di approntare una linea pastorale adeguata ai problemi in campo. Niente di polemico, per carità. Anzi, comprendo, anche se non lo condivido, il disinteresse, almeno apparente, di quella parte della gerarchia ecclesiastica intenta a salvaguardarsi da ipotetiche accuse di favoreggiamento facendosi in tal senso condizionare nelle scelte pastorali da seguire.»

«Rimango del parere, in questo supportato dall'esperienza, che sia meglio e più producente continuare a stare, con l'aiuto della Grazia divina, nel contesto in cui mi trovo.»

«Non mi pare che l'amministrazione della giustizia, al momento, dia una buona impressione e definire equi certi processi è una mera contraddizione in ogni senso. Perciò, cogliendo quell'aspetto del Vangelo che invita a stare in mezzo a chi soffre, preferisco di gran lunga i rigori del 41 bis all'ambiguità di posizioni "collaborative", che mi inducono ancora di più nella mia scelta al silenzio.»

«Ovviamente, io non ho certezze e tanto più consigli da dispensare. D'altra parte, non ho mai cercato patenti di cattolicità o certificati di conversione o salvacondotti per benefici personali, per cui penso che raccontare una parte fondamentale della mia vita, specialmente di questi periodi dove si fa molta confusione fra peccati e reati e si considera male soltanto ciò che è perseguibile per legge, avrebbe poco senso. Non sono in cerca di pubblicità gratuita. Per questa basta e avanza quella che, mio malgrado, mi procura la mia cattiva nomea, di cui farei molto volentieri a meno.»

«Ecco perché quando vengo investito da certe critiche mi sovviene subito alla mente quell'aforisma di Nietzsche che dice: "Quando dobbiamo cambiare opinione su qualcuno, allora gli facciamo pagare duramente il disagio che ci procura"...»

«Il comune denominatore che si ricava dai pareri di molti osservatori è che il carcere, così come è strutturato e pensato, non migliora nessuno, perché non porta in sé alcun insegnamento morale. Se a ciò si aggiunge che il regime del 41 bis è considerato un carcere dentro il carcere, ognuno potrà trarne le conclusioni che riterrà più adeguate allo stato delle cose. Purtroppo, in un'epoca piena di conflitti e contraddizioni, dove il predominio dell'estetica sull'etica è più che evidente, si crede di potere esorcizzare le paure sociali incentivando i metodi repressivi e pensando al carcere come la panacea per arginare i mali della società. Sarà, ma alle volte la legalità porta in sé illegalità.»

«Alle volte, però, soppesando alcune esternazioni eccessivamente refrattarie e interessate, si ha l'impressione che non solo impediscono una presa di coscienza con la realtà autentica, ma volontariamente si adoperano affinché restiamo irretiti nei soliti stereotipi e luoghi comuni, affossando qualunque spiraglio di cambiamento. A scanso di equivoci: le mie non sono lamentele o richieste di aiuto, però non è camuffando la realtà dietro il paravento di teorie a senso unico che si potranno trovare soluzioni soddisfacenti nel complesso. Non sempre i "buoni" hanno ragione.»

# «Con il volere di Dio»

## Bernardo Provenzano

A Luigi Ilardo:

«Io con il volere di Dio voglio essere un servitore, comandantemi e sé possibile con calma e riservatezza vediamo di andare avandi, spero tando, per voi nella stessa collaborazione.»

Ad Antonino Rotolo:

«Carissimo, ci fosse bisogno, che ci dovessimo vedere di presenza per commentare alcune cose. Mà, non potendolo fare di presenza, ci dobbiamo limitare ed accontentare della Divina Provvidenza del mezzo che ci permette. Così con il volere di Dio ho risposto alla vostra cara.»

Ad Antonino Giuffrè:

«Poi mi dici che con il volere di Dio mi spiegherai di presenza gli accordi fatti con il Dottore. In quando a vederci, con il volere di Dio, aspettiamo il momento opportuno... Argomento, Per quello che si può, siamo tutti addisposizione luno con l'alreo, io spero che faremo sempre con il volere di Dio prima questo puntamento con G. e di tutto il resto, con il volere di Dio, ne parleremo di presenza. Grazie di tutto.»

Ad Antonino Giuffrè:

«Argomento: ho ricevuto 13 ml e sento che sono come dici tu chiusura, io x motivi che con il volere di Dio te né parlerò di presenza, glie li darò dopo che ci vediamo noi.»

Destinatario sconosciuto:

«Io vedo che tutti siamo bisognosi, chi più, chi meno, mà

credo tutti e due GV, mm ne anno più bisogno, se c'è il volere di Dio, e noi possiamo fare, cose buone, possibilità permettendo, facciamoli... Li ho chiesto di farmi sapere, il perché non ti vuole incontrare, per provare ha levare, se ci fossero cose per il mezzo che non vanno, ti prego di non farmi fare brutte figure, che spero con il volere di Dio sistemare un po' tutto quello che posso fare, per te, per voi, tutti.»

A Luigi Ilardo:

«Comunque, sappia, che là dove ti posso essere utile, con il volere di Dio sono ha tua completa addisposizione, mà sappia pure che detesto la confusione, e quindi avendo le cose dette chiari in modo che io possa capirle, se è nelle miei possibilà sono felice di poter essere utile... Senti sarebbe per me un gran piacere vederci di presenza, cosa che al momento mi è impossibile farlo, mà lo faremo se Dio vuole, appena possibile, mà non per quello che tu mi chiedi.»

Alla moglie Saveria Benedetta Palazzolo:

«Carissimo amore mio, con il volere di Gesù Cristo ho ricevuto il tuo scritto e leggo che stai bene. Così ti posso dire di noi. Amore 1 Argomento Paolo ancora questa donna non viene più di una volta si dice che deve venire e non viene noi siamo tranquilli, quello che è destinato da Dio non si può cambiare però il Signore ci deve dare la forza di sopportare.»

# «Don Pino sorrise e disse: me l'aspettavo»
### Salvatore Grigoli

«Non dovevamo uccidere padre Pino quella sera, poi però lo abbiamo visto da solo. Stava telefonando in una cabina vicino alla chiesa di San Gaetano, a Brancaccio. Era tranquillo, don Pino. Andammo a prendere l'arma, una 7,65 con il silenziatore. Quando siamo tornati vicino alla cabina telefonica, don Pino non c'era più. Allora siamo andati ad aspettarlo sotto casa. Lui arrivò. Stava aprendo il portoncino e Gaspare Spatuzza gli mise la mano nella mano per togliergli il borsello, e poi gli disse piano: "Padre, questa è una rapina".»

«Ci fecero sapere che l'omicidio non doveva sembrare un omicidio di mafia, ma l'opera di un tossicodipendente o di un rapinatore. Fu per questo che fu utilizzata una pistola di piccolo calibro e al prete gli fu tolto il borsello. Io gli stavo sparando, don Pino sorrise e disse: "Me l'aspettavo". Quel sorriso mi è rimasto impresso nella mia mente per sempre. Era un sorriso pieno di luce quello di don Pino Puglisi: non lo dimenticherò mai.»

«Padre Pino fu lasciato solo a Brancaccio. Lui continuava a fare prediche contro la mafia, cercava di dire ai giovani di stare attenti. Qualcuno, gente che lo frequentava, che lo conosceva, riferiva tutto quello che don Pino faceva ai fratelli Graviano. Cosa Nostra sapeva sempre tutto. Fu un delitto annunciato, don Pino era sempre più solo. C'era la convinzione che il centro Padre Nostro da lui creato fosse un covo di infiltrati della polizia. Poi si scoprì che non era vero... Secondo me don Pino si poteva salvare, se lo Stato l'avesse protetto... e poi successe quello che è successo...»

«Cominciammo a capire che non era stata una cosa utile

per noi. Anzi, aveva peggiorato la situazione. A quel punto abbiamo scelto il silenzio. E poi sono cominciati i problemi, e tra di noi commentavano tutto come una maledizione... Per Cosa Nostra la Chiesa era quella che, se c'era un latitante, lo nascondeva. Non perché era collusa, ma perché aiutava chi aveva bisogno. Un territorio neutro. Cosa che è venuta a mancare negli ultimi anni... la Chiesa di don Pino Puglisi era sempre stata una Chiesa diversa...»

«Il perdono che mi ha dato Papa Wojtyla è stata la mia speranza, il mio sollievo. Lui sarà per sempre il mio angelo custode, mi aiuterà ancora di più di quanto abbia già fatto sulla terra. Sono sicuro che in cielo incontrerà don Pino e gli parlerà di me, e insieme si vanteranno del mio cambiamento perché sono stati loro due, sono stati soltanto loro due il motivo per cui io sono cambiato.»

«Ritengo però che quello che è accaduto tra me e Dio debba restare nel chiuso della mia anima. Io ero agli ordini dei fratelli Graviano, i boss di Brancaccio, quando nel maggio del 1993 il Papa lanciò dalla Valle dei templi di Agrigento il suo anatema contro gli uomini della mafia... io non ricordo bene tutte le parole che ha detto quel giorno il Papa ad Agrigento, io ero ancora un uomo d'onore... ma ricordo che da quel giorno in Cosa Nostra si cominciò a vociferare che la Chiesa cominciava a essere molto diversa da prima...»

# «Questi sono gli omicidi che ti danno soddisfazione»

## Salvatore Grigoli a Pasquale Di Filippo

«Era così amico con me che mi confidava, mi confidava tutte queste cose. Anche perché Salvatore Grigoli sapeva che io ero molto vicino a Leoluca Bagarella, ero una delle pochissime persone che poteva incontrarlo direttamente... Il discorso di padre Puglisi è nato così... Innanzitutto lui, molto spesso, siccome di questo omicidio se n'è parlato tanto sui giornali e sulle televisioni, ogni tanto quando si parlava di questo omicidio, mi diceva: "Ecco, vedi, questi sono gli omicidi che ti danno soddisfazione". Lui diceva così perché erano omicidi che se ne parlava tanto. Si vantava sempre di avere fatto quell'omicidio, di avere ucciso don Pino Puglisi...»

«È stato a Casteldaccia che me lo ha confidato realmente questo omicidio, a Casteldaccia in un villino di proprietà nostra, dove io facevo la villeggiatura... Lui veniva molto spesso a trovarmi là. Una sera stavamo vedendo il telegiornale e avevamo capito che le autorità giudiziarie avevano scoperto chi era stato a uccidere il prete. Al che io gli ho detto: "Totò, guarda che hanno individuato chi sono i killer di padre Puglisi" perché io mi sono preoccupato, perché lo sapevo che era stato lui... Poi però avevamo frainteso il telegiornale, perché avevamo sbagliato, perché avevano individuato i killer di un altro omicidio, quindi avevamo capito male noi...»

«E allora io gli ho detto: "Totò, ma scusa, c'è questa preoccupazione che ti possano individuare?"... E lui dice... dice: "No, no, non mi hanno individuato perché, quando ho fatto l'omicidio, non ne ha capito niente nessuno". E io mi ricordo che gli ho detto: "Ma ci siete andati a volto coperto o a volto scoperto?". E Totò mi ha risposto ancora: "No, a volto scoperto, però non ho problemi perché... perché non c'era nessuno e quindi nessuno mi ha potuto vedere". Ecco il discorso è stato questo, bene o male di quell'omicidio mi ricordo questo...»

«Per mania sua personale Salvatore Grigoli aveva sempre una 7,65 in mano, una pistola di quel calibro e con il silenziatore. L'aveva proprio sempre in mano, mi ricordo che quando eravamo nella camera della morte Totò la faceva sempre vedere. Però io non so se quella 7,65 è la stessa che aveva ucciso padre Puglisi...»

«Praticamente Salvatore Grigoli, agli inizi del 1995, ha avuto una fucilata al piede per sbaglio da un altro compagno nostro, e quindi è stato diversi mesi con delle balle al piede... balle di fucile... praticamente non si poteva muovere e io sono stato con lui tutto questo periodo. Perché io ero quello che lo curavo, non si poteva muovere, lo accudivo più che altro. Dopo, quando lui è guarito, siamo stati ancora insieme nel villino... noi eravamo in guerra con altre persone, e quindi ci tenevamo un pochettino in disparte, perché avevamo paura che qualcuno potesse farci qualcosa di male. Però eravamo sempre pronti, eventualmente, a disposizione di Nino Mangano per chiamarci a fare omicidi. È stato in quelle settimane che mi ha raccontato di don Pino...»

*Sono i Borboni che costruiscono la fortezza, fra il mare e le casupole del Borgo Vecchio. Scelgono un pianoro dove crescono* les chardons, *i cardi spinosi per le bestie da soma. Il nome Ucciardone viene da lì. Quando le sue segrete si riempiono con i detenuti dell'antica Vicaria, fra il 1832 e il 1850, il carcere di Palermo è il più «moderno» d'Europa. Nel secolo successivo i siciliani lo chiamano Villa Mori, dal nome del prefetto – Cesare Mori – che su mandato del Partito fascista deporta nei suoi «bracci» centinaia di briganti delle Madonie. È solo nel secondo dopoguerra che diventa il Grand Hotel della Cupola mafiosa. Sono pochi i palermitani che non conoscono il suo indirizzo. Via Enrico Albanese numero 3.*

# «Quell'indimenticabile mangiata
# alla Settima sezione»
## Giuseppe Guttadauro

Il carcere non fa paura agli uomini d'onore. Per loro non è mai definitivo, è sempre provvisorio. Anche se la condanna è all'ergastolo, prima o poi la libertà arriva. È una certezza per gli uomini d'onore. Prima però, il carcere bisogna farlo. E con *dignitudine*. Il carcere dei mafiosi è l'Ucciardone.

«Era il giorno di Pasqua del 1984, facemmo una indimenticabile *mangiata* alla Settima sezione. Arrivò il furgoncino dal ristorante La Cuccagna, le guardie restarono a bocca aperta: c'erano le casse di Dom Perignon, le aragoste ce le tiravamo in faccia.»

Giuseppe Guttadauro, uomo d'onore della famiglia di Brancaccio e star della sanità palermitana, parla nel salotto di casa sua con tre amici. È intercettato da una microspia. Ricorda il suo Ucciardone.

«Mi prepararono il posto a capotavola, c'era una gerarchia. All'epoca comandava Totò, Salvatore Montalto. Però quello veramente potente era Nardo, Leonardo Greco. Lui sapeva corrompere anche il padreterno. Nardo mi dava sempre ascolto. C'era da fare la lista dei colloqui speciali, cinquanta colloqui per il sabato prima di Pasqua? L'elenco lo facevano Totò e Nardo...»

È la Settima la sezione degli uomini d'onore. La Settima è al terzo piano, un territorio proibito per tutti gli altri detenuti. Un carcere nel carcere. Le celle sono sempre aperte, i secondini mischiati ai reclusi, «l'ora d'aria» è lunga una mattina intera. L'infermeria è il regno dei summit. I mafiosi non entrano in mensa, il vitto carcerario è «il mangiare del governo». Non lo toccano mai. Prenotano i pasti nei migliori ristoranti di Palermo. L'Ucciardone è diviso in caste. Gli ultimi sono rinchiusi alla Sesta, la sezione dei *froci*, dei *pedofili*, dei *marocchini*, degli *scafazzati*, degli *spiuna*.

Comandano i mafiosi all'Ucciardone. Comandano sulle guardie carcerarie, sui medici, a volte anche sui direttori. In cambio garantiscono ordine. Fra la fine degli anni Sessanta e l'inizio degli anni Settanta ci sono rivolte in tutti i penitenziari italiani. Tranne all'Ucciardone. Mai una protesta, mai un lamento. È un carcere «modello». I detenuti eccellenti non vogliono sentire neanche il ronzio di una mosca. Sono i padroni là dentro. Pietro Torretta, patriarca dell'Uditore. E Tano Badalamenti, Tommaso Buscetta, Gerlando Alberti, Paolino Bontate.

È ancora Giuseppe Guttadauro che rievoca gli anni passati alla Settima sezione.

«Il sabato prima di Pasqua siamo arrivati alla sala colloqui io, Montalto e Leonardo Greco... ma arrivati là... bordello, bordello, mia zia Mariella se la prende con mia moglie e le chiede: "Perché a tuo marito sì il colloquio e a mio marito no?". Allora io gli dico: "Levate me e mettete mio zio Ignazino". Che dovevo fare?, quella scassaminchia di mia zia... me ne sono andato a farmi una bella *mangiata* e a fare ginnastica, facevo anche la sauna io...»

# «Parlare di celle è un modo di dire»

Gaspare Mutolo

«La droga era l'unica cosa che non c'era, noi non la consumavamo la droga. Avevamo un magazzino dove però c'era di tutto, una cella fatta a magazzino. C'erano soldi, whisky, c'era champagne. C'era solo il mangiare nostro. Era il 1978, il 1979...»

«I colloqui non erano registrati, era una cosa abituale in quel periodo. Diverse persone sono venute a trovarmi all'Ucciardone. Anche latitanti. Gaetano Badalamenti, Rosario Riccobono che era un latitante importante. Sono venuti anche Vernengo, Ganci, Scaglione. Non mi posso ricordare ora tutti quelli che venivano. I documenti penso che neanche glieli chiedessero.»

«Le guardie carcerarie sono le persone che stanno più a contatto con i detenuti. È difficile trovarne una che non sia brava e che non si presti a qualche favore, ora forse no... ma prima... parlo di quel periodo quando le guardie erano in balía dei detenuti che comandavano più di loro. C'era un brigadiere che stava a Palermo da tanti anni e conosceva tutti. Io non so se gli ordini li dava il direttore, però i sottufficiali sapevano ormai le abitudini di tutti. Questo brigadiere telefonava in portineria e diceva: "Guarda che fra dieci minuti arriva la famiglia di Tizio"...»

«Allora uno scendeva giù e diceva: fammi chiamare l'ufficio "matricola". A volte andavamo da soli, altre volte mandavano una guardia. Allora il bridagiere e il maresciallo potevano dire: sta arrivando la famiglia di Mutolo. Se io non la vedevo e mia moglie si presentava in portineria, allora mia moglie diceva alla guardia: devo fare il colloquio speciale. Si chiamava colloquio speciale...»

«Lo spostamento di cella era una cosa insignificante. Parlare di celle è un modo di dire perché c'era un corridoio su cui si affacciavano a destra e a sinistra le celle, erano sempre tutte aperte, le chiudevamo solo la sera quando andavamo a dormire. Poi c'era l'infermeria. C'è chi soffriva di cuore, chi di asma, chi di ernia. Apparentemente eravamo tutti ammalati, avevamo tutti la cartella clinica quindi eravamo tutti ammalati. C'era un professore che è stato licenziato in tronco, poverino... poi venivano i vari specialisti e rafforzavano... alcuni erano amici nostri. Là si conviveva, chi ci portava il caffè, chi i biscotti...»

«Non è che ero ammalato... se sono ammalato ho un buon medico che mi deve curare, i periti li sceglievamo per la loro capacità, il perito c'era perché dovevano venire altri tre periti per dire: questo è ammalato, questo è schizofrenico. I periti di fama potevano coinvolgere i periti d'ufficio mandati dal magistrato. Se è un grosso professore, può facilmente dire che il detenuto è malato.»

«Ah, la pazzia... Se uno deve prendere trenta o vent'anni di galera e c'è un modo per prenderne solo otto o cinque... Sapevo che grazie alle perizie ci sono dei tetti, cioè che con dodici anni di condanna ve ne sono due prosciolti, con venticinque anni cinque, mentre con l'ergastolo c'è il massimo di dieci anni di proscioglimento... poi si sa che la metà del reato... Io sono stato anche nel manicomio giudiziario di Barcellona Pozzo di Gotto, là si stava ancora meglio di Palermo: ci andavamo proprio per questo...»

# «Avevo mezza Cupola ricoverata in ospedale»
## Giuseppe Guttadauro

L'asma non gli passa mai. Le cure sono inefficaci, i medici preoccupati. Lo vogliono tenere sempre «sotto controllo», lì in ospedale. Per i test allergici, gli esami del sangue. Gran consulto, servirebbe anche il parere di qualche specialista di fama internazionale. Il detenuto Giuseppe Spina, uomo d'onore della Noce, non guarisce. Ha una tosse maligna, la febbre, un senso di soffocamento. Da quattrocentoventiquattro giorni la sua cella non è più al primo piano del settimo braccio dell'Ucciardone, ma al terzo piano del reparto di pneumologia del Civico di Palermo. Una stanza grande, luminosa. Giuseppe Spina è premurosamente assistito dagli infermieri, coccolato dai parenti, rifocillato dagli amici che ogni sera gli fanno arrivare i ricci di mare e il polipetto bollito da Mondello.

Sono tutti malati i boss di Palermo. È malato Pippo Calò. Disturbi renali e «lesioni cerebellari». Malato è Giuseppe Giacomo Gambino, che da quattro mesi «accusa forti dolori alle gambe». Cesare Ciulla è anche lui in ospedale «per sottoporsi ad alcuni test di sensibilità cutanea». Sono malati Salvatore Montalto e il vecchio Bernardo Brusca, Antonino Rotolo, Pino Savoca, Pietro Porcelli, Francesco Ciccio Madonia, Giuseppe Olivieri. Tutti ricoverati. Tutti insieme. In uno stanzone del Civico si incontrano per le «riunioni», decidono gli omicidi, mandano ordini all'esterno, organizzano i traffici.

«Io facevo il chirurgo all'ospedale, avevo un'autorizzazione speciale per parlare con chiunque. Ero extraterritoriale, mi spiego?» ricorda al suo allievo Fabio Scimò il medico

Giuseppe Guttadauro, uomo d'onore della famiglia di Brancaccio. Gli racconta: «D'altronde c'è stato un momento che non c'erano problemi: avevo mezza Cupola ricoverata in ospedale. Andavo da Beppe Lima, il fratello dell'onorevole, lui teneva sempre la porta aperta ma quando io arrivavo la chiudevo, allora lui cacciava tutti e rimanevo io solo».

Nel 1987 i ricoveri carcerari all'Ospedale civico di Palermo raggiungono i 2839 giorni di degenza. In tutta la Sicilia sono 5634. Lo scandalo è un impasto di certificati falsi, minacce, avvertimenti. Favori che non si possono rifiutare. I carabinieri del colonnello Mario Mori indagano, la procura della Repubblica apre due inchieste, l'alto commissario Domenico Sica prepara un dossier sui «ricoveri facili». Sotto accusa sono i primari del Civico, ma anche alcuni giudici delle Corti d'assise. Si fidano troppo delle cartelle cliniche, delle diagnosi dei luminari. Per gli ergastolani mafiosi che sono tutti fuori s'infuria anche Claudio Martelli, il ministro di Grazia e giustizia.

Lo scandalo diventa farsa quando una sera Pietro Vernengo indossa una vestaglia di seta, saluta tutti e se ne va. Indisturbato lascia l'ospedale per tornare come prima. Latitante.

È una fuga tranquilla, senza ostacoli. Pietro Vernengo è della famiglia di corso dei Mille, al maxiprocesso è accusato di novantanove omicidi. Per novantotto è assolto, per l'ultimo si becca l'ergastolo. Ha una seconda condanna per associazione a Napoli, una terza per traffico di stupefacenti a Lecce. I suoi legali presentano un'istanza «per gravi motivi di salute», arresti ospedalieri concessi dalla seconda Corte d'assise di Palermo. Padiglione centro tumori dell'Ospedale civico, reparto di urologia, stanza numero 26, primo letto a sinistra.

# «La terra attira noi siciliani, latitanti o non latitanti»

### Gaspare Mutolo

«Sono stato latitante molti anni e ho vissuto sempre con mia moglie e i bambini. Se uno sale su Montepellegrino vede che Palermo è un piatto, Palermo non è come Roma o Milano, Palermo è piccola. Totò Cancemi e altri personaggi uno si immagina che sono in America oppure... no no... sono là. Cancemi si è costruito una villa da sette miliardi, Giovanni Brusca ogni sabato è a San Giuseppe Jato, tranquillo, pacifico...»

«Noi latitanti eravamo a Partanna Mondello, a Valdesi, a Pallavicino. A volte ci spostavamo per otto o quindici giorni perché c'era un omicidio, o perché sapevamo che erano in corso operazioni di polizia... non stavo a casa mia, che so: invece di stare in via Ammiraglio Cagni stavo in via Patti, a cento metri. Magari i latitanti non stanno al numero 25 ma al 30. La polizia quando è andata al 25 ha fatto il suo dovere. Quando mi andavano a cercare, andavano in via Catalano... io era vent'anni che non abitavo più in via Catalano. La terra attira noi siciliani, latitanti o non latitanti stiamo là e non siamo molto disturbati. L'andamento di Palermo è questo.»

«Uscivamo normalmente, conoscevamo gli orari in cui rientravano le pattuglie. Quando si doveva trasportare qualche morto o qualche carico di droga sapevamo per esempio che dalle 13,30 alle 15,30 o alle 16 si poteva camminare e che la sera dalle 18,30 fino alle 20,30 o alle 21 era tranquillo... A volte sapevamo quando c'era un mandato di cattura nell'ufficio catturandi. C'era uno all'ufficio catturandi che percepiva un mensile, e in più riceveva dei regalini quando si precipitava a portare informazioni. Qualche altro lo faceva magari per essere pagato, ma di solito non si fa... È volgare dire:

"Ti do tanto", si trova sempre una forma diversa per chiedere un regalo.»

«Fin quando il poliziotto, il commissario o il maresciallo mi dicono "Stai attento che c'è un mandato di cattura", si tratta di discorsi pacifici, tranquilli, che si fanno per un certo quieto vivere, per qualche favore che si è fatto. Ma nel momento in cui vengo a sapere da un poliziotto che mi dà una soffiata... e dopo noi facciamo una strage... e per questo io, noi mafiosi, abbiamo la preoccupazione che quello che ha fatto la soffiata è *sapitore* di una strage... Fino a quando sono discorsi lievi, senza che io debba rischiare un ergastolo, lo può sapere il poliziotto o l'usciere... ma se io rischio di prendere l'ergastolo io quel poliziotto lo ammazzo cinquanta volte.»

«In quel periodo c'erano Boris Giuliano, Tonino De Luca, Bruno Contrada, il capitano Giuseppe Russo, cioè quelli che davano più fastidio a Cosa Nostra. Il bar dove è stato ucciso Boris Giuliano era di un mio cugino e io avevo il compito di osservare quando scendeva da casa. Riuscimmo a individuare anche dove abitava De Luca, dove andava il dottore Contrada... Nel 1981, quando sono uscito dal carcere, ho chiesto come mai alcuni – e mi riferisco al dottor Contrada – non fossero ancora stati uccisi. Io ero *stranizzato* che il dottore Contrada fosse ancora vivo. Ma Saro Riccobono mi disse di non preoccuparmi perché: "Contrada è nelle nostre mani; anzi, se ti fermano, chiama lui e se ti portano in questura di che lui sa". Se De Luca non se ne andava da Palermo sarebbe morto anche lui. So per certo che è uno di quelli che si è salvato in extremis.»

# «Quando stai in quella pasta più la mangi e più ti piace»

## Giuseppe Marchese

«Per me Cosa Nostra era un po' come un gioco di guardie e ladri. Vedevo soprattutto il rispetto che portavano a mio zio, e poi le gerarchie, il potere. Quando mio padre seppe che mio zio Filippo voleva *combinarmi* si arrabbiò moltissimo. Diceva: lasciatelo in pace, è un ragazzino. Mio fratello era già diventato quello che era. Riina e mio zio decisero di affiliarmi lo stesso, ma dovevano tenermi *riservato*. Avevo diciassette, diciotto anni.»

«A quell'età vedere certe cose ti porta alle stelle. Quando ti dicono cose segrete del tipo: "Da Totò Riina devi andare tu", allora non ragioni più. Adesso, pensandoci bene, dico: ero incosciente. Ma quando stai in quella pasta più la mangi e più ti piace.»

«Nel nostro territorio era tutto tranquillo, addirittura mio zio andava persino al bar con i poliziotti. Questa è Cosa Nostra: come ti muovi ti muovi, tutto esce allo scoperto. Se c'era un furto, si sapeva subito chi era stato a farlo. Le nostre entrate poi venivano dalle ditte di costruzioni, dal traffico di droga, dal traffico di sigarette e da qualche rapina importante. Ma per fare una rapina bisognava sempre chiedere il permesso a mio zio. Ad esempio, a corso dei Mille c'era una banca, ma mio zio non ha mai dato a nessuno il permesso per fare una rapina in quella banca, perché lui conosceva il direttore.»

«Il 15 gennaio 1982 venni arrestato per porto d'armi abusivo. E per la prima volta entrai nel carcere dell'Ucciardone: per me fu come un ricevimento, mi avevano preparato la cella di tutto punto.»

«Mentre ero in carcere mio zio Filippo mi mandò a dire:

"Fai il pazzo". Così feci e ottenni la seminfermità mentale. Poi fecero una nuova perizia psichiatrica a Milano e la perizia andò male. In quel periodo fu ucciso mio zio Filippo, io venni a saperlo da mio fratello. Chi sbaglia in Cosa Nostra paga, non si guarda se è padre, zio o fratello. Mio zio fu fatto uccidere da Riina con la lupara bianca. Ma noi nipoti non potevamo fare niente, dovevamo soltanto farci il carcere in silenzio.»

«In tutto io ho fatto vent'anni di galera. Nel 1982 sono stato nel manicomio di Reggio Emilia, poi torno all'Ucciardone. Agli inizi del 1984 mi mandano nel manicomio di Aversa. Ritorno in Sicilia, a Termini Imerese. Da Termini Imerese a Trani. Da Trani a Trapani per il maxiprocesso. Poi ancora all'Ucciardone e ancora a Termini Imerese, Voghera e Cuneo... Nelle carceri si parlava solo di omicidi...»

Giuseppe Marchese viene tradito da Cosa Nostra l'11 maggio 1989. È rinchiuso all'Ucciardone, gli ordinano di uccidere il suo compagno di cella Vincenzo Puccio, un uomo d'onore sospettato di «complottare» contro Totò Riina. Gli spiegano che l'omicidio deve sembrare la fine di un violento litigio. Giuseppe è già ergastolano. Ubbidisce.

Solleva una bistecchiera di ghisa e sfonda il cranio di Vincenzo Puccio. «Lui voleva vedere un programma alla televisione e io un altro» confessa Marchese agli agenti di polizia penitenziaria.

Il mafioso di corso dei Mille non sa cosa accade fuori dall'Ucciardone, nello stesso giorno e nella stessa ora che lui uccide Vincenzo Puccio. Ai Rotoli, il cimitero chiuso fra Montepellegrino e il mare di Vergine Maria, i killer di Totò Riina ammazzano anche Pietro Puccio. È il fratello del suo compagno di cella. Il movente suggerito dai Corleonesi – la lite banale – è insostenibile. Quello dei fratelli Puccio è un delitto di mafia perfetto. Solo Giuseppe Marchese resta in trappola. Tradito, usato dalla sua Cosa Nostra.

«Quel giorno ho capito che ero carne morta» dirà appena si pente.

*Angosce, incertezze sessuali, depressioni. Sofferenze e insofferenze. Anche i famigliari dei capi di Cosa Nostra finiscono sul lettino dello strizzacervelli. Raccontano le loro paure. Nei consultori e nei servizi di Salute mentale di Palermo, alla fine degli anni Novanta, raccolgono le testimonianze di fratelli e sorelle di boss uccisi, di vedove e donne con i mariti in carcere, di pentiti e loro parenti. I dati di quelle confessioni diventano tante «cartelle cliniche». Racconta il pentito C.:*

*«Quando i due fratelli di Brancaccio parlano del rapporto con le loro mogli, ti dicono "Tu la devi rispettare", e rispettare non si riferisce al rispetto normale ma rispettarla a letto, che per loro significa "Stai attento tu, non è che devi fare cose che..., perché chiddu chi si fa cu' i buttani, non si fa cu' i mugghieri"...».*

# «Avevano le amanti, non avevano moralità»

Gaspare Mutolo

«All'immagine, noi ci abbiamo sempre tenuto. Se io rimprovero, cerco di uccidere o costringo un ragazzo a sposare una donna solo perché è stato il suo fidanzato, devo essere il primo io nel quartiere dove abito – e dove l'uomo d'onore è guardato bene da tutti gli uomini e da tutte le donne – a rappresentare l'esempio.»

«Vi sono donne, mogli o mamme di uomini d'onore, degne di ammirazione per i sacrifici che fanno per i loro figli e i loro mariti. Se sei un assassino ma fedele e innamorato, tua moglie è disposta a qualunque sacrificio per il suo uomo. Se qualcuno avesse riferito a mia moglie di avermi visto a Mondello con qualche ragazza, mia moglie gli avrebbe risposto che sicuramente si trattava della moglie o della sorella di qualche amico latitante, non avrebbe pensato certo ad altro.»

«Ricordo che Gaetano Badalamenti e, per un certo periodo, anche Totò Scaglione, erano tutti e due accaniti sostenitori che si dovesse essere totalmente dediti alla famiglia. Questo dà molta sicurezza a una moglie.»

«Si tratta però di regole che nel passato venivano osservate in modo più rigido di adesso. E comunque non sono regole fisse... Nella famiglia di Porta Nuova, la famiglia di Pippo Calò, per esempio c'erano due o tre persone... sto parlando di uomini d'onore... che, noi lo sapevamo, avevano delle amanti. Da noi quella di Porta Nuova veniva chiamata "la famiglia degli spazzini", perché non aveva nessuna moralità.»

«Mi ricordo che poi anche Luciano Liggio si è preso un'amante, con la quale ha per giunta avuto un figlio. Non solo, ma si trattava di una donna molto malata, mi pare che fosse spastica. Tutto ciò non gli ha procurato nessuna conseguenza, ma solo perché si chiamava Luciano Liggio. Se si fosse trattato di un altro uomo d'onore, sarebbe stato messo subito fuori dalla famiglia o forse anche ucciso.»

«Avere l'amante porta tanti problemi e Cosa Nostra non vuole quei problemi. Inoltre, all'uomo d'onore che ha l'amante, potrebbe nascere anche un bambino, un bambino che gli procurerebbe delle nuove responsabilità. Ciò non è ammesso. Però... però qualche volta avviene e in genere si fa finta di non saperlo.»

«Per motivi familiari si può anche non venire *combinati*, si può non entrare dentro Cosa Nostra. È evidente che se uno ha un fratello poliziotto o magistrato non può diventare uomo d'onore, ma mi riferisco anche ad altre persone, persone delle quali si sapeva che la madre aveva un'amante o le sorelle o pure le figlie *malandate*...»

«A queste cose si dà tanto peso a Palermo, ma non in altre province. Come a Trapani. O come a Catania. Perché dentro Cosa Nostra si è sempre detto che il modo di fare e di comportarsi di queste due province è diverso dal nostro, da quello dei Palermitani. Le origini di qualche uomo d'onore... a qualcuno piaceva avere tante amanti... Certo ora che c'è Nitto Santapaola, lui è importante. Logicamente è importante, ma non potrai mai diventare un Salvatore Riina o un Bernardo Brusca. È da escludere completamente proprio per quello che ho detto su quelle due province. Non sono come Palermo.»

# «Non potevo sposare una figlia di separati ma un'orfana sì»

### Giuseppe Marchese

«L'avevo allevata, signor presidente» dice con la voce che gli muore in gola.

«Rosaria era il sangue mio, il fiato mio» ripete cacciando fuori le parole a fatica insieme al ricordo più doloroso della sua esistenza. Più di tutti gli altri.

Più di quegli occhi che ancora si sogna ogni notte, occhi che lo fissano mentre lui sta *spegnendo* qualcuno. Più di quella faccia sempre uguale dello zio Totò, una maschera di cera. Più della cattura, del manicomio giudiziario, dell'inferno di Pianosa, del pentimento, della sua famiglia disonorata.

«Rosaria era l'unica cosa pulita che avevo, Rosaria la volevo portare all'altare, la volevo per sempre» racconta Giuseppe Marchese, *ù masculiddu*, il ragazzino di corso dei Mille che il capo dei capi ha sempre accanto a sé. Salvatore Riina lo fa uomo d'onore quando Giuseppe non ha ancora diciotto anni, *riservato* però, di quelli che solo in pochi hanno il privilegio di sapere che è «fatto». Se lo prende come autista personale, il massimo della fiducia. Lo usa per far fuori all'inizio della guerra di mafia Totuccio Inzerillo, uno dei boss più potenti di Palermo.

«Ma io pensavo solo a Rosaria, alla mia Rosaria, l'avevo conosciuta quando tutti e due avevamo soltanto tredici anni.»

Giuseppe Marchese lo sa che è un amore disperato.

«Con questo matrimonio tu vuoi consumare te» gli dice il fratello Antonino «e vuoi consumare anche tutti noi, tutti i tuoi parenti fino alla settima generazione.»

Rosaria viene da una famiglia qualunque, normale. Suo

padre è un impiegato e sua madre è casalinga, da qualche anno sono separati. Giuseppe non vede che lei: vuole Rosaria.

«Fu così che un giorno mio fratello Antonino mi dice: ho trovato la soluzione. Non potevo sposare una figlia di separati ma un'orfana sì, mio fratello mi propose di uccidere suo padre.»

Ricorda ancora Giuseppe: «Mi ha anche detto che se non ero disposto a farlo io, lui era pronto a farlo per me. Come avrei potuto più guardare negli occhi Rosaria? Come avrei potuto più baciarla, abbracciarla? Andai da Rosaria e le parlai duro, cattivo: le dissi di non cercarmi più, mai più».

Giuseppe ha due fratelli e due sorelle. La più piccola, Vincenzina, sposa Leoluca Bagarella, il cognato di Totò Riina. È più di un matrimonio per i Marchese di corso dei Mille. È l'abbraccio mortale dei Corleonesi. Sono diventati una sola famiglia e i Marchese sono al loro servizio. Danno rifugio ai loro latitanti, dai primi anni Ottanta ammazzano per loro conto.

Corso dei Mille, viale dei Picciotti, via Messina Marine e via Messina Montagne, ponte dell'Ammiraglio, tutte strade alla memoria di Giuseppe Garibaldi che passa di qui con le sue camicie rosse. Tutte strade che negli anni Ottanta sono tanti piccoli cimiteri di Palermo.

# «Bagarella sospese gli omicidi perché era a lutto»

Toni Calvaruso

Il «signor Franco» abita in un appartamento nel quartiere Malaspina, un passaggio a livello e poi la strada che finisce dritta al centro di Palermo. In cucina c'è la trippa al sugo che bolle in un pentolone. Sotto il letto c'è un fucile a pompa. Le «automatiche», cinque pistole bifilari, sono nell'armadio nascoste fra gli asciugamani. In un cassetto le carte d'identità false, otto, tutte con nomi diversi. Sopra il comò un portagioie. Tre collane, due anelli e un foglio con il messaggio.

«Miei cari perdonati tutti, mio marito si merita una statua d'oro abbracci e baci per tutti. Luca, la colpa è tutta mia, non volevo, perdonami baci baci.» È l'ultima lettera di Vincenzina. Poi la donna se ne va, si toglie la vita.

Vincenzina Marchese è la moglie di Leoluca Bagarella, il cognato di Totò Riina che nel condominio al Malaspina conoscono come il «signor Franco». È latitante. Vincenzina è anche la sorella di Giuseppe Marchese, *ù masculiddu* di corso dei Mille che a Pianosa si è pentito. Una vergogna per i Marchese, una «disgrazia in famiglia» per i Bagarella e i Riina di Corleone. Un peso insopportabile per Vincenzina.

La donna è disperata. Scivola giorno dopo giorno in un pozzo, la coppia cerca di avere un figlio ma il figlio non viene. Vincenzina decide di uccidersi. S'impicca. Nella notte fra il 12 e il 13 maggio 1995 suo marito la trova morta.

Il «signor Franco» è il capo dei Corleonesi in libertà, il duro di Cosa Nostra, quello che ha voluto le stragi e che vorrebbe continuare ancora – contro i piani di Bernardo Provenzano – a spaventare lo Stato con le bombe. Per il momento però ha altri conti da regolare in Sicilia. Eliminare gli uomini d'onore di Villabate che fanno il doppio gioco. E poi dare la caccia agli *scappati*, gli Inzerillo fuggiti all'inizio della guerra di mafia e che sono tornati. Alla fine della primavera 1995 a Palermo è di nuovo mattanza. Dieci morti a Brancaccio. Dodici a Villabate. Tre a Corleone. Dieci morti a Misilmeri. Poi, all'improvviso, la lupara tace.

«Bagarella decise di sospendere gli omicidi perché era a lutto» rivela Toni Calvaruso quando lo catturano e catturano anche Bagarella.

Toni è la sua ombra, il suo confessore, conosce tutti i suoi segreti. Lo accompagna agli appuntamenti con i Brusca, è il messaggero dei suoi «pizzini», raccoglie i suoi sfoghi. Anche i più intimi. Il cognato di Totò Riina chiede aiuto a lui per seppellire in un luogo segreto la sua Vincenzina. Monta un altarino nell'appartamento di via Malaspina, sistema i ceri intorno alle fotografie incorniciate, veste la sua sposa con l'abito più bello, la trucca, la carica su un'auto e trasporta il cadavere in una tomba che non si troverà mai.

Per un mese Leoluca Bagarella non spara, non uccide, non esce nemmeno da casa. L'ultimo omicidio di quella «campagna di fuoco» dei Corleonesi porta la data del 28 aprile. È solo verso la metà del giugno successivo che torna a parlare con i suoi di altri delitti. «E quando si trattava di uccidere, anche se la cosa non gli interessava particolarmente, Bagarella prendeva la cosa sempre con amore» racconta ancora Toni Calvaruso nel suo primo interrogatorio da pentito.

Una domenica, su una barca al largo di Trabia. Guarda la cima di monte San Calogero, la roccia che nasconde Caccamo, il paese di Antonino Giuffrè. È un capomandamento vicino a Bernardo Provenzano. Troppo vicino. Il primo nella lista nera del «signor Franco» è proprio lui, Giuffrè. Resta vivo per miracolo.

# «Il marito uccideva anche i bambini
e Dio puniva lei»

## Toni Calvaruso

«Leoluca Bagarella era molto religioso, teneva sempre dei santini in macchina e quadri della Madonna in casa. Ricordo anche che c'era un'immagine di una santa, patrona dei detenuti, che lui portava con sé dovunque andasse. Moltissime volte sono andato con loro in chiesa, con lui e con sua moglie Vincenzina. A Pollina, a San Mauro Castelverde, anche a Cefalù.»

«Nei primi mesi del 1994 sua moglie Vincenzina rimase in stato interessante e quando Bagarella, nel marzo del 1994, si trasferì in via Malaspina, io stesso li ho accompagnati un paio di volte dal ginecologo. Bagarella mi aveva detto che la moglie aveva subito in passato due aborti. Durante l'ultima gravidanza, che si era protratta più a lungo delle altre, ricordo che Vincenzina Marchese mi mandava qualche volta nella chiesa che c'è in via Maqueda, di fronte a quella che chiamano piazza della Vergogna. Per offrire in voto alla Madonna dei mazzi di rose rosse, perché proteggessero la sua gravidanza.»

«Però la donna abortì ancora, se non mi ricordo male proprio nel marzo del 1994. In ospedale. Mentre durante il periodo della gravidanza era "rifiorita", dopo l'aborto Vincenzina cominciò a subire un processo di declino sia fisico che psicologico. Inarrestabile. Dimagrì paurosamente, le si imbiancarono i capelli, si trascurava andando sempre in giro con una vestaglietta.»

«Non uscì più di casa ed era ossessionata dalla paura di essere sorpresa dalla polizia. Guardava continuamente i telegiornali e stava sempre ad ascoltare in cuffia lo scanner che aveva il marito, sintonizzato sulle frequenze della polizia e dei carabinieri.»

«Leoluca Bagarella cercava di distrarla portandole a casa i familiari, anche con un grave rischio personale. Le acquistava vestiti e altre cose, ma tutto questo non riusciva in nessun modo a deviarla dai suoi pensieri negativi. Anzi, la sua ossessione era arrivata a tal punto che pure a casa portava delle parrucche. Proprio per evitare di essere riconosciuta. Due di queste parrucche gliele procurai io stesso: una costò 900 mila lire e l'altra 780 mila lire.»

«Quando andai a casa del Bagarella... quando mi chiamò che sua moglie era morta... lui era inginocchiato davanti al cadavere. Era nella più cupa disperazione. Diceva che la moglie lo rimproverava, addossandogli la colpa del fatto che non poteva avere figli. Vincenzina aveva saputo del rapimento del figlio di Santino Di Matteo, e ritenendo che a questo non poteva essere conseguita che la soppressione del bambino, si era convinta che a lei non era concesso più avere figli perché il marito arrivava a uccidere anche i bambini. Era per questo che Dio puniva lei.»

# «Le donne sono attirate dalla mafia, fino a che non vengono scottate dal dolore»

Antonino Calderone

«Le donne stanno bene nella mafia. Essere la moglie di un mafioso comporta godere di molti privilegi, grandi e piccoli, ed è anche, in un certo senso, una cosa impegnativa. Le donne sono attirate dalla mafia, fino a che non vengono scottate dal dolore, dalle cose atroci che accadono in Cosa Nostra; ci vivono dentro molto bene.»

«A parte il fatto che molte mogli di uomini d'onore – quasi tutte quelle che ho conosciuto, in verità – provengono da famiglie mafiose, hanno respirato aria di Cosa Nostra fin dalla nascita e conoscono perciò benissimo il modo di pensare e di fare di un mafioso. Non bisogna dimenticare che la propria compagna finisce con l'intuire tutto, e quello che non riesce a dedurre da sola se lo fa dire dalle amiche o dalle proprie sorelle e cognate, che spesso sono sposate anche loro con uomini d'onore.»

«Nitto Santapaola non è sposato con una donna di mafia. Sua moglie proviene da una famiglia molto umile e fino a quando non si è sposata lavorava come bustaia, faceva i busti. Poi si è inserita molto bene nella mafia. È mafiosa quanto lui. La sorella di Nitto è ancora più mafiosa di sua moglie... Nitto dava alle donne tutta la confidenza possibile, e poi mi faceva capire che ero io a parlare troppo con mia moglie. Le donne palermitane poi, sono speciali. Fanno finta di non sapere, ma ne sanno più dei mariti...»

«Mia moglie, poverina, è arrivata invece per gradi a capire che si stava legando a un mafioso... Poi lo ha capito da sola, e io non me ne sono accorto. Dopo qualche tempo che eravamo fidanzati ufficialmente, siamo andati assieme a un gruppo di famiglie a fare una scampagnata. Pippo e io abbiamo pensato di portare con noi anche Luciano Liggio. Abbiamo fatto una bella *mangiata*, e mentre io ero sdraiato sul prato lei si è avvicinata e mi ha chiesto a bruciapelo: "Senti Nino, ma chi è quel signore che tutti trattano con deferenza, e lo chiamano professore?". "È un amico. È un amico mio e di Pippo da parecchio tempo..." "Ma cosa mi racconti? Io ho visto la sua foto sul giornale. Quello è Luciano Liggio" disse trionfante la mia futura moglie... Quando lei ha detto sì, quando ci siamo sposati, sapeva dove stava entrando.»

«Non c'è mai stata una regola secondo cui Cosa Nostra non uccide le donne. Una donna che parla, che lancia accuse contro gli uomini d'onore può essere uccisa, e si sono verificati e si verificano ancora oggi molti casi di questo genere. È vero invece che Cosa Nostra non uccideva donne innocenti, la cui sola colpa consisteva nell'essere mogli o figlie di nemici. Ci sono stati dei casi nei quali gli uomini d'onore hanno risparmiato perfino la vita di donne che hanno testimoniato in tribunale contro di loro, provocando danni non indifferenti... La tendenza a risparmiare la vita delle donne però non esiste più. Sia a Catania che altrove, se si viene a sapere che una donna sta parlando, la si ammazza senza tanti complimenti... Adesso siamo noi uomini che parliamo. Prima erano le donne che facevano questo lavoro...»

# «Per un amore grande
# ho dovuto fare una cosa grande»

## Giacoma Filippello

«Quando vennero a dirmi che avevano ucciso Natale, mi si annebbiò la vista e cominciarono a tremarmi le gambe. Correvo come una pazza: lo trovai dentro il supermercato di Campobello. Che scempio ne avevano fatto. Venticinque colpi di mitra, tutti a segno. Scelsero i kalashnikov perché lui si era fatto la macchina blindata e allora ci voleva un'arma che bucasse la corazza antiproiettili. Lo sorpresero indifeso come un uccello.»

«Natale non si accorse nemmeno che stava per morire. Era in piedi, cadde come un frutto maturo. Io me l'aspettavo, dopo due volte che ci avevano tentato. Sapevo che prima o poi sarebbe arrivata la mala notizia. Non potevo immaginare però che il dolore sarebbe stato così forte. Lo abbracciai, gli baciai la fronte. Non piangevo, non gridavo. Ero di pietra. Intuivo che alle mie spalle c'era una folla, ma non vedevo nessuno, non sentivo voci. Vidi la sua pistola, la toccai, gliela sfilai, la nascosi sotto la giacca. Sotto gli occhi di tutti. E uscii, a testa alta.»

«Pensai subito a vendicarlo. Ora, mi dicevo, se incontro don Alfonso dei miei stivali gli sparo in bocca. Non vidi né don Alfonso né gli altri che, ero sicura, avevano fatto quel massacro. Dissi: "Chi deve pagare, pagherà"... Quando ero con lui non temevo nulla. Era forte, Natale. Vedevo come tutti gli altri gli si rivolgevano con rispetto e mi sentivo anch'io importante... Zia Giacomina, qui non si può più vivere, io ho un negozio di alimentari e devo sempre subire... Zia Giacomina, non è giusto che paghiamo sempre noi poveracci... Zia Giacomina, guarda tu cosa si può fare...»

«Io la mafia la vedevo come la vedeva lui, Natale. Come un mezzo di giustizia... Le donne e i bambini non si toccavano... Non pensavo che era male. Ma un tempo la mafia era un'altra cosa. Io avevo la mentalità che aveva lui. Sarebbe impossibile cambiare del tutto. Ora però un po' è cambiata la mafia, un po' sono cambiata io. Per questo ho detto basta all'arroganza e al sangue. Oggi non mi rimetterei dalla parte della mafia, nemmeno di quella vecchia, perdente.»

«Aspettai che lo vendicassero ma non accadde nulla. Anzi, uno di loro osò fermarmi per la strada. Voleva farmi le condoglianze. E mi disse: "Siete fortunata perché a voi vi hanno lasciata in vita. Non ci vuole niente a spegnere una candela". Io gridai: "Questo errore vi costerà caro. Farò di tutto per spaccare il petto e per mangiare il cuore degli assassini di Natale"... Allora ebbi un lampo. Li denuncio tutti, pensai. Sarà la mia vendetta. Natale mi diceva sempre che dovevo stare zitta, anche se gli avessero fatto del male. Ma lui era un uomo, un uomo d'onore, e aveva la sua legge. Per una donna le cose erano diverse. Perché dovevo starmene zitta? Per rimanere tranquilla, ricevere le visite di condoglianze di mezza Mazara, assassini compresi? Immaginai quale poteva essere il mio futuro: circondata dal falso rispetto dovuto alla vedova di un boss, ma sempre prigioniera del mio segreto e magari destinata a cambiare letto per diventare la favorita del nuovo padrino. Giacoma Filippello sa come reagire, dissi a me stessa. Chiamai il giudice e cominciai a parlare.»

«Passo le mie giornate in una casa che è la mia prigione. Abito in una città che non conosco. Vivo con l'incubo di aprire la porta e di trovarmi davanti i mafiosi di merda che ho accusato e che sono già fuori. Per un amore grande ho dovuto fare una cosa grande.»

Giacoma Filippello era la donna di Natale L'Ala, uomo d'onore della famiglia di Campobello di Mazara ucciso il 7 maggio 1990.

*Il cadavere non è mai stato ritrovato. Mauro De Mauro, giornalista del quotidiano palermitano «L'Ora», corrispondente dalla Sicilia de «Il Giorno» e dell'agenzia di stampa Reuters, è scomparso la sera del 16 settembre 1970 davanti alla sua casa in via delle Magnolie a Palermo. «Farò uno scoop che farà tremare l'Italia» aveva confidato ai suoi colleghi prima di sparire.*

# «Scomparsi tutti, scomparsi per sempre»
## Salvatore Contorno detto Totuccio

Il cadavere non si trova mai. La moglie e i figli non hanno una tomba per piangerlo. «Scomparso» scrivono sul fascicolo i poliziotti. «Scomparso» ripetono con il loro fatalismo gli uomini d'onore. A Palermo si chiama lupara bianca.

Uccidere con la lupara bianca non è facile. A volte però è «utile». Per rallentare le indagini sull'omicidio. O per confondere, depistare quelli delle altre famiglie. Quando non si trova il corpo del reato non c'è reato. Quando il cadavere non è steso su una strada non è mai un «morto che parla». Non ci sono bossoli a terra, un dubbio rimane sempre.

Lupara bianca vuol dire prendere uno e portarlo da qualche parte, interrogarlo, strangolarlo, poi buttarlo in pasto ai maiali o scioglierlo in una vasca di acido. A Palermo si uccide tanto con la lupara bianca.

«Quella sera mi sono visto in una casa di Falsomiele con la buonanima di Mimmo Teresi, Giuseppe Di Franco e i fratelli Angelo e Salvatore Federico. Discutevano fra loro, erano stati convocati dal nuovo capo della famiglia di Villagrazia Leopoldo Pullarà nella tenuta di Nino Sorci. Si sono fatti una camminata e sono scomparsi tutti, scomparsi per sempre.»

Salvatore Contorno ricorda l'ultimo incontro con il suo amico e padrino, «la buonanima» di Mimmo Teresi. È il 26 maggio 1981. A metà aprile uccidono Stefano Bontate e quattro settimane dopo Salvatore Inzerillo, i boss più potenti di Palermo. Mimmo Teresi «rispetta il lutto» per dieci giorni. Poi comincia a girare per la città sulla sua auto blindata. È sempre armato, circondato dagli uomini d'onore più fedeli. Uno è il Giuda. Gli porta l'*ambasciata*, la notizia che

Leopoldo Pullarà vuole vederlo. Lo convince ad andare all'appuntamento, lo rassicura, gli dice che ci sarà anche lui alla riunione. Nel baglio di Nino Sorci ci sono dieci mafiosi che aspettano. Afferrano Teresi e gli altri tre, li soffocano con una corda. I cadaveri spariscono. Ai primi di giugno, quattro donne della borgata di Santa Maria del Gesù indossano il vestito nero. I loro mariti sono usciti da casa e non sono più tornati. Sono vedove.

Con la lupara bianca c'è sempre un amico che tradisce. O un parente stretto. Uno zio, un nipote, un cugino. Qualcuno che garantisce con il suo onore, con il sangue. Qualcuno che è costretto a vendere l'altro per salvarsi lui. È un delitto di raffinata ferocia la lupara bianca.

«In genere si ritiene che la mafia privilegi certe tecniche di omicidio rispetto ad altre, è un errore: la mafia non ha alcuna preferenza di tipo feticistico» dice Falcone a Marcelle Padovani, che gli fa raccontare le *Cose di Cosa Nostra*. Il giudice descrive il ragionamento degli uomini d'onore sulla lupara bianca: «È logico e semplice: se si attira qualcuno in un agguato, dandogli appuntamento in un garage o in un casolare o in un magazzino – e vincere le sue resistenze e i suoi sospetti non è cosa da poco – perché mettere in allarme i vicini adoperando una pistola? Molto meglio lo strangolamento. Né rumore né sporcizia e né tracce».

A Palermo la lupara bianca fa vittime in tempo di pace e in tempo di guerra. In tempo di pace perché c'è bisogno di silenzio. In tempo di guerra perché alle spalle del nemico si può scivolare solo con l'inganno.

# «La puliziata di pedi»

Calogero Ganci

«C'erano persone che arrivavano a ogni ora, li portavano e li strangolavano e non sapevo neanche io chi erano. Io magari uscivo... purtroppo... ci sono stati altri omicidi che non ho visto fare. Ma sono tutti morti il 30 novembre, tutti quel giorno.»

«Per noi diciamo, diciamo che era una cosa normale che questi dovevano morire. Io ho partecipato all'uccisione di Rosario Riccobono, a quella di Salvatore Scaglione, a quella di Salvatore Micalizzi e altre due o tre persone che sono andate con loro ai Dammusi, perché sono morte proprio nella casa dove abitava Bernardo Brusca in contrada Dammusi, fuori da San Giuseppe Jato. Poi ci sono stati quelli della famiglia di Porta Nuova che ci hanno portato Giuseppe Ficarra e un altro, uno molto anziano.»

«Io con altri avevamo anche il compito di prelevare persone, sia della nostra famiglia e sia di altre famiglie, da quel magazzino a San Lorenzo di Gaspare Bellino. Nel magazzino ho ucciso Salvatore Minore e un certo Cola Miceli. Salvatore Minore era quello di Trapani, anche lui il 30 novembre... qua è avvenuto gli strangolamenti prima... C'è stata, come diciamo noi, *la puliziata di pedi*: quel giorno a Palermo ci siamo lavati i piedi...»

«È stato mio padre a portare ai Dammusi Salvatore Scaglione. La mattina mio padre aveva preso con lui un appuntamento nella sua macelleria, in via Lancia di Brolo, così per non farlo insospettire. Sono stati là a parlare per un po' e poi hanno comprato il pesce nella pescheria di fronte, perché dovevano andare ai Dammusi. C'era da fare una *mangiata*, a

Scaglione gli avevano detto che c'era una *mangiata*, mi spiego? E anche per chiarire le nuove, le nuove... diciamo... mandamenti, i nuovi... tutte queste cose. E lì, dopo la *mangiata*, Scaglione e gli altri li abbiamo uccisi.»

«Il 30 novembre io posso dire che ne sono scomparsi una ventina, una trentina.»

L'interrogatorio del sostituto procuratore Giuseppe Fici è finito. L'uomo d'onore della Noce Calogero Ganci prova a ricostruire la scomparsa di massa dei mafiosi di Palermo. Torna indietro nel tempo, a quasi quindici anni prima. Al 30 novembre 1982.

Quaranta, cinquanta, forse anche sessanta boss spariti in un solo giorno. Attirati in una trappola dagli amici, dai parenti. E poi strangolati. Infilati nei fusti di acido e squagliati.

I ricordi di Calogero Ganci sono sfocati. Gli vengono in mente solo quelli che ha ammazzato lui, con le sue mani. Su ai Dammusi, nel casolare dei Brusca a San Giuseppe Jato. E quegli altri di San Lorenzo, nel grande magazzino dietro la ferrovia abbandonata.

Si dimentica di Salvatore Neri e Vincenzo Cannella, di un tale Carlo, di Salvatore Misseri, di Giuseppe e Salvatore Lauricella, di Salvatore Cusenza, Francesco Gambino, Giovanni Filiano, di tre uomini d'onore dell'Acquasanta e di altri due della Vergine Maria, di quelli della borgata di Pagliarelli, di Resuttana, quegli altri di Falsomiele e della Conigliera. Una lupara bianca porta a porta. *La puliziata di pedi*, la battezzano i Corleonesi. Si liberano di tutti quelli che all'inizio della guerra di mafia tradiscono i Bontate e gli Inzerillo, i rinnegati, i Giuda che passano dalla parte dei più forti. Con loro, i Corleonesi. Ma nella Cosa Nostra un traditore è sempre un traditore.

# «Abbiamo dovuto prendere
# questa amara decisione»

### Salvatore Lo Piccolo

«Alle ore 19,45 del 12 gennaio 2006 Monica Burrosi, di Ferdinando e di Urso Eugenia, nata a Palermo il 12 luglio 1973, ivi residente in via Ibsen n. 7, denunciava la scomparsa del marito Bonanno Giovanni fu Armando...»

Fu Armando. È in questo «fu» la storia sempre uguale dei Bonanno di Resuttana.

Ventidue anni prima anche Armando Bonanno, sicario, padre di Giovanni, scompare. Esce una mattina di casa e non torna più. Agosto 1984, Armando è latitante, tutti dicono che lo stanno cercando per l'omicidio del capitano dei carabinieri di Monreale Emanuele Basile ma lui abita dove ha sempre abitato. A Resuttana, la borgata che è stata inghiottita dai palazzoni di viale Strasburgo, una piazza soffocata dalle auto che si sfiorano in un senso e nell'altro, fumi che coprono l'odore degli ultimi gelsomini. Frequenta il solito bar Armando Bonanno, vede i soliti amici. I Madonia. I Di Trapani. I Puccio. Fino a dopo Ferragosto, fino a quando anche sua moglie si presenta alla caserma dei carabinieri di via Belgio e firma un verbale: «Alle 21,10 del 22 agosto 1984 la donna denunciava la scomparsa del marito Bonanno Armando di Francesco e di Lo Cicero Caterina...».

Il tempo non passa mai a Palermo.

Il destino dei Bonanno è morire di lupara bianca. Il padre lo uccidono perché sa troppe cose, il figlio perché è un ladro.

Il «certificato di morte» di Giovanni viene trovato tre mesi dopo la sua scomparsa. A Corleone, nel covo di Montagna dei Cavalli dove i poliziotti arrestano Bernardo Provenzano. È un «pizzino», un foglietto di carta arrotolato con cinque righe battute con la macchina per scrivere. Datato 10 febbraio 2006, è firmato da Salvatore Lo Piccolo. Il boss della parte occidentale di Palermo informa il grande capo dei Corleonesi di quello che succede dentro Cosa Nostra, giù in città.

«Per quanto riguarda quello che si chiama come il suo paesano, purtroppo non c'è stato modo di scegliere altre soluzioni, in quanto caro zio se ne andava di testa sua. Tentativi per non arrivare a brutte cose ne sono stati fatti parecchi, anche mettendogli una persona accanto, ma non è servito lo stesso a niente. E a questo punto abbiamo dovuto prendere con D... questa amara decisione.»

«D» è Diego Di Trapani, figlio di Francesco Di Trapani, l'uomo che ha fatto sparire Armando Bonanno ventidue anni prima. «D» viene a sapere che Giovanni Bonanno non ha mai restituito del denaro che appartiene ad altre famiglie, soldi delle estorsioni. Informa i capimandamento, la cosa fa scandalo fra i mafiosi. Commenta Antonino Cinà: «Minchia, quel cornuto è un carabiniere, se li è presi tutti questi soldi». Commenta Antonino Rotolo: «È scemo, il ragazzo è proprio scemo». Per qualche giorno «ragionano» sul da farsi. Poi Rotolo propone: «Io lo vorrei fare tramite... tramite suo cognato, sì, perché a quanto pare di lui si fida».

Uccidere un uomo d'onore non è mai semplice dentro la Cosa Nostra. Bisogna sempre rispettare le regole, avere tutte le «autorizzazioni». Quelle dei capimandamento e quelle dei rappresentanti o dei reggenti, se i rappresentanti sono in galera. Antonino Rotolo apre le consultazioni e alla fine comunica: «C'è lo sta bene di tutti». Gli risponde Antonino Cinà: «Perfetto». L'ultima parola ce l'ha però sempre chi comanda a Resuttana. E a Resuttana comanda «D». L'«amara decisione» è presa, Giovanni Bonanno è già morto.

«Vostra Eccellenza ha carta bianca, l'autorità dello Stato deve essere assolutamente, ripeto assolutamente, ristabilita in Sicilia. Se le leggi attualmente in vigore la ostacoleranno, non costituirà problema, noi faremo nuove leggi.» Firmato Benito Mussolini. È il 22 ottobre 1925 e con questo telegramma inviato a Cesare Mori, appena nominato prefetto di Palermo con poteri straordinari su tutta l'isola, il Duce dichiara «guerra totale» alla mafia.

Democrazia o dittatura, la Cosa Nostra si è sempre adeguata. Anche al suo interno. Ci sono epoche che hanno avuto tanti capi, ce ne sono altre che hanno avuto solo tiranni. Dice un vecchio proverbio siciliano: «Quando tira vento fatti canna».

# «Se in Italia c'è la democrazia dovete ringraziare me»

## Luciano Liggio

Il sigaro cubano lo tira fuori solo per fare scena. Se lo rigira fra le dita, lo mastica davanti alle telecamere. Con quel collo di pelliccia sul cappotto nero e quella posa da spaccone, sembra più un gangster della Chicago anni Trenta che un mafioso nato fra i campi arsi del feudo. Gli imputati del maxiprocesso non lo degnano mai di uno sguardo. È lì per «panza e presenza», solo per il nome che ha. Ogni tanto apre bocca ma non dice niente. Recita. Nell'aula bunker di Palermo fa folclore mafioso il vecchio Luciano Liggio di Corleone. Fino al 15 aprile 1986. Fino a quando sbaglia a parlare.

È rabbioso, urla dalla gabbia: «Io non voglio scoprire il sederino a nessuno ma visto che il signor Buscetta nega l'ospitalità che gli ho dato a Catania, vi devo parlare di affari di Stato. Nell'estate del 1970, lui e Totò Greco vennero da me per ragioni politiche. Avevano un progetto grandioso e megalomane per sovvertire lo Stato, certi politici promettevano cose grosse, volevano arruolare due, tre, diecimila uomini ma io a un certo punto mi rifiutai di rivederli. Presidente, queste cose il signor Buscetta non ve le ha mai dette, eh?».

In mezzo all'aula, solo, seduto davanti alla Corte, c'è il pentito numero uno di Cosa Nostra.

Luciano Liggio è paonazzo in volto, grida ancora: «Mi promisero la libertà in cambio della mia partecipazione a un colpo di Stato. Non mi sono fatto comprare. Non ho voluto portare l'Italia a una dittatura, se oggi c'è la democrazia dovete ringraziare me. E in cambio cosa ho avuto? Una condanna all'ergastolo, una a 22 anni e un'altra a 6. Tutte senza una sola prova. C'è chi crede in Dio e chi crede a Satana. Socrate è stato condannato a bere la cicuta, io pago ancora le conseguenze di quel rifiuto, la prima condanna guarda caso è del 1970, l'ultima del 1974».

Nell'aula bunker di Palermo appare il fantasma del principe Junio Valerio Borghese, l'ex comandante della famigerata X Mas. È il boss di Corleone che lo fa entrare nel maxiprocesso. Per i mafiosi è come una delazione, un «atto di sbirritudine». Come una denuncia. Cala il silenzio fra le gabbie. Qualcuno fa arrivare un messaggio a Liggio: «Fumati il sigaro ma fatti il carcerato».

Da quel momento, sino alla fine del processo, l'ex «primula rossa» di Corleone, il capo dell'Anonima sequestri, il mito vivente della mafia, non dirà più una parola.

Del tentato golpe il giudice Falcone era venuto a conoscenza quasi due anni prima, il 4 dicembre 1984. Era stato proprio Buscetta a raccontargli cosa era avvenuto in quella lontana estate del 1970.

Il principe Borghese, capo dei congiurati, aveva già «l'appoggio di settori politici» ma chiedeva anche l'aiuto della mafia per assaltare prefetture, disarmare poliziotti e carabinieri nelle caserme, occupare la sede Rai in Sicilia. In cambio i golpisti garantivano un'amnistia per tutti i mafiosi in carcere.

Molti boss – Pippo Calderone, Giuseppe Di Cristina e lo stesso Liggio – in principio sembrarono d'accordo. Solo Totò Greco era dubbioso. Andò a Roma per incontrare il principe. Tornò in Sicilia e comunicò ai suoi amici cosa pretendevano quando sarebbe scattata l'operazione «Tora Tora», nome in codice del colpo di Stato. Volevano che tutti i mafiosi portassero per quella notte una fascia verde al braccio, in segno di riconoscimento. E volevano anche l'elenco completo degli affiliati, famiglia per famiglia.

È tutta la mafia siciliana – e non soltanto Liggio – che nel 1970 sceglie la democrazia.

# «La mafia è un organismo democratico»
## Leonardo Messina

In Sicilia c'è Cosa Nostra che *difende* la democrazia. Se nell'immediato dopoguerra, nel resto d'Italia e anche in Europa nascono organizzazioni militari o paramilitari «in funzione anticomunista», tutte segrete e tutte legate ai servizi di sicurezza, nell'isola che sta al centro del Mediterraneo il baluardo naturale contro «il pericolo rosso» è la mafia. Sono i suoi boss e i suoi campieri che garantiscono – fin dagli anni Cinquanta e nell'infuocata stagione dell'occupazione delle terre – lo scudo militare e culturale contro i movimenti *sovversivi* e l'avanzata del Pci.

Struttura criminale al servizio della democrazia occidentale ed essa stessa sistema democratico: è questa la Cosa Nostra che conosce Leonardo Messina, capodecina della famiglia di San Cataldo.

«Intanto la mafia è un organismo democratico. Uno dei più importanti organismi democratici: non ci sono scrutini segreti, si vota per alzata di mano, davanti a tutti. Il capo viene eletto dalla base e non è vero che abbia un'immagine così rilevante. L'epicentro di tutto è la famiglia, il capo ne è solo il rappresentante. È sempre la famiglia che decide, il capo viene votato dalla base, dagli uomini d'onore, che hanno lo stesso potere del capodecina.»

Votazioni libere. Cariche a tempo, mai eterne. Controllo diretto sull'amministrazione degli affari, condivisione delle linee programmatiche dell'organizzazione, regole.

«Il capo che non porta avanti gli interessi della famiglia che lo ha eletto, in un'altra riunione viene automaticamente deposto. Se è stato negligente viene rimosso e ne viene eletto uno nuovo, il quale, a sua volta, ha solo il dovere di scegliere il capodecina, cioè l'uomo di fiducia del capo. Se ha commesso cose gravi viene ucciso, se un fatto invece è lieve viene *posato* o messo *fuori confidenza*... Si può essere messi *fuori confidenza* in molti modi. Ci sono persone che vengono escluse per un fatto ancora da provare. Se è già provato che uno è "storto", allora l'ammazzano. La differenza tra chi è *posato* e chi è *fuori confidenza* è che il *posato* non lo sa di essere *posato* mentre chi è *fuori confidenza* ne ha comunicazione dal suo capodecina.»

Questa è la mafia siciliana prima dei Corleonesi. Prima del golpe di Totò Riina. Con la conquista di Palermo e delle sue famiglie, i boss di Corleone stravolgono l'anima di Cosa Nostra.

Le elezioni sono abolite, i capi di ogni borgata non scelgono più il loro delegato per nominare i capimandamento, gli stessi mandamenti vengono sciolti d'imperio e ricostruiti da un giorno all'altro per una nuova redistribuzione sul territorio. Nella provincia di Palermo, da ventiquattro diventano cinque o sei. Si allungano dal centro della città anche per trentacinque chilometri verso ovest, nella direzione di Trapani, o verso est nella direzione delle Madonie. Ai loro vertici Totò Riina piazza solo i suoi fedelissimi. Non ci sono più «correnti» in Cosa Nostra. Non ci sono più alleanze, schieramenti.

La Commissione è un governo senza poteri, svuotato di ogni autorità. Non dispone, non delibera più. E si riunisce solo di tanto in tanto. I suoi componenti vengono informati degli avvenimenti sempre a cose avvenute, c'è solo un partito oramai: il partito dei Corleonesi. C'è solo un uomo che comanda: Totò Riina. Nel 1984 Cosa Nostra è una dittatura.

# «E poi si alzava la mano»

## Gaspare Mutolo

Presidente: «Quindi il *sostituto* partecipava, faceva le veci in Commissione del capomandamento?».

Gaspare Mutolo: «Sissignore, un capomandamento aveva la facoltà di farsi sostituire o da un componente della sua stessa famiglia oppure delegava un altro capomandamento... si sapeva preventivamente il discorso delle discussioni, siccome si faceva a votazione, al tempo c'era un po' di democrazia, quindi si diceva chi ha la delega per tizio e poi si alzava la mano...».

Presidente: «Ho capito...».

Mutolo: «C'erano personaggi... ad esempio, io sapevo che Nino Rotolo sostituiva diciamo al capomandamento di Pagliarelli, pur non avendo cariche, la persona più importante di Pagliarelli era questo Rotolo Antonino... Oppure ci fu un tempo passato che il fratello di Salvatore La Barbera si faceva sostituire da Angelo La Barbera che era un uomo d'onore, diciamo una persona normale... Rosario Riccobono, della mia famiglia, non si è mai fatto sostituire da uno della stessa famiglia. Mi ricordo che in un certo periodo lui era fuori, era a Napoli, e si faceva sostituire alle riunioni della Commissione da un capomandamento di altre famiglie... per un po' era Salvatore Inzerillo il suo sostituto e... dopo Michele Greco».

Presidente: «E poi, ovviamente, la persona che sostituiva il capo, dava sempre notizia di quello che si era deciso in Commissione?».

Mutolo: «Sissignore, riportava sempre tutto quello che si diceva in Commissione... l'aveva già concordato in precedenza con il capomandamento, era responsabile chi lo sostituiva, io assistevo a tantissimi discorsi in quel periodo, prima che la Commissione si riuniva già si discuteva a gruppi, quindi si sapeva quali erano i contro e quali i pro e... e poi si faceva un conteggio».

Presidente: «Lei ha detto che per uccidere un uomo d'onore ci vuole la decisione della Commissione in seduta plenaria...».

Mutolo: «Ci fu un periodo che per queste decisioni bastavano anche quattro capimandamento, ma dopo... dopo la morte di Angelo Graziano occorrevano tutti, a meno che non lo sapessero già tutti i capimandamento, se partecipavano o no alla Commissione poi era un altro discorso, però lo dovevano sapere tutti».

Presidente: «E i capimandamento venivano informati prima o dopo la decisione adottata, voglio dire quei capimandamento che non erano presenti alla deliberazione?».

Mutolo: «Sempre prima. E avevano un diritto di opposizione. Però si era diffusa una regola che gli amici di Totò Riina non venivano comunque mai toccati perché lui li difendeva».

Avvocato difensore: «Mi può dire a quale riunione di Commissione hanno partecipato Totò Scaglione e Rosario Riccobono, nella quale riunione è stata decisa l'eliminazione degli stessi Scaglione e Riccobono?».

Mutolo: «Avvocato, già... già noi stiamo entrando in un altro momento, un momento in cui Salvatore Riina con tutti i componenti della Commissione che aveva messo, che erano Corleonesi, fa quel progetto che poi hanno portato a termine...».

# «È il dittatore di tutto e per tutto»

Giovanni Brusca

«Quando io vengo messo *a disposizione* di Totò Riina mi viene detto specificatamente: "Da questo momento in poi tu sei a disposizione di Totò Riina senza bisogno di venire a chiedere a me quello che lui ti chiede di fare e di non fare". Questo mi ha detto mio padre Bernardo. Tanto è vero che poi, quando vado a fare l'omicidio del colonnello Giuseppe Russo, non è che sono andato da mio padre che era il capomandamento di San Giuseppe Jato a spiegargli: "Sai, devo andare a fare l'omicidio del colonnello Russo". Salvatore Riina mi ha chiesto di mettermi a disposizione e io subito mi sono messo a disposizione. Mio padre l'ho messo a conoscenza a fatto compiuto.»

«Dopo la guerra di mafia è per motivi di segretezza, di cautela, di strategia, che non si facevano più le Commissioni allargate come si facevano una volta, cioè tutti riuniti a un tavolo e decidere caso per caso. Quindi io so per esperienza personale che mi veniva comunicata una cosa, a un altro un'altra cosa... Però direttamente seduti a un tavolo, io non ho mai visto una Commissione. Erano cambiate le modalità. Non erano cambiate le regole perché Cosa Nostra vive sulle regole... più il fatto era importante e più ristretto era, quindi sono cambiati i sistemi...»

«Io per esempio vado a uccidere Ignazio Salvo e vado in un mandamento che non è il mio, quindi io per le regole di Cosa Nostra non ci potrei andare, vado nel mandamento di Villabate che è Bagheria... dove è stato ucciso Ignazio Salvo... e vado a uccidere un uomo di un'altra provincia e di un altro mandamento, perché Ignazio Salvo fa parte del mandamento di Salemi... quindi prima di commettere questo omicidio dico a Salvatore Riina: "Lo posso fare o non lo posso fare?". Riina mi dice: "Vai avanti tranquillamente che non ci sono problemi". Faccio l'omicidio e non vengo perseguitato dagli ambienti di Cosa Nostra, perché io ero stato coperto da Salvatore Riina... e questo è un fatto, credo, ormai sotto gli occhi di tutti...»

«Quando Maurizio Costanzo disse in televisione che molti uomini d'onore avevano avuto i benefici degli arresti ospedalieri... io vado da Salvatore Riina e gli dico. "Perché non gli rompiamo le corna a questo?"... Quindi sono io, un capomandamento che va da Salvatore Riina... quindi lui sa già che sono d'accordo ad andare avanti, cioè sa già che sono d'accordo a fare le stragi... E come io tutti gli altri capimandamento andavano da Salvatore Riina e gli dicevano: "Perché non facciamo questo, perché non facciamo quello?"... Quindi Salvatore Riina, senza bisogno di fare Commissione... lui già sa gli umori, sa chi è d'accordo e chi non è d'accordo... Salvatore Riina è il dittatore di tutto e per tutto...»

«In questo periodo c'era bisogno di fare compartimento stagno, cioè ristretti, eravamo in guerra, avevamo nemici... noi non potevamo andare a discutere alla riunione per uno... sai ti dobbiamo uccidere... in tempi di guerra era tutto lecito. Cioè in tempi di guerra era stato decretato che tutti gli avversari che erano contro il gruppo vincente, contro i gruppi corleonesi, di eliminarli fino a quando ce n'era la possibilità.»

*Sono quindici i deputati e quindici i senatori della prima Commissione parlamentare «sul fenomeno della mafia in Sicilia». Viene istituita il 20 dicembre del 1962 con la legge numero 1720 «per esaminarne la genesi e le caratteristiche, per proporre le misure necessarie e per reprimerne le manifestazioni ed eliminarne le cause». Nasce sull'«impressione» dell'opinione pubblica italiana per i fatti di Palermo, i Greco e i La Barbera che si ammazzano per le vie della città, sparatorie tra la folla, cantieri che saltano in aria ogni notte.*

*I lavori durano tredici anni. Fra il 1968 e il 1974, presidente Francesco Cattanei, la Commissione antimafia conduce «approfondite indagini» sull'amministrazione comunale di Palermo, sui mercati all'ingrosso, su Luciano Liggio.*

# «"Secondo lei esiste la mafia?"
"Se esiste l'antimafia..."»

Luciano Liggio

Per molto tempo non se ne parla. Dà fastidio quella parola, disturba, irrita. «Letteratura, è solo pessima letteratura, tutte invenzioni dei giornali del Nord» reagiscono sdegnati i più famosi penalisti siciliani, i principi del Foro. All'inaugurazione degli anni giudiziari il vocabolo è scomparso dalle relazioni dei procuratori generali.

Il sindaco di Palermo Franco Spagnolo, quello che poi cede la poltrona a Vito Ciancimino, è sprezzante: «La Commissione antimafia ha l'obiettivo di scoprire quello che non c'è». Un altro sindaco, Giuseppe Sinesio, primo cittadino di Porto Empedocle e sottosegretario di Stato, candidamente ammette: «Qui, nel mio paese e nei paesi vicini dell'Agrigentino, c'è solo una delinquenza portuale». Ad Agrigento – è il 1986 – non si celebra un processo di mafia da quarantadue anni. L'ultimo risale alla fine del Fascismo.

Mafia. Che cos'è? «Mi pare una marca di formaggi» risponde Gerlando Alberti detto *ù paccarré*, uomo d'onore della famiglia dei Danisinni.

Mafia. Che cos'è? «A quel che ne so io una marca di detersivo» risponde Sua Eminenza il cardinale Ernesto Ruffini, arcivescovo di Palermo.

Mafia. Che cos'è? «Un fenomeno creato dalla stampa per vendere più giornali» risponde Ninetta Bagarella, moglie del latitante Salvatore Riina.

Il boss Luciano Liggio un giorno è invitato a deporre davanti alla Commissione parlamentare antimafia. Gli chiede il presidente: «Signor Liggio, secondo lei, esiste la mafia?».

Risponde Liggio: «Signor presidente, se esiste l'antimafia...».

Passa quasi un quarto di secolo. È il 1999. In uno studio televisivo, sotto i riflettori c'è Michele Santoro. Gira intorno al suo ospite e fa la domanda: «Senatore, esiste la mafia?».

«Le risponderò con una frase di Luciano Liggio: se esiste l'antimafia esiste anche la mafia...»

L'intervistato è Marcello Dell'Utri, siciliano, senatore di Forza Italia sotto processo a Palermo. Mancano duecento udienze alla fine del dibattimento. L'11 dicembre 2004 Marcello Dell'Utri sarà condannato a nove anni di reclusione per concorso esterno in associazione mafiosa.

Mafia e antimafia. O non se ne parla mai o se ne parla troppo. La Sicilia disegnata come un coccodrillo che piange nelle vignette di Giorgio Forattini e la Sicilia *infamata*. Delitti eccellenti e mandanti invisibili. Tante stragi, mai testimoni. Tutto è mafia o niente è mafia.

# «Chiamatela pure mafia, conviene a tutti»

## Vito Ciancimino

«Che cosa significa dissociarsi? Già al fatto di pentirsi ci credo poco, perché il pentimento è una cosa divina, non quello di questi signori che lo fanno per soldi. Ma dissociarsi non capisco proprio che cosa significa. E poi le stragi sono state ordinate da chi sta in alto. Molto in alto nello Stato, non nella mafia.»

«Bisogna vedere che cosa è la mafia. Se si identifica con i fatti delinquenziali che sono avvenuti, è un problema di statistica, di omicidi. La mafia si identifica, secondo me, con il prepotente, la mafia è una mentalità. Per me un individuo che fa il prepotente e costringe un altro a fare quello che non è giusto fare, sia esso uomo politico, sia esso un magistrato, quello è un mafioso. Io non sono un individuo che accetti prepotenze da nessuno, né ne faccio.»

«La mafia è abile. Nel 1961, mentre si faceva il piano regolatore, ebbi telefonate di minacce alle quali non diedi importanza. Non ho l'abitudine di spaventarmi. Poi ho ricevuto una lettera di minacce che ho consegnato alla polizia, se fossi stato un mafioso non l'avrei fatto. A me non risulta che ci siano rapporti fra mafia e politica. Può darsi che ci siano. Escludo che la mafia coarti i politici. Dovrei esserlo anch'io. Nei cinque anni in cui sono stato assessore non ho ricevuto pressioni da nessuno.»

«La mafia non esiste più dal 1958. È finita quell'anno, con l'uccisione del mio cittadino corleonese dottore Michele Navarra. Perché quel giorno, assieme al dottore Navarra, hanno ucciso un altro medico, giovane, che aveva la moglie incinta. Ecco, quel giorno questi cosiddetti mafiosi hanno ucciso un povero disgraziato. Da quel momento finì tutto. Perché la mafia, me lo diceva sempre mio padre, aveva dei canoni di giustizia e di correttezza che rispettava e faceva rispettare. Certo, non poteva mettere in carcere nessuno la mafia. Ma quando qualcuno sbagliava, loro lo ammazzavano. Ma ammazzavano solo quello.»

«Oggi è cambiato tutto. Spacciano cocaina, controllano le costruzioni, chiedono pizzi, e questa è mafia? È solo delinquenza comune. Va bene, chiamatela pure mafia, perché conviene a tutti. Ai giornalisti, ai politici, conviene alla magistratura. Perché così, chi si occupa di queste cose, ha più prestigio. La verità è che la Commissione antimafia dovrebbe cambiarsi nome e chiamarsi Commissione anticrimine.»

«Sono stato, per molti anni, testimone e in parte protagonista di un certo contesto politico, pertanto sono a disposizione di questa Commissione se vorrà ascoltarmi. Il delitto Lima non può essere liquidato con ipotesi semplicistiche sul movente, sono convinto che faccia parte di un disegno più vasto, un disegno che potrebbe spiegare altre cose, molte altre cose. Singoli elementi dello Stato si sono serviti di questa delinquenza per fare le stragi. Quelle che secondo me sono unite da uno stesso filo: Salvo Lima, Giovanni Falcone, Paolo Borsellino. Sono state ordinate da organismi politici, la matrice è quella perché si doveva bloccare l'elezione di Giulio Andreotti alla Presidenza della Repubblica.»

«Quando facevo politica appoggiavo il gruppo di Andreotti che faceva capo a Salvo Lima, fino al 1976. Poi abbandonai la Democrazia cristiana nel 1983. Da allora la mia vita è passata tra il carcere, l'ospedale e la mia casa.»

«In Italia l'85 per cento evade il fisco, io non faccio parte del 15 per cento. Gli altri soldi non li hanno trovati e dove sono non ve lo dico, altrimenti li sequestrate... nell'arco della mia vita ho guadagnato somme più del doppio di quelle che mi sono state sequestrate.»

# «Viva la mafia, viva Ciancimino»
## Gli edili di Palermo

Sindaco di Palermo è per undici giorni, padrone per trent'anni.

«Viva la mafia, viva Ciancimino» gridano gli edili che sfilano intorno al Municipio quando nel 1984 don Vito è al confino in un piccolo paese dell'Abruzzo. «Con l'antimafia non si mangia» scrivono con il gesso sui muri di via Maqueda i manifestanti che inneggiano al ritorno del più sinistro fra i boss democristiani dell'isola.

Al fisco denuncia 700 mila lire di reddito l'anno, ha conti cifrati all'estero, palazzi, prestanome. «Via Sciuti è d'accordo?» chiedono tutti quelli che a Palermo intrallazzano con le varianti al piano regolatore e maneggiano tangenti. Via Sciuti, la sede del potere della capitale siciliana, la casa di Vito Calogero Ciancimino.

In una sola notte rilascia 3011 licenze a cinque pensionati. La città volta le spalle al mare, costruiscono dappertutto. È il «sacco» di Palermo.

Il figlio del barbiere di Corleone arriva in città senza un soldo. Entra in politica, conquista il primo appalto: «Trasporto di vagoni ferroviari a domicilio attraverso carrelli». Nel 1953 è eletto nel comitato provinciale della Dc, nel 1954 è commissario comunale, nel 1956 è assessore alle Borgate e aziende, nel 1958 fa bingo: assessore ai Lavori pubblici con Salvo Lima sindaco.

«Quest'uomo è pericoloso» titola in prima pagina «L'Ora», il giornale siciliano delle grandi battaglie. È straricco già nei primi anni Sessanta. Il colonnello Carlo Alberto dalla Chiesa, comandante della Legione dei carabinieri di Palermo, sulla sua scrivania ha sempre il dossier su don Vito. La prima Commissione parlamentare antimafia gli dedica una corposa «scheda». L'ex sindaco querela tutti. Anche il capo della polizia Angelo Vicari.

Resiste nella Democrazia cristiana fino al 1983, fino a quando il segretario nazionale Ciriaco De Mita impone in Sicilia il «rinnovamento». Tutti mollano don Vito. Anche Lima. Esce ufficialmente dalla Dc ma continua a comandare. Controlla voti, correnti, municipalizzate. Riceve sempre gli assessori comunali in via Sciuti: a casa sua. Il pentito Tommaso Buscetta racconta a Falcone: «Ciancimino è nelle mani dei Corleonesi». All'assessorato all'Urbanistica c'è un suo uomo, un cieco. Ingegneri e architetti presentano in Comune progetti miliardari in braille.

Il primo arresto è nel 1984. Poi il soggiorno obbligato. Il secondo arresto nel 1989. Condannato a tredici anni per associazione mafiosa. Nel 1993 Vito Calogero Ciancimino risulta nullatenente.

Dopo le stragi di Capaci e di via D'Amelio annuncia che vuole «parlare». Dice e non dice, avverte, ricatta, sparge veleno. Trama e tratta con due emissari dei Servizi segreti. Forse c'è anche la sua «soffiata» nella misteriosa cattura di Totò Riina.

Ai cinque figli lascia un tesoro. Sono avvocati internazionalisti e tributaristi di fama che amministrano la fortuna immensa di don Vito. Panfili, lussuosi appartamenti, Ferrari. E conti correnti. E società. In Spagna, in Romania, in Kazakistan, in Russia. Tutti i risparmi di una vita.

Il ricordo del figlio più piccolo, Massimo: «L'unica cosa che mi ha trasmesso mio padre è la correttezza, che secondo lui era la chiave di tutto. Era la chiave della vita, non soltanto del mondo imprenditoriale: rispettare gli impegni ed essere sempre corretti».

# «Era più pericoloso da pensionato che da prefetto»

Salvo Lima

«Prima ancora dell'omicidio di Pio La Torre, nell'aprile del 1982, sui giornali si parlava già della nomina di Carlo Alberto dalla Chiesa come prefetto di Palermo. Il generale venne in Sicilia accompagnato da mille polemiche, anche di stampa. Per ragioni di protocollo riuscì a inimicarsi persino il sindaco di Palermo Nello Martellucci. Alla fine si trovò in una situazione di assoluto isolamento.»

«Negli occhi di tutti, uomini politici, magistrati alti e bassi, imprenditori, banchieri, leggevo il terrore che il generale dalla Chiesa... volendo trovare la mafia dovunque mentre la mafia non è dovunque... trovasse le tangenti... che per contro le tangenti sono dovunque. C'era una vera e propria psicosi collettiva a Palermo. Tutto ciò mentre a Roma... sul generale dalla Chiesa lo sapevano anche le pietre che a Roma non volevano dargli poteri speciali...»

«Il generale era così isolato che tutti noi, in Sicilia, ci aspettavamo le sue dimissioni. Ricordo che il presidente della Regione Mario D'Acquisto informava tutti di avere saputo da Spadolini che il generale non avrebbe avuto i poteri speciali perché aveva tutti contro. Quando il prefetto venne ucciso, subito si disse che era stata la mafia... Dopo qualche tempo ebbi un incontro con Salvo Lima, era presente anche l'esattore Nino Salvo. Parlammo specificatamente del generale. Io dissi: "Ma se già era liquidato a tutti i livelli, e lo sapevano anche le pietre, perché allora ucciderlo?". Salvo Lima, con gli occhi arrossati di odio, venendo meno al suo naturale riserbo, rispose: "Per certi romani era più pericoloso da pensionato in malo modo che non da prefetto con poteri speciali". Poi Lima aggiunse anche: "Quelli che la piglieremo in culo saremo noi – intendeva dire noi siciliani – e chissà per quanto tempo". C'era lì accanto Nino Salvo che muoveva il capo, assentiva. Anche lui aveva il viso stravolto.»

«All'inizio, con Salvo Lima ci vedevamo ogni domenica a mezzogiorno a casa sua. Ma questa intensità aumentò, sia pure in misura minore rispetto a Salvo Lima, anche per quanto riguarda i miei incontri e le mie frequentazioni con i cugini Salvo. Ora, io non ho mai chiesto ai cugini Salvo se conoscevano o meno Giulio Andreotti. Per la semplice ragione che, ascoltando i loro discorsi, davo assolutamente per scontato, implicito, che i cugini Salvo conoscessero Andreotti.»

«Sia come sia, io una volta ho visto Giulio Andreotti insieme a Nino Salvo... il pranzo all'Hotel Zagarella era offerto da Nino Salvo e, quando Giulio Andreotti entrò nel locale, lui e Nino Salvo si salutarono come due che si conoscono bene e si trattennero a parlare fra loro... Vi fu una stretta di mano vigorosa e poi una conversazione, io ero seduto al tavolo accanto a quello di Andreotti... Nino Salvo volava da un tavolo all'altro e scambiava parola un po' con tutti. Dei presenti, successivamente morti, ricordo che c'erano Salvo Lima, l'onorevole Rosario Nicoletti, Mattarella. Dei vivi c'erano... l'ex ministro della Difesa Attilio Ruffini... ricordo anche Mario Fasino, che qualche anno prima era stato presidente della Regione siciliana...»

*Il popolo di Cosa Nostra nel censimento dell'autunno 2007: 5113 uomini d'onore e 181 famiglie. La roccaforte è Palermo: 3201 uomini d'onore e 89 famiglie. Quella più numerosa è nel quartiere di Brancaccio: 203 affiliati. Le famiglie più piccole sono quelle del villaggio Santa Rosalia con 3 uomini d'onore e della Vucciria con 2. Il record di densità mafiosa nella provincia palermitana ce l'ha San Giuseppe Jato – il paese di Giovanni Brusca e di Balduccio Di Maggio – con 174 schedati mafiosi. Dopo Palermo, è nel Trapanese il numero più alto di uomini d'onore: 982 distribuiti in 20 famiglie. Nell'Agrigentino le famiglie sono 41 e i mafiosi 461, a Caltanissetta 17 e i mafiosi 272. Nella Sicilia orientale Catania ha 135 mafiosi e 5 famiglie, Enna 40 mafiosi e 6 famiglie, Messina 19 mafiosi e 2 famiglie. Chiude Siracusa con 3 uomini d'onore, tutti in una sola famiglia. Delle nove province siciliane, solo quella di Ragusa non ha Cosa Nostra radicata sul suo territorio.*

*Famiglie, decine, mandamenti, cupole. La mafiosità si tramanda generazione dopo generazione.*

# «La mafia sua fu amore»

Francesco Di Cristina

Il paese è in mezzo a colline svuotate nel loro ventre, sfregiate dai picconi, attraversate in profondità dai binari arrugginiti. Le miniere di zolfo, *pirrere* in siciliano, circondano Riesi. È quasi a metà strada fra Caltanissetta e il mare sempre gonfio di vento di Falconara, appoggiato su una terra aspra che dà un vino color inchiostro. Di contadini e zolfatai è fatto il paese. E di mafiosi. Il più importante è Francesco Di Cristina, quello che prima della guerra è riuscito a sbaragliare i Tofalo e i Carlino, un'accozzaglia di briganti, ladri di passo che terrorizzano gli abitanti della Sicilia interna. Riporta l'ordine, garantisce la pubblica sicurezza dalla valle del Salso fino a quella del Besaro. Per i paesani è un benefattore. Dopo la guerra, diventa il padrone della sua Riesi.

Il tempo passa e don Ciccio è quasi settantenne, molto malato. Capisce che è ora di nominare un successore.

Come ogni anno, a Riesi, nella seconda domenica di settembre, la statua di gesso della Madonna della Catena esce dalla Matrice. Gli uomini più forti la portano in spalla, la statua ondeggia per le vie del paese. La processione sfila la prima volta nella piazza, scende verso il cimitero, risale, sfila una seconda volta nella piazza e poi si ferma all'improvviso sotto un balcone.

Il vecchio Francesco Di Cristina appare malfermo sulle gambe. Si volta, i suoi gesti sono lenti, la voce è un soffio. «Adesso puoi venire» gli ordina. E al suo fianco si avvicina Giuseppe, uno dei quattro figli, il primogenito. Lo guarda negli occhi, lo abbraccia, lo bacia sulle guance, testimone la folla della processione della Madonna della Catena, la santa patrona. È l'incoronazione. Giuseppe Di Cristina, nel 1960, è il nuovo capomafia di Riesi.

Si sposa con Antonina Di Legami, la ragazza più bella del paese. Trova un lavoro, impiegato alla Cassa di Risparmio. Quando lo schedano negli archivi dove conservano solo i fascicoli con stampigliata la lettera «M» – gli indiziati mafiosi – lo allontanano dalla banca. Si fa assumere alla So.chimi.si, la Società chimica siciliana, uno dei tanti enti mangiasoldi della Regione. Lo chiamano «il boss dal colletto bianco». Conosce tutti, ai piani alti della politica. Uno intimo è Aristide Gunnella, il «re» dei repubblicani di Palermo che qualche anno dopo sarà ministro della Repubblica. Un altro è Graziano Verzotto, senatore democristiano che qualche anno dopo sarà latitante a Parigi.

Nella Cosa Nostra siciliana Giuseppe Di Cristina è *inteso*, ascoltato, rispettato. È legato da un affetto profondo a Stefano Bontate, il figlio di don Paolino della borgata palermitana di Santa Maria del Gesù. È quasi un fratello con Pippo Calderone, il rappresentante di Cosa Nostra a Catania e pure a capo della Regionale, la Commissione delle nove province dell'isola. Sono tutti uomini d'onore della vecchia guardia. Incarnano la pura tradizione mafiosa.

Quando don Ciccio muore, il paese intero gli porta l'ultimo saluto. Giuseppe Di Cristina fa distribuire casa per casa migliaia di santini funebri. Su un lato c'è l'immagine dell'adorato padre. Sull'altro la testimonianza: «Dimostrò con le parole e con le opere che la mafia sua non fu delinquenza ma rispetto della legge dell'onore, difesa di ogni diritto, grandezza d'animo, fu amore».

# «Spara come un dio ma ha il cervello di una gallina»

## Giuseppe Di Cristina

L'incontro è in un casolare a tre chilometri da Riesi, sulla strada che si arrampica verso Mazzarino. Il capitano dei carabinieri Alfio Pettinato ascolta nel buio, seduto su un tronco di legno. È sbalordito. L'uomo che ha di fronte gli sta svelando tutti i segreti di Cosa Nostra. Comincia da un omicidio eccellente: «Io so chi ha ucciso il colonnello Giuseppe Russo, l'ho sempre stimato anche se sono stato perseguitato da lui con accanimento». L'uomo che parla non è un confidente qualunque, è Giuseppe Di Cristina, il capo della famiglia di Riesi, uno dei mafiosi più potenti della Sicilia.

Gli racconta che ha paura: «Dovete fermarli, voi non li conoscete ma dovete fermarli, quelli sono pericolosi per me ma soprattutto sono pericolosi per voi». Giuseppe Di Cristina è agitato, sembra un animale braccato. I suoi ricordi si accavallano, fa un nome dopo l'altro.

«A uccidere il colonnello sono state due belve, Totò Riina e Bernardo Provenzano, avevano già tentato di farlo fuori ma in una riunione a Palermo Tano Badalamenti e Saro Di Maggio dissero di no. E invece l'hanno ammazzato lo stesso. Hanno già ucciso un'ottantina di uomini, sono dei pazzi, si sono messi in testa di fare la guerra allo Stato.»

Il boss di Riesi non si sente un *muffutu*, uno spione. È da molto tempo che prova in tutti i modi a convincere la Commissione della minaccia che stanno portando i Corleonesi. Ma gli altri non gli danno retta, fanno finta di non vedere, i Palermitani lo prendono in giro, pensano che lui sia divorato dall'invidia e dalla paranoia.

Giuseppe Di Cristina non riesce a trovare pace. Parla con

Stefano Bontate. Parla con Salvatore Inzerillo. Parla con Tano Badalamenti, che forse è il più saggio di tutti dentro Cosa Nostra. E adesso parla con il capitano Alfio Pettinato, il comandante della compagnia dei carabinieri di Gela.

Gli ripete, nel casolare: «Sono due sanguinari. Salvatore Riina è detto il Corto, l'altro, Bernardo Provenzano, lo chiamano il Trattore. Luciano Liggio di lui dice che spara come un dio ma ha il cervello di una gallina...».

In quella primavera del 1978 sono latitanti. Totò Riina da nove anni, Bernardo Provenzano da quindici. Sono latitanti a casa loro. A Corleone. Ma nessuno li cerca. Nessuno immagina neanche che quei due sono già quasi in cima alla piramide di Cosa Nostra. E che stanno scatenando una grande guerra di mafia.

Giuseppe Di Cristina indica al capitano anche gli uomini che li proteggono: «Dovete seguire Bernardo Brusca di San Giuseppe Jato, Giuseppe Giacomo Gambino di Resuttana, Nenè Geraci di Partinico, Mariano Agate di Mazara del Vallo...». Prima di lasciare il casolare avverte: «I Corleonesi vogliono uccidere anche Terranova».

Cesare Terranova, giudice, deputato della Camera eletto come indipendente nelle liste del Pci, membro della Commissione parlamentare antimafia. Sta per tornare a Palermo come consigliere istruttore. Appena torna lo uccidono.

Giuseppe Di Cristina non assiste alla mattanza che presagisce. Muore prima. Gli sparano in una strada di Palermo il 30 maggio del 1978. Sono passati trenta giorni dall'incontro con il capitano. La sua «cantata» finisce in un rapporto informativo firmato dal maggiore Antonino Subranni, il comandante del reparto operativo dei carabinieri di Palermo. È il primo documento ufficiale sui due «partiti» che si fronteggiano in Cosa Nostra. È la scoperta dei Corleonesi.

# «Ma dove è più questa mafia?»
## Angela Russo detta Nonna Eroina

Cammina a fatica trascinando i piedi, è curva, piena di acciacchi. Artriti. Diabete. Colesterolo. È piccola, esile, veste sempre di nero. Ha quasi ottant'anni. Gli imputati sono sessantacinque e lei è la più vecchia. Da quando c'è il processo non ha più visto suo figlio Salvino. E non lo vuole neanche più vedere: «È pazzo, completamente pazzo. A quattro anni fu colpito da meningite e il medico mi aveva avvertito che sarebbe rimasto sempre con la testa malata, che non gli poteva tornare a posto. È anche tanto farabutto da mandare in galera sua madre».

La donna è sul banco degli imputati, l'accusa è traffico di stupefacenti. Salvino confessa che la mamma è un corriere della droga. Sua madre è Angela Russo, «Nonna Eroina» nei titoli dei giornali.

Si alza in piedi e si rivolge al giudice: «Salvino io l'ho perdonato, ma non so se Dio potrà mai perdonarlo. Dicono che fra un anno esce, lui lo sa che è condannato, lo sa che se esce lo ammazzano, quelli non perdonano... Lui spera di avere il tempo di vendicare suo fratello Mario, morto ammazzato per causa sua. Ma che pensa di potere fare? Prima ci doveva pensare a Mario. Ora Salvino, quando esce muore».

Lo sfogo di Nonna Eroina apre il processo contro «gli organizzatori di un traffico di droga», alcuni sono della famiglia di Villagrazia, altri della famiglia della Noce. Quattro uomini e quattro donne sono imparentati fra di loro, tutti del clan dei Coniglio: sono i figli e i nipoti e i generi di Angela Russo. Si difende Nonna Eroina. E mentre si difende si autoaccusa: «Quindi secondo loro io me ne andavo su e giù per l'Italia a portare pacchi e pacchetti per conto d'altri. Dunque, io che in vita mia ho sempre comandato gli altri, avrei fatto questo servizio per comando. Cose che solo questi giudici che non capiscono niente di legge e di vita possono sostenere».

Le intercettazioni telefoniche incastrano tutti. I corrieri per due anni fanno trasporti dalla Sicilia a Milano, da Napoli a Sassari. Parlano di «golfini» e «coca cola», di «camicie», «ducotone», «merda» e «supermerda». Poi Salvino Coniglio, il figlio di Angela, racconta il resto. I sessantacinque imputati sono spacciati. Trecentocinquant'anni di carcere.

I sicari uccidono per vendetta Mario, uno dei figli di Nonna Eroina. E poi Salvatore Anzelmo, quello che porta nel «giro» Salvino.

Sembra distrutta dal dolore Angela Russo. Ma parla ogni volta che ha l'occasione di parlare.

Dà lezioni di mafiosità: «E vanno a dire mafioso a questo, mafioso a quello. Scherzano? Siamo arrivati al punto che un pinco pallino qualsiasi che ruba, subito è "mafioso". Io in questo processo di mafiosi non ne ho visti. Ma è il modo di parlare di cose serie? Ma dove è più questa mafia? Mio padre, don Peppino, era un vero uomo. Davanti a lui tremava di rispetto tutta Torrelunga e Brancaccio e fino a Bagheria».

E ancora: «Certo, sissignora, io ne so parlare perché c'era nei tempi antichi a Palermo. E c'era la legge. Questa legge non faceva ammazzare i figli di mamma innocenti. La mafia non ammazzava uno se prima non era sicurissima del fatto, sicurissima che così si doveva fare e della giusta legge. Certo, chi peccava *avia a chianciri* [doveva piangere], chi sbaglia la paga».

Angela Russo viene condannata a cinque anni. Quasi cieca, li sconta agli arresti domiciliari in una vecchia casa popolare alla periferia di Palermo.

# «La vergogna era troppa»

## Agata Di Filippo

La strada taglia in due lo Sperone, un ammasso di case, cancelli, terrazze nascoste da teloni, verande di alluminio, antenne satellitari. Il mare è lì a cento metri, ma non si vede più. Gli ultimi orti sono schiacciati dalla montagna, spoglia e minacciosa sembra rotolare giù. In via Generale Albricci c'è anche la casa dei Di Filippo. La casa del disonore.

Un intreccio parentale è la genesi di un grande dramma di mafia palermitano. Agata Di Filippo è la sorella di Emanuele e Pasquale, uomini d'onore e pentiti. Agata è sposata con Antonino Marchese, che ha un fratello e una sorella. Il fratello è Giuseppe Marchese, *ù masculiddu*, l'autista di Totò Riina. Si è pentito anche lui, a Pianosa. La sorella è Vincenzina, la moglie di Leoluca Bagarella, il cognato dello zio Totò. Quei *bravi ragazzi* trascinano nell'infamia i boss di Corleone, il sangue puro della famiglia.

La notte fra il 29 e il 30 giugno 1995 Agata Di Filippo è chiusa in una stanza. Apre un cassetto del comodino accanto al letto, afferra tre confezioni di medicinali e ingoia tutto quello che trova. Trentuno pillole.

«La vergogna era troppa» sussurra alla madre Marianna quando si risveglia in ospedale, dopo la lavanda gastrica.

La madre consola la figlia solo per pochi minuti, ha fretta di andarsene, ha voglia di far sapere al mondo intero quelli che sono i suoi sentimenti. Chiama la redazione romana dell'Ansa. Il suo è un solo messaggio. Semplice e diretto: «Mia figlia Agata stava morendo per quei due schifosi dei miei figli, da oggi quei cornuti non sono più figli miei, è come se io non li avessi mai fatti». Butta giù il telefono e convoca sotto casa i giornalisti locali. Per ripudiare «pubblicamente» Emanuele e Pasquale, i suoi due maschi, «i miei ex figli». Una *pupìata*, una sceneggiata davanti tutta Palermo.

«Ci riproverò, ci riproverò» è il lamento continuo di Agata che nei giorni successivi scopre di avere un altro pentito in famiglia. Si chiama Giovanni Drago, è il cognato di suo cognato. Con un soffio di voce riesce a dire: «Io, mio padre e mia madre ci dissociamo completamente dalla decisione presa da quei due infami dei miei fratelli». È una tragedia di donne, allo Sperone di Palermo.

Tre isolati più in là ci sono altre due mogli nel tormento. «Sarebbe stato molto meglio se li avessero ammazzati» gridano fra le lacrime Giusy Spadaro e Angela Marino, la prima andata in sposa a Pasquale Di Filippo e l'altra a Emanuele. Tutte e due abitano in un palazzone color carta da zucchero, sembra un monumento di edilizia mafiosa. Si affaccia su quella fogna che è la foce del fiume Oreto. Scendono di corsa le scale, si lanciano sulla strada. Anche loro, Giusy e Angela, devono «comunicare» a tutta Palermo che rinnegano i mariti.

I loro bambini sono seduti su un muretto, silenziosi. «I nostri figli sono orfani, a loro abbiamo detto che i padri sono morti, morti per sempre» racconta Giusy che è la figlia di don Masino, il re della Kalsa, il grande contrabbandiere di sigarette poi diventato il grande trafficante di eroina.

C'è solo una donna che allo Sperone non piange, non urla, non parla. È Vincenzina, Vincenzina Marchese che non c'è più. Suo marito Leoluca Bagarella l'ha già seppellita in un luogo segreto.

# «Siamo nei paraggi di Mafiopoli»
## Giuseppe Impastato detto Peppino

«Verso le 0,30 del 9 maggio 1978, persona identificatasi presumibilmente in tale Impastato Giuseppe, si recava a bordo della propria autovettura Fiat 850 all'altezza del km 30+180 della strada ferrata Trapani-Palermo per ivi collocare un ordigno dinamitardo, che esplodendo dilaniava lo stesso...»

La velina sbirresca chiude il caso alle 9 del mattino di quel 9 maggio 1978, il giorno del ritrovamento del cadavere di Aldo Moro nella Renault rossa di via Caetani. Un'indagine truccata, fin dal principio. Un attentato finito male. Peppino Impastato, trent'anni, figlio di un uomo d'onore della famiglia di Gaetano Badalamenti, militante di estrema sinistra, giornalista in una radio libera di Cinisi, è «suicidato» da Cosa Nostra. È un morto necessario. Per l'«ordine» che regna in un piccolo paese della Sicilia alla fine degli anni Settanta.

L'artificiere, Salvatore Longhitano, accerta «che la deflagrazione è stata verosimilmente causata da esplosivo da cava». Nei giorni successivi alla morte del ragazzo, i carabinieri non perquisiscono neanche una cava sulle colline intorno a Cinisi. Solo la casa di Peppino viene messa sottosopra.

Il necroforo comunale, Giuseppe Liborio Briguglio, consegna agli inquirenti un sasso trovato in un casolare vicino alla linea ferrata. È sporco di sangue. Nel primo «verbale di sopralluogo» non ve n'è traccia.

Il 30 maggio i carabinieri presentano il loro rapporto alla procura della Repubblica di Palermo. Scrivono: «Anche se si volesse insistere su un'ipotesi delittuosa, bisognerebbe comunque escludere che Giuseppe Impastato sia stato ucciso dalla mafia».

C'è un vincolo fra alcuni funzionari di apparati dello Stato e vecchi capi di Cosa Nostra. Si scambiano «informazioni», si fanno favori. È la Sicilia lasciata in eredità dallo sbarco degli Americani.

«Tano Seduto» lo chiama Peppino. Dai microfoni di Radio Aut lo sfotte, lo ridicolizza davanti a tutti. La sua trasmissione è Onda Pazza: «Siamo nei paraggi di Mafiopoli. È riunita la commissione edilizia. All'ordine del giorno, l'approvazione del Progetto Z 11. Il grande capo Tano Seduto si aggira come uno sparviero nella piazza».

Tano Seduto è Gaetano Badalamenti, un amico di suo padre Luigi, uno dei mafiosi più importanti dell'isola. Ha stalle piene di buoi e forzieri pieni di soldi.

La droga. L'aeroporto di Punta Raisi è alle spalle di Cinisi, territorio suo. Ogni settimana decolla un boeing. Per i palermitani è *Il Padrino*: il volo diretto Palermo-New York.

Da molti mesi Luigi Impastato è *parlato*, gli suggeriscono di tenerlo a bada quel figlio scapestrato e senza rispetto. Ma Peppino è ribelle: «Tano Seduto... Tano Seduto...».

Luigi lo caccia da casa, poi lascia Cinisi e se ne va a New Orleans. Muore in un incidente stradale nel settembre 1977.

L'inchiesta sull'«attentato» diventa dopo dieci anni un'inchiesta per omicidio «a carico di ignoti». Passano altri dieci anni prima che i magistrati riaprano le indagini. È la madre Felicia, sono i suoi vecchi amici che chiedono di investigare «su episodi mai chiariti» e su «notissimi ignoti». È nel febbraio 1996 che il procuratore Caselli tira fuori il fascicolo dagli archivi. Il 20 marzo 1997 Badalamenti è formalmente accusato come mandante del delitto. Il 10 marzo 1999 comincia il processo per l'uccisione di Peppino Impastato. L'11 aprile 2002 Gaetano Badalamenti è condannato all'ergastolo per l'omicidio del ragazzo di Cinisi. Giustizia è fatta. Nel secolo dopo.

## «Si fece ammazzare
## per non sopportare tutto questo»
### Felicia Bartolotta Impastato

«Sì, io gli parlavo. Gli dicevo: "Giuseppe, guarda, io sono pure contraria alla mafia. Non lo vedi che tuo padre è così, stai attento figlio"... Mio marito lo capiva che io ero d'accordo con mio figlio... Minacciavano mio marito e mio marito minacciava me, me direttamente. Sennò stava più calmo, perché vedeva l'onestà di suo figlio, vedeva che certuni glielo vantavano. Ma quando c'era di mezzo la mafia... quando cominciavano le elezioni diceva: "Dicci a tuo figlio che non parla di mafia"...»

«Lui glielo diceva in faccia a suo padre: "Mi fanno schifo, ribrezzo, non li sopporto". Così diceva a me: "Non li sopporto, no. L'ingiustizia, fanno abusi, si approfittano di tutti, al Municipio comandano loro"... Non li sopportava, assolutamente no. Si fece ammazzare per non sopportare tutto questo. Sì, perché poi lo contrastavano troppo, e lui si incaponiva di più. Sa, quando si danno legnate a un bambino e si arrabbia..., di più si innervosiva. Perché se suo padre lo sapeva prendere meglio e diceva ai mafiosi: "Fatevi i fatti vostri, che per mio figlio ci penso io", non ci si arrivava a questo punto. Con mio figlio lavoravano pacifici per ammazzarlo, perché suo padre lo buttò fuori...»

«L'ho capito subito perché se ne andava, subito. Ma non sapevo che era in America. Gli dissi: "Dove stai andando?"... "Me ne vado perché non ci posso più stare a Cinisi. Allora vengo, quando si mettono a verso, altrimenti non vengo più, vendo tutte cose e..."... Dice: "Qua dentro questa casa non ci posso più stare. Vergogna!"... Ma quale vergogna? I tuoi figli non è che hanno rubato, non è che hanno ammazzato, non è che hanno *fimmini tinti*. Perciò quale vergogna hai? Risponde: "Non ci posso più stare, me ne devo andare". Ma non ci disse dove andava, questo non lo disse, lo sapevano i mafiosi e suo fratello... Però io lo immaginavo che c'era stata una riunione. Perché suo fratello lo andava portando dai mafiosi. L'aveva visto mia nipote Maria: "Peppino Sputafuoco lo ha portato da don Vito". Perciò furono i mafiosi...»

«Di Badalamenti mio marito... diceva che era un giovane stimato. Una volta mi disse: "Sai finalmente Badalamenti *lu criaturi*... si è liberato". Quando fu [il processo] dei 114. Gli dissi: "Si è liberato?". C'era mia cognata, quella americana, che gli chiese: "E dove va a stare?"... "A Cinisi"... "Che fa a Cinisi? Ha appartamenti a Palermo, che deve fare qua?"... Appena mi disse che Badalamenti tornava qua, per me fu... mi cascarono tutte cose di sopra. Dissi: "Ora cominciano i guai". Perché non poteva proprio vedere Badalamenti, mio figlio... Lui era il boss di Cinisi, perciò ci voleva la sua decisione. Perché appena facevano una cosa senza di lui, lui poi ci andava a staccare la testa a quegli altri. Perciò ci voleva l'ordine del superiore. È tanto facile. Era una seccatura mio figlio per lui... Fanno riunioni. Dice: "Questo si deve ammazzare, questo no. Si deve rubare questa cosa". Questo è il pensiero loro...»

«Questo fu proprio all'ultimo, perché Giuseppe fece un volantino dove c'era messo che Badalamenti era "esperto in lupara"... Lo mandarono a chiamare: "Fece questa cosa". Che c'era! *Ù malu mangiare*. Come ci stavo io neanche lo so. C'era l'inferno.»

# LO STATO

# La Commissione

*1992*

Capo: Salvatore Riina

Capimandamento:
Francesco Madonia (famiglia di Resuttana-San Lorenzo) in carcere; suo sostituto libero Francesco Di Trapani
Bernardo Brusca (famiglia di San Giuseppe Jato) in carcere; suo sostituto libero Giovanni Brusca
Antonino Rotolo (famiglia di Pagliarelli)
Salvatore Buscemi (famiglia di Boccadifalco)
Pietro Aglieri (famiglia di Santa Maria del Gesù)
Giuseppe Giacomo Gambino (famiglia di Partanna Mondello) in carcere; suo sostituto libero Mariano Troia
Giuseppe Calò (famiglia di Porta Nuova) in carcere; suo sostituto libero Salvatore Cancemi
Giuseppe Lucchese (famiglia di Brancaccio), in carcere; suo sostituto libero Giuseppe Graviano
Salvatore Montalto (famiglia di Villabate) in carcere; suo sostituto libero Giuseppe Montalto
Nenè Geraci «il giovane» (famiglia di Partinico)
Procopio Di Maggio (famiglia di Cinisi) in carcere; suo sostituto libero Vito Palazzolo
Francesco Intile (famiglia di Caccamo)
Giuseppe Bono (famiglia di Bolognetta)

*C'è chi ci sta, chi non ci sta, c'è chi muore.*

*Pietro Scaglione, procuratore capo della Repubblica di Palermo. I Corleonesi gli sparano il 5 maggio 1971. Scaglione è il primo magistrato ucciso in Italia nel dopoguerra.*

*Cesare Terranova, consigliere istruttore a Palermo. È Totò Riina che il 25 settembre 1979 dà l'ordine di farlo fuori.*

*Gaetano Costa, procuratore capo della Repubblica di Palermo. Sono gli Inzerillo di Passo di Rigano a ucciderlo il 6 agosto 1980.*

*Gian Giacomo Ciaccio Montalto, sostituto procuratore della Repubblica di Trapani. È solo a indagare su Cosa Nostra nella provincia trapanese. Lo fermano a colpi di mitraglia il 25 gennaio 1983.*

*Rocco Chinnici, consigliere istruttore a Palermo. Un'autobomba lo fa saltare in aria il 29 luglio 1983. Ancora i Corleonesi.*

*Alberto Giacomelli, presidente di sezione al tribunale di Trapani. Il 14 settembre 1988 è ucciso per vendetta dagli spacciatori di eroina che ha fatto condannare.*

*Antonino Saetta, presidente di sezione della Corte d'appello di Palermo. Giudica colpevoli i killer di un capitano dei carabinieri e Totò Riina giudica colpevole lui. Muore il 25 settembre 1988.*

*Rosario Livatino, sostituto procuratore ad Agrigento. È la mafia di Palma di Montechiaro che ordina l'omicidio il 21 settembre 1990.*

*Giovanni Falcone e Francesca Morvillo, 23 maggio 1992.*

*Paolo Borsellino, 19 luglio 1992.*

# «63 colpi per sbaglio»
## Stefano Giaconia

Più che una Corte d'assise è una corte dei miracoli. Gli imputati escono in massa dalle carceri, tutti assolti. Per le accuse di omicidio nemmeno una condanna, per l'associazione a delinquere solo qualche mite pena. È la vigilia del Natale del 1968 – il 22 dicembre – e il processo alla mafia palermitana finisce con brindisi e festeggiamenti per la sentenza. Si celebra a Catanzaro per *legitima suspicione*, legittimo sospetto: troppi condizionamenti e troppe paure spingono il dibattimento fuori dalla Sicilia. Tutti lo chiamano il «processo dei 114», in realtà nell'ordinanza di rinvio a giudizio i nomi sono centodiciassette: La Barbera Angelo + 116.

Alla sbarra ci sono i Bontate, i Chiaracane, i Mazara e i Nicoletti, i Salamone e gli Gnoffo, i Manzella, i Di Peri, i Torretta. C'è anche Tommaso Buscetta. Li processano dopo le stragi dei primi anni Sessanta, le Giuliette imbottite di tritolo che saltano in aria per le strade e nei giardini, la prima grande guerra di mafia di Palermo.

La capitale dell'isola è un grande cantiere e un campo di battaglia. Gru che girano nel cielo e attentati. Cemento armato, agguati, ville liberty sventrate con la dinamite, licenze edilizie firmate nella notte. E sparatorie.

La più spettacolare, in mezzo alla folla, è quella alla pescheria Impero di via Empedocle Restivo, fra i palazzoni della città nuova. È il 19 aprile 1963 quando tre sicari, scesi da una Fiat 600 color crema, scaricano le loro mitraglie e le loro lupare su una ventina di uomini. Alcuni sono dentro la pescheria, altri sull'uscio a curiosare fra spigole e dentici. Si salvano tutti. Si salva anche Stefano Giaconia, proprietario della pescheria Impero e mafioso. È un amico di Angelo La Barbera. Viene colpito da sessantatré proiettili. Resta vivo. A Catanzaro è uno degli imputati.

Il suo interrogatorio comincia alle 10,20 di martedì 19 dicembre 1967, esattamente un anno prima del verdetto di assoluzione.

Presidente: «Perché non ha mai chiesto il porto d'armi per la pistola a tamburo che le hanno trovato addosso?».

Stefano Giaconia: «Ci sto pensando, lo chiederò il porto d'armi...».

Presidente: «Quante pallottole l'hanno colpita?».

Giaconia: «Più di 60, mi pare 63...».

Presidente: «Lupara? Pallettoni?».

Giaconia: «Io non lo so».

Presidente: «Quanti ne ha ancora in testa?».

Giaconia: «Due o tre sono rimaste nel cranio».

Presidente: «Senta Giaconia, ma qualche sospetto doveva pure averlo avuto per una sparatoria di questo genere...».

Giaconia: «Non conosco nessuno di questi 114. È vero che mi hanno sparato 63 colpi alla schiena, ma sarà stato sicuramente per sbaglio».

Presidente: «E allora a chi erano diretti i colpi?».

Giaconia: «C'era tanta gente...».

Presidente: «Aveva timore di essere aggredito?».

Giaconia: «Escludo di avere avuto timori del genere».

Presidente: «Lei ha mai acquistato un appartamento da Angelo La Barbera?».

Giaconia: «Voglio precisare, signor presidente: io no».

Presidente: «Conosce Salvatore La Barbera?».

Giaconia: «Forse era mio cliente, alla pescheria».

Presidente: «Per quale motivo ha detto al giudice istruttore di non avere mai conosciuto Antonino Sorci?».

Giaconia: «Non riesco a spiegarmelo. Io ho avuto più di 60 colpi addosso. Può essere, anzi sono sicuro, che sono stato tradito dal mio stato di salute».

# «I giudici parlati»
## Tommaso Buscetta

«Quello che disturba veramente Cosa Nostra è non potere adempiere alle promesse fatte ai carcerati. L'uomo d'onore va sempre in carcere sicuro. È sempre stato così, in tutte le epoche. Sa che la sua famiglia starà bene, che non passerà mai fame e sa che si interesseranno al massimo per poterlo fare uscire. Non ci sarà mai un uomo d'onore – mi correggo, non c'era stato mai fino a ora – che avesse temuto qualcosa su questo proposito. Non teme la giustizia, perché si sente molto forte. La collaborazione di gente non mafiosa – parliamo sempre di mafia, solo di mafia... mafia... mafia – ma c'è gente che collabora che non è mafiosa, e collabora a un altissimo livello.»

«Io personalmente non ho mai corrotto nessun giudice, ma aggiustamenti di processi ce ne sono stati a Palermo. Sempre. Però se mi chiedessero di indicare i nomi di quei giudici, io risponderei che non lo so anche se lo so. Come ho già detto... *ù carbuni si nun tinci mascarìa*... no, non posso parlare adesso di queste cose, entrerei in un campo che è assolutamente improponibile. Se è già difficile stabilire un rapporto fra due mafiosi, immaginatevi con un giudice. E io sarei così pazzo da avventurarmi in questo sentiero? Per l'amor di Dio!»

«Che cosa si intende per aggiustare i processi? S'intende: ho parlato con il presidente, ho parlato con il pubblico ministero, ho parlato con il commissario, ho parlato con il testimone, ho parlato con la giuria. Questo è aggiustamento di processo.»

«L'onorevole Salvo Lima non era l'unica persona alla quale ci si rivolgeva per l'aggiustamento dei processi, c'erano anche altri uomini politici. Anche uomini politici non eletti in Sicilia. Cosa Nostra si attiva quando i processi che riguardano gli uomini d'onore sono a tutti i livelli, non soltanto per quelli in Cassazione. I processi non si aggiustano solo a Palermo o in Sicilia, ma anche fuori. Specialmente in Calabria e nel Napoletano. Senz'altro.»

«Anche al processo di Catanzaro ci sono stati gli aggiustamenti... ma certo... mica erano cose campate... Il processo di Catanzaro è finito nel nulla. Sono andati tutti a casa. Proprio il processo dei 114, è una cosa che mi consta personalmente.»

«C'era il pubblico ministero che per tutta la durata del processo diceva: "Ah, all'ultimo parlerò dell'associazione; all'ultimo parlerò di Gaetano Badalamenti, perché all'ultimo"... E, all'ultimo, tutti noi imputati stavamo aspettando le sue richieste. All'ultimo parlò di Gaetano Badalamenti e fece la richiesta: il carcere espiato. Cioè Gaetano Badalamenti, a Catanzaro, ha preso un anno e undici giorni. Io due anni. E il pubblico ministero doveva parlare all'ultimo dell'associazione! Questi sono tutti fatti, non dico bugie: sono fatti registrati... all'ultimo parlerò del presidente di questa associazione...»

> «Nessuno dice: voglio i soldi.
> Sono cose che succedono così...»
>
> Antonino Calderone

La giustizia in Sicilia secondo Antonino Calderone, uomo d'onore della famiglia di Catania.

I giudici popolari:

«Se c'è un processo con i giurati, ci si procura la lista di dove sono. Se sono di un paesino e c'è magari una maestrina, ci si arriva assai facilmente. Basta la *figura* che l'hai già intimidita. Ricordo che una volta ci fu un omicidio, era stato scannato un uomo in provincia di Enna. Si parlò con i giurati e si aggiustò».

Gli avvocati:

«Uno chiede all'avvocato: com'è quel giudice? E l'avvocato ti dice chi lo può conoscere. Noialtri avevamo il padre di Alfio Ferlito che viveva solo per aggiustare i processi. Agatino Ferlito. Da ragazzo Agatino voleva fare l'avvocato, ma poi non l'ha potuto più fare. Tutta la malavita di Catania si rivolgeva a lui, che sapeva tutta la vita dei giudici, di chi erano parenti, da dove ci si poteva arrivare, tutto quanto... si andava dal presidente, dal giudice a latere, qualcosa si trova sempre».

I pubblici ministeri:

«Uno ci ha aiutato molto, un pubblico ministero di Catania. Mi avevano fatto la proposta per il soggiorno obbligato, sostenevano che mi ero arricchito illecitamente. Non lo conoscevo, ma un avvocaticchio mi disse che ci avrebbe parlato lui. Ha ritirato l'accusa. Dopo qualche mese, il giudice mi ha fatto sapere che aveva bisogno di un favore. Vicino Catenanuova l'impresa Costanzo stava costruendo l'autostrada Catania-Palermo, che toccava una proprietà di sua moglie.

Ci chiedeva di deviare leggermente la strada per evitargli il danno. La strada naturalmente fu deviata e fu sistemata anche la stradella che portava alla sua campagna...».

I giudici togati:

«Mi ricordo di uno della Corte d'appello che un mio amico mi fece avvicinare. Gli ho chiesto un favore per un nostro affiliato e lui me lo ha fatto. In cambio ha voluto pulito il pavimento di marmo di casa sua. Era macchiato. È tutto quello che ha chiesto. Lui mi disse che la moglie aveva quel problema, io gli risposi che un mio amico faceva quel genere di lavori. Nessuno dice: voglio i soldi. Sono cose che succedono così...».

Ancora giudici e ancora pubblici ministeri:

«In un palazzo abitavano due o tre magistrati che non pagavano il fitto. Uno di loro, ora è morto, era pm al processo per omicidio a carico di un nostro amico. Si aveva paura di lui. Il nostro amico è stato assolto, ma si temeva che il pm si appellasse. Sono andato quindi una volta a casa sua per parlarci e mi ha risposto: "Stia tranquillo, che ormai possono mangiarla i topi". Aveva lasciato scadere i termini, aveva insabbiato la cosa. A quei giudici davano la ricevuta quietanzata, da cui risultava che avevano pagato. In realtà non uscivano soldi».

I cancellieri:

«Dopo l'assassinio del generale dalla Chiesa nessuno di noi venne arrestato, sapevamo dei mandati di cattura. C'era un certo Zuccaro, che non è uomo d'onore ma vicino a noi, che diceva di conoscere la segretaria di un giudice, che scriveva a macchina tutte cose. Quando poi lei andava a comperare le uova o il pollame, si parlava di quando il giudice avrebbe emesso i mandati. Una volta ne aveva firmato uno contro un mio cugino. Lo sapeva addirittura la cartomante. Questa cartomante era la sorella dell'amante di un pm di Catania. Lui si portava il lavoro a casa e lei leggeva. Poi lo diceva alla sorella. Anche mia moglie è andata da quella cartomante. E mi assicurò che per me le cose andavano bene».

# «La giustizia aggiustata»

## Francesco Marino Mannoia

«Paradossalmente bisogna concludere, quindi, che meno problematico, se non addirittura certo, sarebbe stato il convincimento di colpevolezza di questa Corte in presenza di un più ristretto numero di indizi...»

Queste sono le parole finali delle motivazioni della sentenza più svergognata e disonorevole della magistratura siciliana degli ultimi cinquant'anni. È la mattina del 31 marzo 1983 e la prima sezione della Corte d'assise di Palermo assolve per «troppi indizi» Giuseppe Madonia, Vincenzo Puccio e Armando Bonanno, i sicari di tre famiglie palermitane che nella notte fra il 4 il 5 maggio di tre anni prima uccidono un ufficiale dei carabinieri. Il capitano Emanuele Basile, comandante della compagnia di Monreale.

I tre killer sbucano da un vicolo buio, in paese c'è la festa del Santissimo Crocifisso, fuochi d'artificio nella piazza, la processione dei «confrati» tutti vestiti di bianco che attraversa le vie di Monreale. Il capitano avanza verso la sua caserma con in braccio la figlia, Barbara, che ha quattro anni. Sua moglie Silvana lo segue a qualche metro di distanza. Sparano. Il capitano barcolla, Barbara scivola a terra nel sangue del padre.

Un'ora dopo Giuseppe Madonia, Vincenzo Puccio e Armando Bonanno sono catturati, a sette chilometri da Monreale. Ci sono quattro testimoni che li riconoscono: «Sono loro gli assassini». Comincia il calvario del processo per un capitano dei carabinieri ucciso in Sicilia.

Dura diciassette anni il giudizio. I boss di Cosa Nostra *avvicinano* presidenti di Corte e medici legali, *parlano* con sostituti procuratori e giudici istruttori, terrorizzano giurati popolari. Il primo processo si insabbia per una perizia ordinata su un paio di pantaloni macchiati. Per i palermitani, senza giri di parole, è «la prova del fango». Il processo poi finisce con la clamorosa assoluzione della Corte d'assise presieduta da Salvatore Curti Giardina: i «troppi indizi» contro i sicari. Il giorno dopo il verdetto vengono spediti al soggiorno obbligato in Sardegna, passano poche ore e sono già latitanti. In Appello vengono condannati due volte. E per due volte la Cassazione annulla la sentenza.

È un processo che Cosa Nostra vuole a tutti i costi senza condanne. Corrompe altri giudici. I tre imputati sono sempre *innocenti* e sempre latitanti. Fra un rinvio e l'altro della Cassazione, la mattina dell'8 giugno 1988 il processo approda a un'altra Corte d'assise. È il quinto dibattimento per giudicare i sicari del capitano, il presidente del collegio si chiama Antonino Saetta. Il processo dopo quindici giorni è finito: i killer vengono condannati all'ergastolo. E il presidente Saetta condannato a morte.

«La giuria popolare fu contattata per un'*aggiustata*, a me lo disse lo stesso Vincenzo Puccio, in quel periodo eravamo rinchiusi nella stessa cella. Mi raccontò che c'erano buone possibilità di assoluzione... Quando però ci fu quella sentenza di condanna, Puccio mi disse che la colpa era solo del presidente, i giurati popolari ci avvertirono che il presidente Saetta si era imposto» ricorda il pentito Francesco Marino Mannoia.

La motivazione della sentenza viene depositata in cancelleria la mattina del 16 settembre 1988. Una settimana dopo il giudice Antonino Saetta è assassinato sulla statale Caltanissetta-Agrigento.

Ci vorranno altri nove processi e altri otto anni per la condanna definitiva di Giuseppe Madonia, Vincenzo Puccio e Armando Bonanno. È la «giustizia aggiustata» nella Sicilia in mano a Cosa Nostra.

# «Non c'è mai una porta chiusa»
## Leonardo Messina

Gli uomini d'onore sono tutti innocenti. È un mercato quello dei processi di mafia a cavallo fra gli anni Sessanta e Settanta. Le indagini di polizia fanno muffa negli armadi delle procure, rare le istruttorie che si concludono con un rinvio a giudizio, le inchieste si insabbiano. E i dibattimenti che si celebrano finiscono sempre con la stessa sentenza: insufficienza di prove.

I mafiosi «avvicinano», «parlano», «aggiustano», «buttano il processo in nullità». Escono sempre presto dal carcere. La condanna non è mai definitiva per l'uomo d'onore. A Palermo e a Trapani, a Caltanissetta e ad Agrigento la giustizia è nelle mani di Cosa Nostra. Ci sono schiere di principi del Foro che li difendono appassionatamente, alcuni sono anche i *consiglieri* della famiglia. Comprano e vendono le libertà provvisorie, contrattano sugli arresti domiciliari, corrompono per le perizie mediche. «Quando nei tribunali ci sono le camere di consiglio, gli avvocati entrano ed escono, non c'è mai una porta chiusa e ci sono sempre cinque o sei avvocati. C'è quello *di corridoio* che deve guardare anche se non l'hai nominato. E c'è l'avvocato *di controllo* che ti comunica subito se tu hai sbagliato a parlare durante l'interrogatorio» racconta Leonardo Messina, pentito di San Cataldo.

Gli avvocati di corridoio sono i legali di fiducia degli affiliati, gli avvocati di controllo quelli di Cosa Nostra. Gli uomini d'onore vogliono sempre avere la certezza che prima o poi saranno comunque assolti. È l'impunità il più grande privilegio di Cosa Nostra. Fino alla seconda metà degli anni Ottanta i mafiosi sono sempre fuori, sempre liberi. Ricorda ancora Leonardo Messina: «Ogni volta che arriva un nuovo magistrato, un imprenditore si fa avanti e si preoccupa di trovargli la casa, il giardino, quello che gli serve e vuole. C'è chi ci sta, c'è chi non ci sta, c'è chi muore. C'è chi vive e sceglie la strada di mezzo».

La prima mossa è «parlare» con il magistrato. «Ci vanno direttamente il politico o il mafioso, il rappresentante... In un ambiente come il nostro, quando il politico si presenta, il personaggio è il mafioso, non il politico. E poi c'è la massoneria, che è un punto d'incontro per tutti. Alcuni uomini della mia famiglia sono massoni. Nel mio paese, San Cataldo, non a caso durante la sua latitanza è venuto a nascondersi Michele Sindona.»

Così andavano le cose in Sicilia fino all'inizio degli anni Ottanta, fino alle prime vere indagini su Cosa Nostra. La sentenza che riconosce l'«esistenza» della mafia verrà però molto tempo dopo ancora, il 30 gennaio 1992. È la ratifica, l'ultima parola sull'«unicità verticistica dell'organizzazione criminale». Il verdetto della Corte di cassazione sul maxiprocesso di Palermo. Il giudizio finale dell'istruttoria di Giovanni Falcone.

*Spioni, muffuti, infamoni, tragediatori, confidenti di questura, cantanti, carabinieri a cavallo, ammalati di sbirritudine, indegni, scatascini, vomitini, lenti di panza. Come chiamano i pentiti a Palermo e in Sicilia.*

## «Io la Noce ce l'ho nel cuore»
### Leonardo Vitale detto Leuccio

È un ragazzo malinconico il primo pazzo di Palermo. Religiosissimo, ossessionato dal ricordo di quel cavallo bianco che suo zio Titta gli aveva fatto ammazzare in campagna con una fucilata. Se lo sogna ogni notte il cavallo a pancia in su e con le zampe insanguinate, lui sudato in mezzo agli alberi di ulivo e che ha tanta voglia di vomitare ma non può farlo, non può mostrare le sue fragilità. Lo zio Titta voleva sapere se Leuccio aveva coraggio, se un giorno sarebbe diventato *come a lui*: un uomo d'onore. A sedici anni ha ucciso il cavallo bianco, a diciassette Vincenzo Mannino. Al tramonto, nella penombra di via Tasca Lanza.

Poi lo portano in un casolare al fondo Uscibene, dove tanti uomini lo aspettano intorno a un tavolo. C'è Salvatore Inzerillo, c'è Ciro Cuccia, ci sono Giuseppe Bologna e Domenico Calafiura. C'è anche lo zio Titta. Gli pungono il dito con una spina d'arancio amaro e lo baciano «sulle labbra, senza lingua».

Leonardo Leuccio Vitale è mafioso per tre anni. Solo tre anni e poi è già pazzo.

«Questa sera intendo sgravare la mia coscienza di quanto mi tormenta da molto tempo» dice al capo della squadra mobile Bruno Contrada. Si presenta spontaneamente alla polizia, sale le scale dell'antico convento dove ci sono gli uffici investigativi, si infila nella stanza piena di fumo in fondo al corridoio. Comincia a parlare.

Omicidi. Estorsioni. Sequestri. All'alba del giorno dopo, il capo della squadra mobile ha in mano la mappa di tutta la mafia di Palermo. Tredici fogli fitti di nomi. Alla fine del suo verbale Leuccio ricorda: «Conosco anche Riina di Corleone, l'ho visto alla riunione che si è tenuta al fondo Campofranco che hanno organizzato Raffaele Spina, Pippo Calò e Vincenzo Anselmo per decidere quale delle due famiglie – Altarello o Noce – doveva prendere la tangente da parte dell'impresa Pilo che in quella zona stava facendo alcuni lavori al confine delle due borgate... Io pensavo che sarebbe stato più giusto dare qualcosa anche alla nostra famiglia di Altarello ma poi Riina ha detto: "Io la Noce ce l'ho nel cuore"...».

In quella primavera del 1973 Totò Riina è latitante da quattro anni. Tutti pensano che sia solo un *viddano*, uno di quei «contadini» che hanno scatenato una sanguinosissima guerra nel loro paese. Uno di Corleone, uno che conta solo là.

La confessione di Leuccio arriva inaspettata: Totò Riina già comanda anche a Palermo. Quando lui decide, gli altri abbassano gli occhi e non aprono bocca.

Il verbale di interrogatorio di Leonardo Vitale viene inoltrato alla procura. Qualcuno lo infila in un cassetto. Resta lì per mesi. Poi un giudice firma quarantotto mandati di cattura. Sono i nomi della cantata di Leuccio.

La sua faccia finisce in prima pagina. Lo chiamano «il Valachi di borgata», pentito come quel Joe Valachi che nel 1962 aveva fatto tremare Brooklyn. Gli avvocati della mafia dicono che il ragazzo di Altarello di Baida «è malato di mente», autorevoli psichiatri confermano la sua schizofrenia. Leuccio è rinchiuso nel manicomio giudiziario di Barcellona Pozzo di Gotto. Camicia di forza. Elettrochoc. Droghe. Lo curano così per sette anni. Torna libero nel 1984.

«Sono stato preso in giro dalla vita, dal male che mi è piovuto addosso sin da bambino» scrive nel suo diario. Ogni mattina va a inginocchiarsi nella chiesetta di San Martino delle Scale. Anche quel giorno prega, il 2 dicembre 1984. Arrivano da Corleone i sicari. È pazzo per tutti Leuccio. Per tutti, tranne uno. Totò Riina.

# «Camminano a braccetto
e dicono bugiarderie i pen-ti-ti»

Totò Riina

«Sì, lo conosco Gaspare Mutolo, siamo stati in carcere insieme. Lui era un *ladruncolante* di giornata, andava a rubare di qua e di là. Eravamo compagni di cella, non sono sicuro se nel '66... andavamo all'aria, passeggio, poi credo che la mamma di questo Mutolo se non ricordo male a quei tempi stava al manicomio, quindi era una pazza poverina, quindi era un povero diavolo pure lui... Mutolo è quella persona che ogni volta che l'arrestano lo trovano con le mani nel sacco che fa droga, fa sempre droga, *è un bellissimo droghiere*, questo è Gaspare Mutolo.»

«Se lei vede signor presidente quello che dice uno, *dicono* tutti gli altri, una specie di fotocopia è signor presidente. Ai pentiti ci viene facile accusare Salvatore Riina perché così hanno più case, più soldi, più villa, più *benestare*. E allora Riina è mandante, e allora Riina *fici questo*. Glielo voglio dire signor presidente: camminano a braccetto, si tengono *mani per mani* e dicono *bugiarderie* i pen-ti-ti.»

«I pentiti sono un'arma troppo pericolosa, fanno quello che vogliono, io sono il parafulmine di questi qua. Scaricano tutto su questa persona perché sono più creduti. Sa, presidente, cosa sono io oggi per l'Italia? Io sono il Tortora di Napoli. Si ricorda il processo Tortora? Questi pentiti che facevano droga con Tortora, che facevano associazione con Tortora e tutte cose, poi Tortora all'ultimo l'hanno fatto morire di crepacuore ed è stato assolto perché non faceva prova, non faceva associazione con nessuno. Ecco perché mi accusano tutti, parlano di Riina e alzano la pagella.»

«Io non conosco nessuno. Questi mi devono dire dove ci

siamo seduti, devono portare prove, non devono dire me lo disse Bontate, me lo disse Badalamenti, me lo disse questo e me lo disse quello: prove signor presidente. E se si parla di Cupole o di Scupole, io non potevo essere solo, dovevamo essere tanti.»

«Mi scusi signor presidente se li chiamo pentiti, li chiamo con il mio dialetto perché sono *un seconda elementare* e sono un povero *analfabeto*... una volta c'erano le lettere *anonimi* e ora che vengono cestinate e non sono più valide si sono creati questi pen-ti-ti. Che cosa fanno? Una volta la lettera non era firmata, questi si firmano e sono tutti un *abbraccio*, si prendono *i mesati*, gli stipendi. Qua invece bisogna guardare e scendere nel profondo, che cosa sono questi pentiti. Io l'altro giorno leggevo un libro, mi pare che era del cardinale *Martino*, mi pare che diceva "Dio, dove andiamo?"... Ma signor presidente, con questi pentiti l'Italia dove deve andare?»

# «C'è quando mi ricordo
# e quando non mi ricordo»

## Stefano Calzetta

Gli incubi lo soffocano, ormai non ha più neanche paura di morire. È in una calda notte d'estate del 1986 che decide di perdere la memoria. Di dimenticare tutto. Quello che ha confidato al commissario Ninni Cassarà e quello che ha raccontato al giudice Falcone. Si sente un «morto che cammina» Stefano Calzetta, sbandato di corso dei Mille che ha provato a fare il *malacarne* e poi si è pentito. Al maxiprocesso di Palermo è uno dei grandi accusatori. Arriva il giorno della sua testimonianza.

L'aula bunker è un'arena, dentro le gabbie ci sono tutti i suoi vecchi amici. Carmelo Zanca, i Tinnirello, Salvatore Rotolo, i Vernengo, i Marchese. Tutti quelli che entravano e uscivano dalla «camera della morte» dietro il porticciolo di Sant'Erasmo, la stalla dove squagliavano i *cristiani*. Prima li torturavano e li interrogavano per sapere cosa sapevano, poi li facevano sparire nelle vasche piene di acido. Anche Stefano era sempre là, a Sant'Erasmo.

Comincia l'interrogatorio.

Pubblico ministero: «Conferma quanto disse in istruttoria, e cioè che Salvatore Rotolo sorrideva sempre, anche mentre commetteva un omicidio?».

Stefano Calzetta: «Non mi ricordo».

Avvocato dello Stato: «Lei, Calzetta, conosce Pietro Zanca?».

Calzetta: «Oggi mi fa male la testa, non mi ricordo».

Presidente: «Ricorderà se una persona la conosce o no?».

Calzetta: «C'è quando mi ricordo e quando non mi ricordo. Sono caduto e ho sbattuto la testa».

Presidente: «Ricorda quando ha sbattuto la testa?».

Calzetta: «E chi si ricorda...».

Presidente: «Ieri l'aveva già sbattuta la testa?».

Calzetta: «Non mi ricordo, mi fa male la testa».

Presidente: «Lei dunque si sente male?».

Calzetta: «Non mi ricordo».

Presidente: «Ricorda come si chiama?».

Calzetta: «Presidente, chi sono io?».

Una settimana dopo Stefano Calzetta riappare nell'aula bunker e ci ripensa. Parla. Svela gli orrori della famiglia di corso dei Mille, indica i moventi di quaranta omicidi, fa i nomi degli assassini. Alla fine del dibattimento i pubblici ministeri chiedono per lui una condanna a cinque anni e sei mesi di reclusione, la Corte d'assise lo assolve. Nel processo d'appello, nel 1989, Stefano perde un'altra volta la memoria.

È finito come mafioso e finito come pentito. I suoi parenti lo abbandonano. Stefano resta solo. Non ha più moglie, non ha più fratelli, non ha più un lavoro. Non ha più niente. La sua casa diventa un marciapiedi fra le alte palme di piazza della Vittoria, davanti al portone della squadra mobile di Palermo. «Mi sento sicuro solo qui» dice a tutti quelli che passano.

Avanzi di cibo in un sacchetto di plastica, una bottiglia d'acqua, una vecchia coperta. Stefano vive di elemosina. È un barbone. Non vale più nulla Stefano. Né per lo Stato né per la mafia. Lo ricoverano in un ospizio in via dei Biscottari, ma dopo qualche giorno scappa. Torna sotto le palme, vicino ai «suoi» poliziotti. Ripete sempre la stessa frase: «Sapete perché la chiamano Cosa Nostra? Perché non è degli altri».

## «Una manata di indegni»

### Salvatore Cocuzza

«L'idea della dissociazione era una via per non farsi dire infame. La collaborazione, a Palermo, è intesa come qualcosa di negativo, anche dalle persone normali. Non bisogna essere uomini d'onore per dire che chi collabora è un infame. Con la dissociazione puoi parlare di quello che hai fatto e non coinvolgere nessuno. In questo caso si addolciva la pillola, così magari la gente poteva giustificarsi. Perché, in Sicilia, quello a cui non si può rinunziare è la considerazione che hanno gli altri per te.»

«Tu sei una persona importante e vivi di questo. C'è gente che fuori dalla strada dove abita non è nessuno, ma in quella strada, in quel rione, è lui che comanda, che è rispettato e si fa rispettare. Quindi, una persona di quel genere difficilmente decide di fare questo salto. Poi ci sono i pregiudizi e l'ignoranza: se collaboro, le proprietà, le ricchezze, le agiatezze me le tolgono, la mia famiglia mi abbandona, perché magari non vuole lasciare la Sicilia. Io penso che ci sono tanti sentimenti che tu senti dentro di te, però non puoi dargli una spiegazione razionale, perché mi rendo conto che chi collabora oggi non ha risolto i suoi problemi, li risolverà forse il figlio o il nipote... Invece una persona importante in una piazza dice: "Non sono oro colato, sono infami... sono *una manata di indegni*...".»

«Intanto io non mi riconosco più in Cosa Nostra, perché non è più quella di prima. Ma questo l'avevo capito dopo che ero uscito dal carcere, dopo le stragi. Però andavo avanti per inerzia, perché tu sei là, non hai altre scelte, sei latitante, non hai appoggi, non hai di che vivere... allora comincio a capire il perché di tutte queste collaborazioni... con la dissociazione pensavo addirittura che si sarebbero buttate forse 50-60 persone. Però non hanno capito che quello era il momento, certamente non oggi. Se la dissociazione aveva un senso nel 1996, adesso che senso ha? Lo Stato non è che fa la pacificazione con chi ha perso, cioè lo Stato cerca di fare questa cosa perché vuole vincere, ma non dopo che ha vinto.»

«Io da dissociato mi sono accusato di tutto quello che ho fatto, con la collaborazione non è che ho aggiunto o tolto niente. Quando mi sono dissociato non ero accusato di niente, solo di un omicidio, ma non ero nemmeno responsabile, infatti me l'hanno tolto perché non c'entravo niente.»

«Io di tutto quello che ho fatto nella mia vita quando mi sono dissociato, l'ho detto. Pensavo: io così posso dare un contributo notevole e poi se si dissociano cento persone, per gradi poi si arriva alla verità, perché se noi abbiamo fatto un omicidio, tu ti dissoci, io pure, diciamo tutti e due la stessa cosa, quindi risolviamo quell'omicidio, quel reato. Quindi il problema di dare un contributo è perché sentivo il bisogno di dare qualche cosa perché poi, alla fine, solo con me stesso ci devo stare qualche volta, e nel momento in cui in vita mia non ho fatto niente di buono, questo non è che mi può aiutare a stare tranquillo.»

«Alla procura di Palermo mi hanno detto le cose che è giusto dire: la dissociazione la rispettiamo, se lei si vuole dissociare si dissoci, ma non c'è una legge. A me non interessava della legge, ma interessava essere giudicato per quello che avevo fatto, chiudere il conto con la giustizia. Ne ho parlato con la mia famiglia, se si fosse opposta non lo avrei fatto. Siccome sia io che mia moglie non siamo di generazione di Cosa Nostra, non ci sono queste radici così profonde, è una cosa recente...»

# «Cosa Nostra è finita, Totuccio puoi parlare»

Tommaso Buscetta

I morti lasciano indifferente Palermo. È una città di lapidi, mazzi di fiori, altarini a ogni incrocio di strada. Cento omicidi nel 1981. Cento omicidi nel 1982. Cento omicidi nel 1983. «Si sparano fra di loro» ripetono nella loro rassegnata cantilena molti palermitani. Ogni volta che c'è un cadavere a terra corrono tutti a vederlo, prendono per mano i figli, li sollevano, se li mettono sulle spalle: «Talìa, talìa...» guarda, guarda. L'odore dolciastro del sangue che ristagna nell'aria, le mosche, i volti stravolti degli ammazzati. «Talìa, talìa...»

Ma non è vero che si sparano soltanto «fra di loro». A Palermo hanno già ucciso il capo della squadra mobile Boris Giuliano e il procuratore capo Gaetano Costa, il generale Carlo Alberto dalla Chiesa e il consigliere istruttore Rocco Chinnici, il giudice Cesare Terranova, i capitani dei carabinieri Emanuele Basile e Mario D'Aleo, l'agente della sezione investigativa Calogero Zucchetto, il segretario regionale del Pci Pio La Torre, il medico legale Paolo Giaccone, il presidente della Regione Piersanti Mattarella, il segretario provinciale della Dc Michele Reina e il cronista giudiziario del «Giornale di Sicilia» Mario Francese.

È opulenta Palermo. «Non è ricca, è sfrenatamente ricca» scrive Camilla Cederna in un reportage dalla Sicilia. «È la città italiana dove si vendono più gioielli... tutto quello che è firmato, costoso, esclusivo... sorprendono gli eleganti negozi di via Ruggiero Settimo con le vetrine foderate di cinghiale, arredati con legni e cristalli policromi... il proprietario è un ex commesso, ma si sa che quando il denaro passa di mano di solito mancano i testimoni.»

È ostile Palermo. Ci sono due o tre magistrati che sfrecciano per le vie della città sulle auto blindate. Sirene, rumori. Ci sono «cittadini indignati» che mandano lettere al foglio locale, che volentieri pubblica. Una è di Patrizia S.: «Tutti i giorni, non c'è sabato o domenica che tenga, al mattino, nel primissimo pomeriggio e la sera (senza limiti d'orario!) vengo letteralmente assillata da continue e assordanti sirene di auto che scortano vari giudici...». La signora Patrizia è vicina di casa del giudice Falcone.

È sotto choc Palermo quando il 29 settembre 1984, la notte di San Michele, protettore della polizia, i suoi boss non sono più liberi. I mandati di cattura firmati dal capo dell'ufficio istruzione Antonino Caponnetto sono 366. È la più grande retata antimafia del secolo.

Da luglio parla Tommaso Buscetta. A Falcone svela l'arcano di Cosa Nostra. Struttura dell'organizzazione, riti, nomi degli affiliati. «È un infame» urla mezza Palermo.

Buscetta è nascosto, protetto dai poliziotti della Criminalpol di Gianni De Gennaro e Antonio Manganelli. In uno dei giorni che seguono il blitz di San Michele, nel luogo segreto dove don Masino è al riparo portano anche Totuccio Contorno. È un uomo d'onore della famiglia di Santa Maria del Gesù, legatissimo al suo capo Stefano Bontate.

Come nome di battaglia ha quello di Coriolano della Floresta, personaggio dei misteriosissimi *Beati Paoli*, il romanzo di Luigi Natoli. In un rapporto del commissario Ninni Cassarà è indicato come «Prima luce». Sta già informando i poliziotti sulle scorribande dei Corleonesi. È ancora indeciso se fare il grande passo. Tommaso Buscetta gli va incontro, lui si inginocchia e gli bacia la mano. Don Masino gliela appoggia sulla spalla e gli dà la benedizione: «Cosa Nostra è finita, Totuccio puoi parlare».

# «Perché dovrebbero stare zitti?»

## Giuseppe Madonia detto Piddu

Sono in cinque quando comincia il maxiprocesso di Palermo, nel 1986. Sono quattrocentoventitré dieci anni dopo, nel 1996. Piccoli e grandi, sinceri e bugiardi, disperati o calcolatori, pentiti e mai pentiti. Nel gergo giudiziario vengono definiti «collaboratori di giustizia». In Sicilia li disprezzano.

Nelle borgate di Palermo coniano espressioni e insulti che richiamano i protagonisti delle vicende processuali. «Sei cornuto e Buscetta» dicono al posto di «cornuto e sbirro». Giocano sui doppi sensi. «Qui "contorno" non ne serviamo mai» rispondono i camerieri di un noto ristorante di pesce dalle parti di Sant'Erasmo. L'uso dei termini rivela fastidi e paure antiche. La verità è che i pentiti fanno tremare Cosa Nostra.

Il primo è Tommaso Buscetta. Poi ci sono Totuccio Contorno, Vincenzo Sinagra detto Tempesta e Stefano Calzetta, c'è anche Vincenzo Marsala, che è il figlio del vecchio capo della famiglia di Vicari. Nel 1988 si pente – ed è un pentimento umano profondo, dolorosissimo – Antonino Calderone, fratello di Pippo, il capo della Commissione regionale fino al giorno in cui i sicari corleonesi non l'ammazzano. Nel 1989 Francesco Marino Mannoia è il primo dei Corleonesi che parla con Falcone.

Dopo le stragi, arrivano in massa. Gaspare Mutolo, Leonardo Messina, Balduccio Di Maggio, Francesco Di Carlo, Salvatore Cancemi, Gioacchino La Barbera, Mario Santo Di Matteo, Pino Marchese. E ancora: Angelo Siino, Calogero Ganci, Francesco Paolo Anzelmo, Vincenzo Sinacori, Gioacchino Pennino. Fino a Giovanni Brusca, quello che ha in ma-

no il telecomando a Capaci. Al primo processo contro il senatore Giulio Andreotti testimoniano in trentotto.

«Buscetta e tutti gli altri più parlano e più li pagano, perché dovrebbero stare zitti?» urla un giorno dalla gabbia del-
l'aula bunker di Catania il rappresentante della famiglia di
Caltanissetta, Piddu Madonia. È uno sconvolgimento nel
mondo mafioso. Si pentono anche gli uomini d'onore del
«gruppo di fuoco» di Leoluca Bagarella. Il primo è Pietro
Romeo, poi Salvatore Grigoli, l'assassino di don Pino Puglisi. Sembra l'inizio della fine per Cosa Nostra. L'ultimo di
«peso» è Antonino Giuffrè, il braccio destro di Bernardo
Provenzano. Sono tanti, tantissimi. Forse troppi.

La loro «gestione» è complicata. La procura di Palermo
procede per le grandi associazioni, quella di Caltanissetta è
competente per le stragi. Ci sono «collaboratori» che forni-
scono materiale d'indagine per imbastire processi in una
procura e intanto li smontano nell'altra, confondono, riesco-
no a mettere i magistrati contro. Altri, liberi, tornano a sparare. Si pentono di essersi pentiti e vanno a caccia dei loro
vecchi nemici. Alcuni cominciano a parlare di «politica». Finiscono in un tritacarne.

Un trattamento molto speciale è riservato a Salvatore
Totò Cancemi, uno della Commissione. All'alba di un giorno
di luglio del 1993 si presenta spontaneamente in una caserma dei carabinieri e dice: «Sono latitante, voglio pentirmi».
La sua nuova esistenza di «collaboratore» si consuma quasi
tutta in un'altra caserma, misteriosamente seguito come
un'ombra da un vecchio maresciallo dei reparti speciali. Al-
l'ex mafioso della Cupola, a Palermo non faticano molto a
trovare un nome su misura: Totò Caserma.

È un bastione ottagonale, nascosto da una cancellata di ferro che circonda quasi diecimila metri quadrati di superficie. Dentro ci sono le cancellerie, le sale per gli avvocati, un bar, i minialloggi per la camera di consiglio dei giudici e dei giurati popolari. Un camminamento sotterraneo collega le «sezioni» dell'Ucciardone al gigantesco bunker, il passaggio obbligato per trasferire ogni mattina gli imputati carcerati nelle trenta gabbie disposte a semicerchio intorno all'aula. Tutti i vetri sono blindati. In alto, sospesi come gli anelli di uno stadio, ci sono le «zone» per il pubblico e per la stampa. Dal soffitto pendono telecamere sferiche, occhi elettronici agganciati a sottilissimi fili metallici. Davanti alle grandi porte corazzate c'è il corpo di guardia. Ogni documento e ogni accredito è microfilmato, anche l'oggetto più piccolo passa sotto il metal detector. È un Colosseo tecnologico. Il colore predominante è il verde.

Alla sesta udienza del maxiprocesso un'agenzia di viaggio siciliana organizza uno speciale tour di Palermo. Gli ori di Palazzo dei Normanni, i mosaici bizantini della Cappella Palatina, il chiostro del Duomo di Monreale e poi la «tappa» al bunker. I primi turisti segnalati all'aula verde vengono da Carpi, provincia di Modena.

# «Vi auguro la pace eterna a tutti voi»

Michele Greco

A Palermo c'è un bellissimo novembre. Il sole è caldo, una luce violenta entra nelle fessure dell'aula di acciaio e cemento dove si celebra il maxiprocesso. Sono duemila gli uomini in divisa che presidiano il bunker, duecentocinquanta solo per sorvegliarne l'interno, cinquecento per proteggere i collaboratori di giustizia e i loro familiari, i pubblici ministeri, i testimoni. I reparti mobili della polizia e i battaglioni dei carabinieri sono dislocati fra il porto e il quartiere Sampolo, dal mercato ortofrutticolo fino ai cantieri navali. L'ingresso principale dell'aula è in via Remo Sandron, accanto al vecchio gasometro. Le finestre di alcune case sono state murate. Molti abitanti della strada hanno assicurato i loro appartamenti contro danni da esplosione e assalto.

Sono passati quasi due anni dalla prima mattina, la pioggia e il vento del 10 febbraio 1986. Sono passati seicentotrentotto giorni, trecentoquarantanove udienze, milletrecentoquattordici interrogatori, milleottocentotrenta ore di discussione in dibattimento, seicentotrentasette ore di arringhe e cinquanta ore di requisitoria. Gli imputati sono quattrocentosettantaquattro.

In ventuno mesi di processo, in Italia si sono avvicendati tre governi. Craxi, ancora Craxi e poi Fanfani.

Palermo è più sporca, montagne di immondizia sfigurano le belle strade che incrociano con la via Ruggiero Settimo, il «salotto» della città. Il mare di Mondello è nascosto anche d'inverno. La spiaggia bianca non ha più varchi, chiusa dalla rete metallica di uno stabilimento balneare.

Palermo è inquieta, con il fiato sospeso aspetta il verdetto per i suoi boss. Il primo. L'unico. Mai prima, i mafiosi erano finiti sotto processo solo perché mafiosi.

Tutto è pronto per il gran conclave, la lunga Camera di consiglio che attende il presidente della Corte d'assise Alfonso Giordano, il giudice a latere Pietro Grasso, i sei giudici popolari ordinari e gli altri due supplenti.

Scorrono i ricordi della vita del bunker, nei pensieri degli imputati rinchiusi nelle gabbie. I faccia a faccia «all'americana» fra i grandi capi e i grandi pentiti, gli svenimenti veri e quelli finti, le paure, le urla, il dolore. Sono tutti lì in attesa i patriarchi e i picciotti delle borgate palermitane, aggrappati con le mani alle sbarre delle loro prigioni che a semicerchio guardano il banco dei giudici. Sembra uno zoo la grande aula verde diventata il simbolo del riscatto dell'altra Palermo. Gli avvocati sono piegati sulle carte e fanno la conta degli anni – 4756 – e degli ergastoli – 28 – appena chiesti dai pubblici ministeri Giuseppe Ayala e Domenico Signorino. E 45 richieste di assoluzione per insufficienza di prove, 4 richieste di amnistia, 6 richieste di estinzione del reato «per morte sopravvenuta dell'imputato».

La Corte sta per ritirarsi in camera di consiglio, sono gli ultimi attimi del primo maxiprocesso a Cosa Nostra. All'improvviso arriva dalle gabbie una voce roca, lontana. Viene dalla cella numero 22. È Michele Greco che parla. È il mafioso che chiamano «il papa». Vuole salutare la Corte.

Si alza in piedi, le sue mani si muovono seguendo il ritmo della voce. «Vi auguro la pace eterna a tutti voi, signor presidente, non sono parole mie ma parole del Nostro Signore» dice tenendo gli occhi bassi. E aggiunge: «Mi deve scusare signor presidente ma la pace e la serenità sono la base fondamentale per giudicare: io vi auguro che questa pace vi accompagni per il resto della vostra vita».

È un congedo sinistro. Sono le 11,15 dell'11 novembre 1987 e i giudici della prima Corte d'assise spariscono dietro una porta blindata.

# «Ditemi in che cosa avrei mafiato»

## Michele Greco

Sembra un signorotto di campagna. Ha maniere gentili, molto siciliane. Nella sua magnifica tenuta, la Favarella, invita conti e principi e generali. Una volta al banchetto c'è pure Sua Eminenza, il cardinale Ernesto Ruffini. Ci vanno tutti laggiù, nella borgata di Crocevederde Giardina, all'incrocio fra due strade che scendono ripide dalla montagna di Gibilrossa e finiscono proprio a sfiorare la sua masseria. È ammirato a Palermo, riverito. Quando gli altri sono già tutti latitanti da dieci anni, lui ha ancora il porto d'armi e il passaporto. È incensurato fino al 1982 «il papa della mafia» Michele Greco.

Per una *mangiata* e una *parlata* si incontrano sempre alla Favarella anche i boss delle nove province siciliane. Rosario Riccobono della piana dei Colli, Giuseppe Di Cristina di Riesi, Gaetano Badalamenti di Cinisi, Vincenzo Rimi di Alcamo. Si riuniscono al fresco da don Michele, quando devono «ragionare» sulle loro cose, decidere se *spegnere* qualcuno o *avvicinare* qualcun altro.

«È il capo della Commissione ma è un pupo dei Corleonesi» confessa Buscetta a Falcone. È il grande traditore, quello che pugnala alle spalle i suoi amici palermitani e consegna la Sicilia nelle mani di Totò Riina.

Un poliziotto che non ha neanche trent'anni, Calogero Zucchetto, s'inoltra da solo verso Croceverde Giardina e una settimana dopo lo fanno fuori. Il capo della sezione Catturandi Beppe Montana cerca i latitanti intorno alla Favarella e lo fanno fuori. E poi fanno fuori pure Ninni Cassarà, il capo dell'investigativa che firma il rapporto Michele Greco + 161, la prima pietra del maxiprocesso. Don Michele adesso è ricercato.

Si nasconde in un casolare. È solo, lui e un mulo fra le campagne di Caccamo. Un giorno lo vendono. Il Giuda che lo consegna ai carabinieri per duecento milioni al tramonto è morto.

Don Michele è in catene. Lo accusano di aver fatto saltare in aria il consigliere istruttore Rocco Chinnici, di avere «ratificato» in Commissione l'omicidio di un centinaio di uomini, di aver raffinato quintali di morfina base.

«La violenza non fa parte della mia dignità» fa sapere al primo interrogatorio in Corte d'assise. «Ditemi in che cosa avrei mafiato» grida al maxi ter, 122 imputati, uno dei tanti processi delle istruttorie di Falcone. Il dibattimento finisce con una sorprendente sentenza che grazia tutti. Si esalta il «papa della mafia». Del giudice che l'assolve dice: «Ha due palle come il mio mulo di Caccamo». Ma resta in carcere. Gli piovono addosso altre condanne.

Si dispera: «Mi accusano tutti solo perché il mio nome fa cartellone». Si sfoga: «Se anziché chiamarmi Michele Greco, mi chiamassi tanto per dire Michele Roccappinnuzza, io non mi troverei qui all'Ucciardone». Si tormenta: «Gli amici del diavolo non mi faranno più vedere il sole». Una mattina Falcone lo interroga e lui si rifiuta di rispondere. Gli sussurra soltanto: «Lei è il Maradona del diritto, quando prende la palla non gliela leva più nessuno».

È sepolto in un braccio dell'Ucciardone quando nelle sale cinematografiche di Palermo proiettano un film, *La saga dei Grimaldi*. È dedicato a lui, a don Michele. È la storia di un vecchio padrino della «mafia buona» travolto dalla violenza dei boss della «mafia cattiva». Quella della droga. Il nome d'arte del regista è Giuseppe Castellana, all'anagrafe è registrato come Giuseppe Greco. È suo figlio.

# «Socrate è uno che ammiro
## perché come me non ha scritto niente»

Luciano Liggio

«Dei giornali leggo solo la terza pagina. Racconti e qualche recensione. Il resto è falso. Oppure è l'apologia di qualcuno. E io nella mia vita non ho ancora trovato un giornalista degno di fiducia che fa integralmente e onestamente il proprio dovere. Il giorno che ne incontrerò uno, darò una festa. E poi io al segreto istruttorio non ci credo, non ho mai creduto perché alla fin fine non è tanto segreto. Ho finito per odiare i sarti da quando sento dire: il giudice si mantiene abbottonato... Insomma, finisco per odiare i sarti perché non sanno abbottonare questi vestiti dei giudici. Sembra che ci lasciano sempre gli occhielli aperti, non lo so, ma si aprono... Il mio mito l'ha creato la polizia, la polizia sostenuta dai giornalisti.»

«In quasi tutti i grandi uomini ho trovato una notevole incoerenza fra la loro vita e le loro opere... Io sono in pace con la mia coscienza. Penso che se esiste Dio lo dobbiamo cercare dentro di noi e vivere in maniera semplice, cercare l'equilibrio fra la materialità e la spiritualità che c'è in ognuno di noi. Vivere tutti i momenti in forma integrale, non rinnegando mai il male che c'è in noi e non esaltando mai il bene che c'è in noi. Ho letto Socrate, uno che ammiro perché come me non ha scritto niente. Ho letto i classici. E poi storia, filosofia, pedagogia. Ho letto Dickens, Dostoevskij, Croce. Mi sono occupato per due anni di sociologia. Ma mi ha deluso. Dà la diagnosi dei mali sociali ma non la cura.»

«Se per mafia e mafioso si intende tutto quello che hanno detto e descritto Tommaso Buscetta e tutti gli altri pentiti, allora io non c'entro per niente. Io non ho segreti, i miei sono... così... alla luce del sole... io ho sfiorato la legge... Mafia?

Mafioso? Io non so cosa sia la mafia. Quanto al termine mafioso, se lo si intende secondo la definizione del Pitré di cosa bella e magnifica – una ragazza bella a Palermo si diceva *mafiosa*, come *mafioso* si indicava un cavallo superbo – ebbene, anche se non mi reputo eccelso, dico che in questo senso, nel senso di uno che è bravo, se mi considerano un mafioso, la cosa mi fa onore anche se riconosco di non avere poi quei grandi requisiti.»

«Io non appartengo e non ho mai appartenuto a nessun clan e a nessun gruppo. Le squadre non mi piacciono e non mi sono mai piaciute. Anche nello sport preferisco le discipline individuali: il ciclismo, l'atletica, la boxe. La droga? Non so neanche che cosa sia la droga, io la conosco per averne letto qualcosa soltanto sui giornali. Io sono e sono sempre stato un grande agricoltore. E quando dico grande, intendo proprio grande. Conosco ogni branca del settore: dall'ulivo alla vite, dall'ortaggio, all'allevamento del bestiame. E non in forma teorica, ma in maniera pratica. Sono un agricoltore nato. E da agricoltore seguo con apprensione la situazione ecologica. Io sono per le energie pulite contro l'imbecillità del nucleare che prima o poi ci porterà alla catastrofe ecologica. Alla morte.»

# «Non siamo stati noi»

## Giovanni Bontate

C'è buio a San Lorenzo, palazzi incastrati uno con l'altro in una piana dove una volta c'erano ville di tufo giallo e limoni. Claudio ha undici anni. Sta andando a comprare il pane prima di tornare a casa. Cammina a passo veloce sul marciapiedi, alle sue spalle si ferma qualcuno. È su una moto, una Kawasaki. L'uomo lo chiama per nome e gli ordina: «Vieni qui». Il bambino è confuso, non capisce. L'uomo ha in mano una pistola automatica calibro 7,65. *Pum*. Un colpo solo alla fronte. Così muore a Palermo, verso le 21 del 7 ottobre 1986, Claudio Domino.

C'è l'ordine di non sparare in città, la mafia è sotto processo al bunker. L'omicidio strappa un silenzio che dura ormai da mesi. Da febbraio, da quando è cominciato il maxi. È l'omicidio di un bambino. Fa tremare tutti. Anche i mafiosi. Perché l'hanno ammazzato? «Perché ha visto qualcosa che non doveva vedere» spiegano gli investigatori sconcertati. I conti però non tornano.

A Palermo non vola una mosca e a San Lorenzo fanno strazio di Claudio. Chi è stato? Un tossico? Un balordo? Un rapinatore solitario, uno di quei disperati dello Zen – la Zona espansione nord, il ghetto dei ghetti di Palermo – che ogni tanto scendono famelici in borgata per raccattare qualche soldo?

Il padre della piccola vittima è impietrito, sopraffatto dal dolore. Si chiama Antonio, prima faceva l'impiegato all'azienda telefonica e poi con i risparmi ha aperto insieme alla moglie Graziella una cartoleria a San Lorenzo. Lo interrogano nella notte. I poliziotti scoprono che Antonio ha anche un'impresa di pulizie, La Splendente, proprio quella che ha vinto l'appalto nell'aula bunker. C'è una pista. S'indaga sui boss del maxiprocesso.

La mattina dopo la morte di Claudio il dibattimento in Corte d'assise comincia con qualche minuto di ritardo. C'è un imputato che chiede la parola al presidente Alfonso Giordano. È Giovanni Bontate. Ha un annuncio da fare.

«Signor presidente, anche noi abbiamo figli... noi non c'entriamo niente con questo omicidio, non siamo stati noi, è un delitto che ci offende e ci offende ancora di più il tentativo della stampa di attribuirne la responsabilità agli uomini processati in questa aula...»

È la prima volta che un mafioso siciliano pronuncia quella parola: noi. Noi vuol dire *noi mafiosi.* È un proclama di esistenza in vita dell'organizzazione, di Cosa Nostra. Una confessione pubblica, ufficiale. A nome di tutti gli imputati del maxiprocesso. È una dichiarazione senza precedenti per gli uomini d'onore. Per di più fatta non da uno qualunque, ma dall'avvocato Giovanni Bontate, il fratello di Stefano, il principe di Villagrazia, il più carismatico dei boss di Palermo prima dell'avvento dei Corleonesi.

Un mese dopo l'omicidio di Claudio Domino scompare a Palermo Salvatore Graffagnino, un rosticciere. Lupara bianca. I mafiosi scoprono che a far uccidere Claudio è stato lui. Il movente: è l'amante della madre di Claudio e Claudio li ha visti insieme. Una storia infame.

Un anno dopo Giovanni Bontate è agli arresti domiciliari nella sua bella villa. È mattina, l'avvocato e sua moglie Francesca bevono il caffè. I killer scivolano nel giardino, entrano in cucina e poi aprono il fuoco. Li uccidono tutti e due.

«È stato punito anche per quel comunicato nell'aula bunker, Giovanni è andato contro le regole» racconta Francesco Marino Mannoia, il primo pentito dei Corleonesi che comincia a parlare dei morti di Palermo.

# «Quello era un processo politico, bisognava pagare il prezzo»

Gaspare Mutolo

Il grande processo di Palermo è finito. Dopo ventidue mesi dalla prima udienza c'è il verdetto: gli ergastoli sono 19, gli anni di carcere 2665. È la sera del 16 dicembre 1987, gli uomini d'onore rinchiusi nelle gabbie vedono entrare nell'aula bunker il presidente della Corte d'assise Alfonso Giordano e poi restano senza fiato: «Salvatore Riina, ergastolo. Bernardo Provenzano, ergastolo. Francesco Madonia, ergastolo. Salvatore Montalto, ergastolo. Michele Greco, ergastolo. Giovanbattista Pullarà, ergastolo. Antonino, Giuseppe e Filippo Marchese, ergastolo. Benedetto Santapaola, ergastolo. Giuseppe Lucchese, ergastolo. Giuseppe Calò, 23 anni. Giuseppe Bono, 23 anni. Bernardo Brusca, 23 anni. Mariano Agate, 22 anni. Salvatore Greco, 18 anni. Antonino Rotolo, 18 anni. Gaspare Mutolo, 10 anni. Vincenzo Puccio, 10 anni. Giuseppe Giacomo Gambino, 8 anni. Giacomo Riina, 7 anni e 6 mesi. Giuseppe Leggio, 7 anni. Leoluca Bagarella, 6 anni...».

Per la prima volta in Italia, la mafia siciliana è sconfitta in un'aula di giustizia. Tutta. Dai suoi soldati ai capi. È una sentenza storica: l'istruttoria del giudice Falcone ha «retto» in dibattimento. Molti imputati sono condannati solo per associazione mafiosa, «solo» perché sono uomini d'onore. È un capovolgimento da brividi, uno stravolgimento dell'ordine di quanto era accaduto vent'anni prima nei dibattimenti di Catanzaro e di Bari, i grandi processi di mafia celebrati per *legitima suspicione* fuori dalla Sicilia.

«Così doveva andare in Corte d'assise. Lo sapevamo che quello era un processo politico, bisognava pagare il prezzo. La condanna fu una mazzata ma nessuno se ne ebbe a male fino in fondo. L'Appello sarebbe andato meglio. Ci sarebbe stata quell'*aggiustata* capace di fare annullare tutto in Cassazione...» racconta Gaspare Mutolo.

«Quando iniziò il maxiprocesso, era evidente per tutti noi uomini d'onore che l'andamento e l'esito sarebbero stati quelli desiderati dal governo di Roma. Il governo doveva dimostrare di dare un duro colpo a Cosa Nostra e dare soddisfazione all'opinione pubblica nazionale e di tutto il mondo, indignata per i delitti che erano stati commessi a Palermo. Il segnale che arrivava in carcere era quello di avere pazienza, poiché vi era questa necessità politica... Queste assicurazioni erano fondate su fonti politiche e avvocati.»

Il 10 dicembre del 1990, in Appello gli ergastoli diventano 12, gli anni di carcere scendono a 1576. Le motivazioni dei giudici di secondo grado smontano in parte «l'unicità del comando di Cosa Nostra» rivelata da Buscetta a Falcone. In sostanza la Commissione non viene giudicata responsabile di tutti i delitti eccellenti.

Ricorda ancora Mutolo: «La sentenza della Corte di Appello è stata buona perché, in qualche modo, ha rotto il teorema, il teorema della Commissione. Naturalmente in Cassazione non dovevano esserci problemi... Riina ci faceva sapere di "stare tranquilli"... e poi, poi conoscevamo l'orientamento del giudice Corrado Carnevale della prima sezione della Cassazione e questo per noi era un fatto pacifico».

# «Per me il giudice Carnevale è giusto come papa Giovanni»

Pieruccio Senapa

Il portone dell'Ucciardone è aperto, i mafiosi stanno uscendo. Il primo che supera la stanza della «matricola» è Salvatore Rotolo, un sicario di corso dei Mille. Lo chiamano Anatredda, piccola anatra. È stordito dall'aria della libertà, sono otto anni che sta là dentro. Da quando l'hanno preso per l'omicidio di Paolo Giaccone, il medico legale. C'è una piccola folla di parenti davanti al carcere. Aspettano. Anatredda fa scivolare a terra il borsone che stringe nella mano e va incontro a un'anziana donna. L'abbraccia. È la madre. Poi anche lui aspetta di fronte all'Ucciardone. Aspetta il suo inseparabile amico Pieruccio.

Passano pochi minuti ed esce finalmente anche Pieruccio Senapa, condannato per quattro omicidi. È elegantissimo, in giacca blu. Sale su un'auto, saluta un compare, poi si volta verso i giornalisti che lo inseguono e dice: «Per me il giudice Carnevale è giusto come papa Giovanni».

In quel freddo pomeriggio del 18 febbraio del 1991, uno dopo l'altro sono liberi quarantatré mafiosi. È una lista che fa venire i brividi: il «papa» Michele Greco, il trafficante dell'Arenella Stefano Fidanzati, il capo della famiglia di Mazara del Vallo Mariano Agate, il killer di Ciaculli Mario Prestifilippo.

Sono liberi per legge, la legge del presidente della prima sezione penale della Cassazione: Sua Eccellenza Corrado Carnevale. Per molti mafiosi condannati al maxiprocesso, fra il primo grado e l'Appello, sono scaduti i termini di custodia cautelare. Difesa e accusa si scontrano sull'interpretazione di una norma, la disputa si gioca su un cavillo. Gli avvocati dei boss sostengono che per gli imputati in custodia cautelare vanno contati i giorni dedicati alle udienze e alla deliberazione della sentenza, i pubblici ministeri ribattono che c'è un articolo del codice di procedura penale – il 297 – che congela automaticamente i termini. La controversia finisce in Cassazione. Il giudice Carnevale dà ragione agli avvocati.

Il presidente della Commissione parlamentare antimafia Luciano Violante scrive al ministro di Grazia e giustizia Claudio Martelli: «Lei conosce gli errori più gravi della prima sezione penale della Cassazione, cosa rende intangibile questo potente magistrato?».

Giorgio Bocca si appella al capo dello Stato Francesco Cossiga: «Caro presidente, che cosa devono credere gli italiani? Che Carlo Alberto dalla Chiesa finì ammazzato in quel modo solo perché aveva fatto saltare la mosca al naso a un mafiosetto di nome Santapaola... mentre hanno visto giusto quei magistrati di Cassazione per i quali la Cupola è una favola?».

I boss tornano in libertà. Giovanni Falcone ha appena lasciato Palermo. Dopo dieci anni nel bunker dell'ufficio istruzione e altri due come procuratore aggiunto, il magistrato siciliano è nominato direttore generale degli Affari penali del Ministero di Grazia e giustizia. La mafia brinda. Per Falcone che se ne va. E per quei quarantatré imputati che lasciano con una beffa il carcere. Settantadue ore. Tanto è lunga la loro libera uscita. I sicari di corso dei Mille e i capi delle famiglie vengono ripresi tre giorni dopo. E rinchiusi ancora all'Ucciardone. È un colpo di scena.

Il ministro Martelli firma in gran segreto un decreto per riportarli dentro. Un provvedimento che a Palermo lascia tutti di sasso. Per i boss è «il mandato di cattura del governo».

# «Le cose sono sempre trubbole»
## Giuseppe Gambino detto Joe

Il giudice Giovanni Falcone è solo. A Palermo e a Roma. A Palermo i suoi colleghi lo detestano, lo temono, gli fanno la guerra. Il tribunale siciliano è pieno di corvi e di talpe, lettere anonime, spie. Nei titoli dei giornali è «il Palazzo dei veleni». A Roma il Consiglio superiore della magistratura sceglie il consigliere istruttore al posto di Antonino Caponnetto, quello che ha sostituito Rocco Chinnici e ha ufficialmente costituito il pool antimafia. Non è Falcone. È la fine della primavera del 1988. E sembra anche la fine delle grandi inchieste su Cosa Nostra.

Il procuratore capo di Marsala Paolo Borsellino lancia un atto d'accusa contro chi vuole fermare tutto, Falcone minaccia le dimissioni, interviene il capo dello Stato Francesco Cossiga. Il clima è incandescente: salta il capo della squadra mobile, salta il suo vice, salta il questore di Palermo. A Palazzo dei Marescialli sfilano come testimoni decine di magistrati. Sono mesi di polemiche, di sospetti. C'è anche tanta paura. Alla fine dell'estate il «caso Palermo» è archiviato dal Csm. Ma non dagli uomini d'onore.

I mafiosi seguono attentamente l'aggrovigliata vicenda politico-giudiziaria italiana, avvertono l'ostilità crescente intorno a Giovanni Falcone, auspicano un suo isolamento istituzionale sempre più netto e sperano nell'entrata in vigore del nuovo codice.

Ne parlano al telefono Giuseppe Joe Gambino, della potente famiglia siculo-americana dei Gambino, e un suo socio, un trafficante di stupefacenti rimasto anonimo. Joe riceve la telefonata al Caffè Giardino, il quartiere generale di John Gotti a Brooklyn.

Anonimo: «Come va?».

Joe: «Sei tornato da Palermo?».

Anonimo: «Sì, l'altro ieri».

Joe: «E le cose, le cose come vanno là in Sicilia, eh?».

Anonimo: «Le cose sono sempre *trubbole*, inguaiate...».

Joe: «Poi quello... Falcone... che ha fatto?... Si è dimesso?».

Anonimo: «No, là le cose si sono appianate e quello ha ritirato le dimissioni. È tornato dove stava prima a fare quello che faceva prima».

Joe: «Merda!».

Anonimo: «Adesso hanno pure approvato o stanno approvando una legge nuova, adesso non possono più fare i processi come prima. Adesso la legge vuole che uno sia visto o che sia trovato che faccia... non bastano più queste cose che fanno adesso... non possono più arrestare la gente come vogliono loro, prima devono trovare le prove, lo devono prima condannare e poi arrestare...».

Joe: «Ah, ma allora è come qui in America?».

Anonimo: «No, è *megghiu*, è *megghiu* assai. Adesso quei cornuti dei giudici, degli sbirri e dei poliziotti, se lo devono sognare di arrestare qualcuno come fanno adesso...».

Joe: «Ah, i poliziotti *intra ù culu sa pigghiaru*... per cui pure quell'altro che è tornato... Falcone... non può fare niente più? Allora stanno bene anche loro, i nostri là... bene, bene... *intra ù culu sa pigghiaru*...».

Anonimo: «Sì, *intra ù culu sa pigghiaru*...».

*Palermo, 14 metri sul livello del mare, latitudine 38°, longitudine 13°, 665.434 abitanti, è la quinta città d'Italia – dopo Roma, Milano, Napoli e Torino – e la trentunesima d'Europa. La sua patrona è Santa Rosalia. La sua storia cambia il giorno che uccidono Salvo Lima.*

# «L'antimafia non deve fare il gioco della mafia»

## Salvo Lima

Domanda del cronista: «Allora, onorevole Lima, per ogni cadavere eccellente che cade a Palermo, si parla sempre di lei».

Risposta di Salvo Lima: «È la solita vergogna. Con la mafia io non c'entro niente e voglio chiarirlo una volta per tutte».

Cronista: «Quindi sono tutte invenzioni?».

Lima: «Evidentemente».

Cronista: «Come giudica tutto quello che è accaduto di recente a Palermo?».

Lima: «Come siciliano sono profondamente addolorato, come uomo politico sono molto critico nei confronti dello Stato che non ha ancora capito la reale dimensione del fenomeno».

Salvo Lima è il siciliano più difficile da intervistare. Il massimo del suo pensiero conosciuto è raccolto in una frase: «Palermo è bella, facciamola più bella».

È anche il siciliano più potente. Non parla mai con la grande stampa nazionale, è sempre irraggiungibile. Quando ha qualcosa da dire la dice solo ai fogli locali. Come fa l'11 settembre 1980.

Il gruppo democristiano europeo è riunito a Taormina e Salvo Lima «andreottiano di ferro... fa gli onori di casa spiegando ai colleghi le problematiche di questa regione del profondo Sud... e a quanto pare ha fatto un figurone...».

Un'altra intervista la rilascia il 28 giugno 1987. La Dc siciliana è divisa. Salvo Lima: «Basta con chi si alza la mattina e decide chi sono i buoni e chi sono i cattivi, l'antimafia non deve fare il gioco della mafia, io sono decisamente per un chiarimento completo su passato, presente e futuro».

Il 23 marzo 1988 è sfiorato dalle accuse del pentito Antonino Calderone per i suoi legami con Nino e Ignazio Salvo, i padroni delle esattorie nell'isola, finanziatori della corrente andreottiana della Dc siciliana. Lima si concede ancora al foglio di Palermo: «Ricorre di continuo un accostamento tra me e i cugini Salvo. Questa conoscenza, comune a tantissimi altri, viene confusa con un sodalizio politico inesistente... Posso dire soltanto di non avere mai partecipato né alla stesura né all'approvazione delle leggi di concessione delle esattorie ai Salvo». E aggiunge: «Troppo spesso capita che, pur di criminalizzare un dissenso, si ricorra al facile scandalismo, alla costruzione dei sospetti più odiosi e gratuiti».

Salvo Lima è deputato al Parlamento europeo, sindaco di Palermo è stato per due volte: dal 1959 al 1963 e poi dal 1965 al 1968. Considerato «molto vicino» ad ambienti mafiosi, alcuni pentiti di Cosa Nostra dicono che anche lui «è la stessa cosa»: un uomo d'onore. Francesco Marino Mannoia fa sapere che è della famiglia di Matteo Citarda, quella di viale Lazio.

Il 12 marzo 1992 i Corleonesi lo ammazzano lungo uno dei vialetti di Mondello. È una vendetta «per non avere garantito il buon esito del maxiprocesso». Gli sparano alle spalle, come si fa con i traditori.

# «Stanno ritornando»

## Salvo Lima

«Il 12 marzo 1992, alle ore 9,45, giungeva al 113 della locale Questura la segnalazione che, nella via delle Palme in Mondello – località balneare di Palermo – era stato commesso un omicidio.»

«L'equipaggio di una "volante", subito giunto sul posto, notava a terra il cadavere di una persona, immediatamente identificata per l'on. Salvo Lima, nonché la presenza di due altre persone, il prof. Alfredo Li Vecchi ed il dott. Leonardo Liggio: questi dichiaravano di essersi trovati in compagnia dell'on. Lima, al momento dell'agguato, e precisamente a bordo dell'autovettura Opel Vectra, targata PA A4466, di proprietà del Li Vecchi.»

«Smistato l'allarme, sul posto giungevano i magistrati della Procura della Repubblica presso questo Tribunale e gli ufficiali di p.g. della Polizia e dei Carabinieri. Dopo i primi accertamenti, il cadavere veniva trasportato all'Istituto di Medicina Legale dell'Università di Palermo per eseguire l'autopsia, e si procedeva subito ad escutere i testimoni, a raccogliere tutti gli elementi di "generica", ad operare perquisizioni nell'abitazione e negli uffici della vittima a Palermo, a Roma e presso la sede del Parlamento europeo in Strasburgo.»

«Il prof. Li Vecchi dichiarava che quella mattina, come spesso accadeva in periodo pre-elettorale, aveva prelevato l'on. Lima presso la sua villa di Mondello per accompagnarlo a vari appuntamenti: quel giorno, avrebbero dovuto recarsi al Palace Hotel di Mondello per preparare l'imminente visita dell'on. Andreotti a Palermo. Dopo pochi minuti, era sopraggiunto il dott. Leonardo Liggio ed insieme erano saliti sulla Opel Vectra del Li Vecchi per raggiungere il Palace Hotel.»

«Subito dopo essere partiti ed aver percorso un breve tragitto, erano stati affiancati da una moto di grossa cilindrata, con due persone a bordo, una delle quali aveva esploso diversi colpi di arma da fuoco, inducendo il Li Vecchi – che si trovava alla guida – a bloccare l'autovettura; nel contempo, il Lima aveva gridato "stanno ritornando" e tutti e tre gli occupanti si erano precipitati fuori dall'abitacolo, cercando di fuggire e dirigendosi istintivamente in direzione opposta al senso di marcia dell'autovettura.»

«Il Li Vecchi ed il Liggio avevano trovato riparo dietro ad un cassonetto della spazzatura e subito si erano accorti che il Lima era disteso a terra, bocconi, privo di vita. I due testi non erano in grado di descrivere meglio la moto né i due killers, che si trovavano a bordo della stessa, entrambi muniti di "caschi integrali"; erano certi di non avere notato nulla di insolito e di sospetto sia quella mattina sia nei giorni precedenti.»

«In sede di autopsia, si accertava che la morte del Lima era stata causata da un colpo di revolver al cranio, con direzione da dietro in avanti, da destra verso sinistra, entro o poco oltre il limite di 60 cm circa.»

«Nella casa e negli uffici dell'on. Lima si rinveniva varia documentazione riguardante la lunga attività politica del medesimo, ma non emergeva nulla di utile, però, alle indagini per la scoperta della causale del delitto.»

«In relazione all'omicidio dell'on. Lima, pervenivano al 113 alcune telefonate anonime. Una di queste, giunta alle ore 10.15 dello stesso 12 marzo, riferiva che gli autori del delitto si trovavano a Partinico; un'altra – delle ore 15,42 dello stesso giorno – precisava che "la lista non si ferma a Lima"...»

# «Quel giudice è uno che sente la retinata»

## Salvatore Cancemi detto Totò Caserma

«È stata Cosa Nostra a uccidere l'onorevole Salvo Lima, ed è stato Totò Riina a deciderlo perché Lima non aveva mantenuto le promesse. Soprattutto, Lima non ci aveva garantito al maxiprocesso. Io l'ho sentito con le mie orecchie Totò Riina lamentarsi per quelle promesse non mantenute...»

«Per tanto tempo Totò Riina ci aveva rassicurato tutti, diceva a tutti noialtri che il maxiprocesso sarebbe andato bene, perché sarebbe stato annullato in Cassazione. Quando invece poi il processo andò male, Totò Riina disse che ciò era avvenuto a causa di un intervento del giudice Falcone. Non ci spiegò che cosa aveva fatto Falcone. Di questo intervento del giudice Falcone mi parlarono anche Salvatore Biondino, Raffaele Ganci e Michelangelo La Barbera.»

«Quando Totò Riina diceva che il maxiprocesso sarebbe andato bene in Cassazione, uno dei motivi era quello che vi era fiducia nel giudizio del dottore Corrado Carnevale. Si sapeva quale era l'orientamento della prima sezione della Cassazione, ma in Cosa Nostra si diceva che il dottore Carnevale era anche un giudice a cui si poteva *arrivare*... Il giudice Carnevale era uno che *sente la retinata*, voglio dire che sente le redini. Per quanto riguarda il modo in cui si pensava di arrivare al presidente Carnevale, mi dissero Riina e Ganci e La Barbera che ci si poteva arrivare attraverso l'interessamento dell'onorevole Salvo Lima e dell'onorevole Giulio Andreotti. L'onorevole Salvo Lima era "in mano" a Salvatore Buscemi, il capo della famiglia e del mandamento di Boccadifalco.»

«Sono stato informato prima dell'omicidio Lima, eravamo in una riunione convocata da Totò Riina nella villa di Girolamo Guddo. C'erano anche Raffaele Ganci e Salvatore Biondino. Totò Riina ci disse che "questa cosa non se la poteva tenere" e che "doveva rompere le corna" all'onorevole Lima. Disse proprio così: "Bisogna uccidere quel cornuto dell'onorevole Lima". Raffaele Ganci mi raccontò che, dopo la sentenza di primo grado al maxiprocesso, Totò Riina si interessò per ottenere in secondo grado un verdetto più favorevole. Secondo quanto diceva il Ganci, Totò Riina aveva avuto la promessa che sarebbero state tolte tutte le condanne all'ergastolo.»

«In effetti, il secondo grado tolse gli ergastoli ad alcuni uomini d'onore come Bernardo Provenzano e Giuseppe Lucchese, ma non a Totò Riina. Raffaele Ganci a questo proposito commentò: "Levare l'ergastolo a Totò Riina sarebbe stato come la fine del mondo"...»

«Quando invece, nel gennaio del 1992, la Cassazione confermò le condanne, Totò Riina impazzì... l'omicidio dell'onorevole Lima fu la prima conseguenza. Poi, Riina, mirando a una revisione del processo, cominciò a tentare tutte le vie possibili per screditare i pentiti. Era convinto di arrivare alla revisione del maxiprocesso. Dopo il suo arresto, la sua strategia per screditare i pentiti è stata continuata da Bernardo Provenzano.»

«È stato sempre Raffaele Ganci a confidarmi che Provenzano si stava interessando a far abrogare o a far modificare la legge sui pentiti. Bernardo Provenzano ha sempre avuto con esponenti del mondo politico rapporti anche più forti di quelli di Totò Riina... Provenzano è *infilato* dappertutto...»

*La Corte assolve il senatore a vita Giulio Andreotti. La Corte assolve Sua Eccellenza il giudice Carnevale. Il primo esce di scena nel 2004, dopo undici anni di processo, con una prescrizione in ordine al reato di associazione a delinquere di tipo semplice e con la formula dubitativa in ordine al reato di associazione a delinquere di tipo mafioso. È l'articolo 530 secondo comma del Codice di procedura penale. Con il vecchio rito Andreotti sarebbe stato assolto per «insufficienza di prove». Il giudice Corrado Carnevale, imputato di concorso esterno in associazione mafiosa, dopo un'assoluzione in primo grado e una condanna a sei anni di reclusione in appello, viene definitivamente scagionato da ogni accusa alla fine del 2002.*

# «Salutò con un bacio tutti e tre»
## Baldassare Di Maggio detto Balduccio

«All'appuntamento Totò Riina arrivò con un'utilitaria, salì sulla mia Golf dicendomi che dovevamo andare da Ignazio Salvo. Quando siamo arrivati al cancello del garage del palazzo dove abitava Ignazio Salvo, trovammo Paolo Rabito che ci aprì il cancello e poi ci fece posteggiare la macchina nel garage. Io, Totò Riina e Rabito salimmo con l'ascensore nella casa di Salvo, lui ci fece entrare, facendoci percorrere un corridoio fino in fondo. Sulla destra c'era una stanza, e lì ci fece entrare. Lì dentro c'erano Giulio Andreotti e l'onorevole Salvo Lima. Tutti e due si alzarono e ci salutarono.»

«Io strinsi la mano ad Andreotti e a Salvo Lima e baciai Ignazio Salvo, che pure avevo già salutato prima. Totò Riina invece salutò con un bacio tutti e tre gli uomini: Andreotti, Lima e Salvo. Subito dopo io andai via, insieme a Paolo Rabito, in un'altra stanza. Li lasciammo soli. La stanza dove vidi Giulio Andreotti era in realtà un salone, almeno due vani, con un pavimento in legno e in parte coperto da tappeti... entrando si vedeva sulla sinistra una grande libreria, c'era poi un divano che dava le spalle alla scrivania, una poltroncina...»

«Rimasi ad aspettare per circa tre ore, tre ore e mezza. Poi venne e chiamarmi Ignazio Salvo e tornai nel salone, salutai le persone che erano ancora presenti, cioè il senatore Andreotti e l'onorevole Lima, stringendo la mano. E me ne andai con Totò Riina. Ci accompagnò fino all'ascensore Ignazio Salvo e con noi scese ancora Paolo Rabito per aprirci il cancello.»

«Neanche durante il viaggio di ritorno Totò Riina mi disse nulla sul contenuto del colloquio che aveva avuto in quella casa. Parlammo di altre cose, ricordo che mi chiese notizie di suo "compare", cioè Bernardo Brusca. E poi anche della mia famiglia.»

«Penso, ma si tratta solo di una mia deduzione basata su un colloquio precedente con Ignazio Salvo avvenuto circa quindici giorni prima, che l'argomento dell'incontro fosse quello del maxiprocesso. Ricordo che Ignazio Salvo era agli arresti domiciliari. Non posso indicare esattamente in quale fase fosse il maxiprocesso ma credo piuttosto avanti, comunque verso un modo sfavorevole agli imputati...»

«Io sono assolutamente sicuro di avere riconosciuto il senatore Giulio Andreotti e anche l'onorevole Salvo Lima, che avevo visto molte volte in televisione. Non li avevo mai visti di presenza. Né li rividi più. Dopo quell'incontro non rividi più nemmeno Ignazio Salvo.»

«Non so come fossero arrivati a casa dei Salvo i due parlamentari. Non notai auto di rappresentanza per strada, né uomini delle scorte. Nella casa di Ignazio Salvo non vidi altre persone. Dopo l'incontro di cui ho parlato Totò Riina mi raccomandò che la cosa restasse assolutamente segreta, facendomi con la mano il gesto di chi chiude a chiave una porta, per dire che era un discorso di cui non dovevo parlare con nessuno, neanche con Bernardo Brusca...»

«Totò Riina in persona mi ha detto più volte che non è possibile che un uomo politico, di qualsiasi livello, diventi un uomo d'onore. Non è possibile nemmeno che un uomo d'onore cominci a fare politica... C'è un disprezzo di Cosa Nostra verso gli uomini politici, che non vengono ritenute persone della serietà necessaria per far parte della nostra organizzazione.»

«Io ho interpretato il bacio fra Andreotti e Riina come un segno di rispetto "finché le cose vanno nel verso giusto"... La mia impressione, ma è solo un'impressione, è quella che i tre si conoscessero già.»

# «Quella gobba è piena di omicidi»

## Orlando Galati Giordano

«Nel settembre del 1992 io mi trovavo detenuto nella casa di reclusione dell'Asinara, al padiglione Fornelli, esattamente alla seconda sezione. Ero nella cella numero 22 insieme a Cosimo Vernengo, Antonino Marchese, fratello di Pino Marchese. Con noi in cella c'era anche un tale Rapisardi di Gela... Ricordo che Antonino Marchese mi parlava spesso del fratello Pino, nel senso che ogni volta che leggeva il suo nome sul giornale o lo vedeva in televisione si arrabbiava, perdeva il controllo... Per Antonino Marchese era un motivo di disonore, non poteva proprio capacitarsi che Pino avesse scelto quella strada... pentito... Ne parlava spesso cercando conforto da parte mia, avrebbe voluto incontrarlo, aveva sollecitato, ma inutilmente, un confronto con lui. Ricordo però che mi disse che Pino diceva la verità su tantissime cose, e che solo una minima parte delle dichiarazioni del fratello ai magistrati non erano giuste.»

«Una volta mi disse anche che Pino diceva la verità sul conto del senatore Andreotti. Non mi specificò cosa, non disse altro.»

«Antonino Marchese seguiva con attenzione tutte le cose che diceva suo fratello come collaboratore di giustizia, cercava di procurarsi le copie delle sue dichiarazioni. Un giorno è tornato da un'udienza a Roma... era stato là una settimana con Giuseppe Madonia e Pippo Spada... è tornato in cella con un pacco di fogli dattiloscritti... Riferendosi sempre al senatore Giulio Andreotti, in tono scherzoso, Antonino Marchese mi disse in siciliano: "La vedi la gobba che ha sulle spalle? È piena di omicidi"...»

«E poi aggiunse anche che Giulio Andreotti e l'onorevole Claudio Martelli avevano ormai la coda di paglia e, riferito a Martelli e ai provvedimenti che aveva preso dopo le stragi di Capaci e di via D'Amelio, disse che prima gli era piaciuto venire all'Ucciardone, alla nona sezione, a prendersi voti e soldi. E che poi, invece, aveva fatto approvare il 41 bis e le norme a favore dei collaboratori di giustizia.»

«Il Marchese era comunque convinto che quelle leggi non sarebbero durate a lungo e che, entro tre o quattro anni, sarebbero state tutte cancellate. Fece un esempio di quando alcuni anni prima i Palermitani li avevano portati tutti a Pianosa, per poi farli tornare qualche mese dopo tutti in carceri "normali"...»

«Io di solito non facevo mai domande ad Antonino Marchese. Era lui che cominciava sempre a parlare. Io mi limitavo soltanto ad ascoltare i suoi discorsi, i suoi sfoghi...»

# «Di uomini come lui ce ne voleva uno per ogni strada di ogni città italiana»

Tommaso Buscetta

I Rimi sono per Alcamo quello che Gaetano Badalamenti è per Cinisi, Paolino Bontate è per la borgata di Santa Maria del Gesù, Michele Greco è per Croceverde. Sono uomini d'onore venerati, padroni della vita e della morte degli altri. Sono tutto.

Vincenzo Rimi è il patriarca. Filippo il suo primogenito, Natale l'altro figlio. Sono imparentati con i Badalamenti, Filippo è cognato di don Tano. Vincenzo e Filippo sono in carcere, condannati all'ergastolo per l'omicidio di Salvatore Lupo Leale. Ma comandano, comandano sempre i Rimi. In libertà c'è solo Natale, fa l'impiegato all'economato del Comune di Alcamo, un paesone fra Palermo e Trapani.

Nel 1970, all'improvviso, Natale viene trasferito «d'ufficio». In quarantotto ore, da oscuro impiegato al municipio di Alcamo è funzionario alla Commissione di controllo della regione Lazio. È scandalo. Il nome dei Rimi, sino ad allora sconosciuto fuori dalla Sicilia, finisce sui titoli dei grandi giornali italiani. La procura di Roma ha trenta bobine di nastro magnetico dove sono registrate le voci di Filippo Rimi e di alcuni parlamentari, avvocati, trafficanti di stupefacenti, pezzi grossi dei ministeri. La Commissione antimafia acquisisce dal Guardasigilli fascicoli sui detenuti Vincenzo e Filippo Rimi. Sono tutte «segnalazioni» inviate al ministro della Giustizia Oronzo Reale per un trasferimento da un carcere all'altro, raccomandazioni di «personalità» per lo più rimaste ignote.

«È stata vivamente segnalata l'aspirazione del Rimi a essere trasferito a Ragusa...»

«Premure perché i Rimi rimangano insieme a Perugia...»

«Rinnovate, vivissime premure perché Rimi Filippo sia trasferito, anche temporaneamente, da Noto a Ragusa...»

I Rimi *conoscevano* a Palermo. E anche a Roma.

Comincia così Tommaso Buscetta a ricordare i Rimi di Alcamo: «Un giorno, quando ero in Brasile con Gaetano Badalamenti – nel 1982 o nel 1983 –, lui mi raccontò che si era incontrato personalmente con Giulio Andreotti, un incontro per l'interessamento di Andreotti per un processo che riguardava suo cognato, Filippo Rimi. Prima era stato condannato all'ergastolo, ma poi in effetti il giudizio della Cassazione fu favorevole».

Aggiunge Buscetta: «Gaetano Badalamenti, uno dei Rimi, uno dei cugini Salvo di Salemi, ma non ricordo quale, se Nino o Ignazio, andarono nell'ufficio di Andreotti. Tano mi disse che Andreotti si era personalmente congratulato con lui, dicendogli che di uomini come lui ce ne voleva uno per ogni strada di ogni città italiana».

È l'11 settembre 1992 quando Tommaso Buscetta, otto anni dopo le sue prime dichiarazioni al giudice Falcone e quattro mesi dopo la strage di Capaci, torna a parlare con i procuratori di Palermo. Decide di dire quello che non ha detto nel 1984. Parla dei rapporti tra mafia e politica, parla di Salvo Lima, di deputati e senatori amici degli uomini d'onore. Con i Rimi di Alcamo si apre il capitolo ventiduesimo – i «processi aggiustati» – della memoria depositata dal pubblico ministero di Palermo nel procedimento penale numero 3538/94 «instaurato nei confronti di Giulio Andreotti, nato a Roma il 14.1.1919, per il reato di cui all'articolo 416 CP (fino al 28 settembre 1982) e per il reato di cui all'articolo 416 bis CP (dal 29 settembre 1982)...».

Associazione a delinquere semplice e associazione a delinquere di tipo mafioso.

# «Una volta lo chiamavo Masino, adesso gli direi: signor Buscetta»

## Gaetano Badalamenti

«Era il 1989 e mi trovavo al palazzo della procura di New York. Avevo appena finito un interrogatorio, a farmi le domande erano Antonio Manganelli, che oggi è questore di Napoli, e Gianni De Gennaro della polizia. Li saluto, comincio a camminare lungo un corridoio, all'improvviso da una porta aperta si sente una voce, la voce di Buscetta: "Ehi, Tanino, come va?". Gli dico: "Oh, grandissimo disonorato, pensavi che trattandomi così io mi mettessi a piangere?". E lui: "No, non c'entra, non l'avrei mai fatto per questo, ti conosco". E io: "Capitolo chiuso". Una volta lo chiamavo Masino, adesso gli direi: signor Buscetta...»

«Il signor Buscetta è un debole – una volta non lo era – e se, come lui dice, è stato un mafioso, allora sputa nel piatto dove ha mangiato. Ma non è farina del suo sacco, qualcuno lo imbocca... So che questa è l'era dei pentiti... Compreso che Andreotti è un mafioso. Vede, da noi in Sicilia, esiste il verbo *'ngusciare* per descrivere quei bambini che piangono, piangono fino a svenire. Ecco, la storia del bacio fra Riina e Andreotti mi fa *'ngusciare*. È davvero grossa... Il popolo è fanciullone, anzi è fanciullino. E poi non capisco: lui bacia Riina e poi fa arrestare i mafiosi.»

«Se mi comporto bene, forse fra 7 anni posso uscire. Ma ci arriviamo a 83 anni? Mi piacerebbe tornare a Cinisi, dove vive mia moglie e riunire tutta la famiglia, i miei due figli. Ma sono ricercati... Sono abbonato al "Giornale di Sicilia", la sera guardo la tivù americana, qui a Fayrton molti italo-americani hanno chiesto di scontare la pena in Italia. Credono che arrivano da voi, si mettono il bracciale ed escono. Invece i comunisti... Il governo si è mobilitato per la Baraldini e l'ha riportata a Roma. Con rispetto, i comunisti sì che hanno i coglioni. La legge dà una possibilità? La sfruttano. Un politico è colluso con la mafia? Loro gridano: "All'ergastolo"...»

«L'ho visto due volte Buscetta... Quella volta a New York e poi al processo per la Pizza Connection, dove in primo grado fui condannato a 61 anni e mezzo; a 45 come capo dell'associazione, a 15 come associato, uno e mezzo per oltraggio alla Corte. Per fortuna, in appello, la pena è stata ridotta. Non ho più visto Buscetta, ma vorrei tanto fargli delle domande. Però non mi hanno fatto venire in Italia... Nel 1993 o 1994 ero nel carcere di Memphis, Tennessee. Sto facendo la doccia, la guardia mi dice che c'è una visita. Arriva il capitano, arriva il vicedirettore, ma che succede? Ecco tre persone che parlano l'italiano: sono tre pubblici ministeri di Roma. Mi chiedono: "Lei conosce Tommaso Buscetta?". "Sì, ma perché siete qui? E venite senza avvisare l'avvocato per interrogarmi?" "Non sapevamo che ne aveva uno." "Ne ho due in America e uno in Italia..." "Il signor Buscetta l'accusa dell'omicidio Pecorelli..." "Pecorella?" "No, Pecorelli, il giornalista di Roma." "E che c'entro io con il giornalista di Roma? Basta, io non rispondo alle vostre domande, ma se mi fate fare il confronto con Buscetta, quando volete, vi dimostrerò quanto Buscetta è bugiardo."»

«Umanamente spero che Andreotti sia assolto. Ma se lo condannassero andrei a piedi da lui a dirgli: hai visto, sei pure tu un boss... Lui definisce Gaetano Badalamenti il mafioso, il boss, il capo della Commissione. Dovrebbe essere un po' più cauto nei suoi giudizi, lui che è stato uno statista. Invece fa come tutti gli altri che mi hanno trasformato in un colosso. Io non l'ho mai incontrato e non incontrerei mai un tipo così...»

*La storia di Cosa Nostra si divide in due: prima del 1992 e dopo il 1992. Il 1992 segna il passaggio di un'epoca. Marzo, giorno 12: omicidio di Salvo Lima. Maggio, giorno 23: strage di Capaci. Luglio, giorno 19: massacro di via Mariano D'Amelio. Settembre, giorno 17: uccisione di Ignazio Salvo. «Ora ci rumpemu i corna a tutti» ripetevano dall'inizio dell'anno gli uomini d'onore rinchiusi nelle carceri speciali. Il maxiprocesso è andato male, i boss sono stati tutti condannati all'ergastolo. Totò Riina e gli altri capi fanno sapere al popolo di Cosa Nostra che la sentenza della Cassazione scatenerà un attacco senza precedenti. Contro lo Stato. E contro quei vecchi amici che non hanno potuto o voluto «mantenere le promesse».*

*Ma il movente delle stragi non si nasconde solo dietro quel verdetto della Suprema Corte, non c'è soltanto il maxiprocesso. Intorno agli omicidi e ai massacri si allungano ombre di mandanti occulti. Il 1992 siciliano è entrato in un «gioco grande».*

# «La carne è arrivata»
## Domenico Ganci

C'è solo una città in tutta la Sicilia dove le macellerie non si chiamano macellerie ma *carnezzerie*. È Palermo. I suoi *carnezzieri* più famosi sono i Ganci. Raffaele e suoi figli, Domenico e Calogero. Abitano nel popolare quartiere della Noce, sono proprietari di centoquaranta appartamenti, di terreni nel Trapanese, di imprese edili, botteghe di gastronomia, grandi magazzini di abbigliamento e di quattro *carnezzerie*. Nella primavera del 1992 il patrimonio dei Ganci è stimato intorno ai cinquantotto miliardi di lire. Raffaele Ganci è l'uomo d'onore che nasconde Totò Riina dal giorno che il corleonese scende latitante a Palermo, alla fine degli anni Sessanta. I Ganci ubbidiscono ciecamente allo zio Totò. Nella primavera del 1992 ricevono un ordine: «Controllate tutti i movimenti del giudice Falcone».

L'auto blindata del magistrato, che da poco più di un anno è direttore generale degli Affari penali al ministero di Grazia e giustizia, è parcheggiata in un cortile dietro via Notarbartolo. All'angolo della strada i Ganci hanno una delle loro *carnezzerie*. Domenico Ganci segue sempre quell'auto blindata. A piedi. Su un motorino. Quando il pomeriggio del 23 maggio arriva nel cortile Giuseppe Costanza, l'autista del Palazzo di giustizia, Domenico lo pedina. L'autista parte sulla Fiat Croma e si infila nel caotico traffico della circonvallazione. Tutti in via Notarbartolo capiscono che Giovanni Falcone sta per atterrare. All'aeroporto di Punta Raisi. La mezza tonnellata di esplosivo è già sistemata sotto l'autostrada, qualche decina di metri prima dello svincolo per Capaci.

«La carne è arrivata» fa sapere Domenico Ganci a Giovanbattista Ferrante. È Ferrante che chiama al cellulare Giovanni Brusca, appostato sulla collina di fronte all'autostrada. Nelle mani ha un telecomando. Poi Ferrante chiama anche Gioacchino La Barbera, che è a Punta Raisi per verificare quando il giudice sale sull'auto blindata. La Barbera la affianca per controllare la velocità, chiama ancora una volta Giovanni Brusca.

Alle ore 17, minuti 56, secondi 48, i sismografi dell'Istituto Ettore Majorana di Erice registrano una scossa tellurica otto chilometri a ovest di Palermo. Un terremoto. Sull'autostrada c'è un cratere che fuma.

Muoiono Giovanni Falcone, Francesca Morvillo, gli agenti di scorta Antonio Montinaro, Rocco Di Cillo e Vito Schifani. È la strage di Capaci. Tre mesi dopo l'uccisione di Lima. Cinquantasei giorni prima dell'uccisione del procuratore Borsellino. È la guerra dichiarata dai Corleonesi allo Stato italiano. Con il massacro di Capaci si «brucia» l'elezione a presidente della Repubblica di Giulio Andreotti.

La sera del 23 maggio 1992 Totò Riina brinda con lo champagne alla morte del suo più grande nemico. Cinque anni dopo, tutti i mandanti di Cosa Nostra sono condannati all'ergastolo.

Salvatore Riina. Nitto Santapaola. Giuseppe Madonia. Bernardo Provenzano. Pietro Aglieri. Bernardo Brusca. Pippo Calò. Filippo Graviano. Giuseppe Graviano. Carlo Greco. Michelangelo La Barbera. Giuseppe Montalto. Matteo Motisi. Benedetto Spera. Leoluca Bagarella. Giovanni Battaglia. Salvatore Biondino. Giuseppe Giacomo Gambino. Salvatore Biondo. Domenico Ganci. Raffaele Ganci. Pietro Rampulla. Antonino Troia.

Giovanni Brusca si è pentito. Ventisei anni di carcere. Si sono pentiti anche Giovanbattista Ferrante, Gioacchino La Barbera, Mario Santo Di Matteo e Calogero Ganci. Antonino Gioè è morto. Si è suicidato.

# «Non ho sentito neanche il botto»
## Gioacchino La Barbera

«Ho ricevuto la telefonata sul mio cellulare che segnalava l'arrivo della macchina del giudice, non so dire materialmente chi mi ha chiamato, la conversazione durò poco e non sono riuscito a riconoscere la voce... l'auto di Falcone venne seguita come d'accordi fino al punto in cui potevamo avere la certezza matematica che imboccava la strada che portava all'aeroporto di Punta Raisi... Io mi trovavo nel casolare insieme ad Antonino Gioè, Giovanni Brusca, Salvatore Biondino, Antonino Troia, Giovanni Battaglia e Giovanbattista Ferrante. Pietro Rampulla non c'era perché proprio quel sabato aveva chiesto di allontanarsi... era stato con noi fino alla sera prima...»

«Appena ricevuta la telefonata... il contenuto... il contenuto così come avevamo stabilito... nel senso che mi fu fatto il nome di una persona e io risposi che avevano sbagliato... appena ricevuta la telefonata Ferrante andò verso l'aeroporto per dare una conferma che l'auto del giudice era effettivamente arrivata o stava per arrivare all'aeroporto di Punta Raisi; Gioè insieme a Troia andarono a collocare la ricevente dentro il tombino mettendo in funzione anche l'interruttore e poi con Brusca e Battaglia salirono nel luogo, lato montagna, dove sarebbe stato azionato il telecomando; io, su una Delta a trazione integrale di colore verde, sono andato su una strada parallela all'autostrada e lì mi fermai e aspettai di vedere passare il corteo di auto del giudice Falcone. Da dove mi sono fermato avevo una visione totale dell'autostrada, potevo avvistare le macchine a occhio nudo. Lo sapevo che l'auto blindata del giudice Falcone era una Fiat Croma di colore bianco.»

«Quando avvistai l'autovettura, io che ero già in auto misi in moto, seguii il corteo e immediatamente telefonai a chi stava sulla montagna. Mi rispose Antonino Gioè. La conversazione durò molto... si parlava del più e del meno senza minimamente accennare a quello che stavamo facendo, per paura che la telefonata venisse intercettata. Io andavo alla stessa velocità delle auto in corteo, cioè a ottanta chilometri all'ora circa, di molto inferiore a quella calcolata prima facendo le prove su strada. Questo particolare è stato captato da Gioè, perché conoscendo la mia posizione e sapendo che dovevo terminare l'avvistamento all'altezza del bar Johnny Walker, la durata della telefonata è stata così lunga che gli ha consentito di calcolare in quanto tempo l'auto di Falcone sarebbe arrivata all'altezza dell'esplosione.»

«Arrivato al bar Johnny Walker, ho interrotto la comunicazione telefonica con Antonino Gioè, ho imboccato l'autostrada in direzione Partinico e mi sono allontanato. Non ho avuto modo da sentire da lontano neanche il botto...»

# «L'attentatuni»

## Antonino Gioè e Gioacchino La Barbera

Dieci mesi prima i due erano a Capaci per uccidere Giovanni Falcone. Adesso si nascondono a Palermo, in un appartamento di Via Ughetti. Hanno paura di finire in carcere. Intanto trafficano. Intanto parlano.

Antonino: «Ma tu pensi che ce l'ha la roba?».

Gioacchino: «Cocaina».

Antonino: «Che ne dobbiamo fare della cocaina, non ne abbiamo...».

Gioacchino: «Domani sera parto e nel caso ce ne fosse bisogno, sale Michelino con Totò».

Antonino: «Se c'è da caricare, tu te ne sali con la Nissan, carichiamo e scendiamo».

Gioacchino: «Sopra la macchina carichiamo?».

Antonino: «Tutte e due, e come battistrada una macchina affittata... va bene?... Roberto che vuole? Non lo sa che cosa vogliamo noi? Vogliamo la "nera"... noi l'affare lo dobbiamo fare con le stesse cose che possiamo vendere no?».

Gioacchino: «Giusto, noi dobbiamo prendere...».

Antonino: «A quaranta, quarantacinque va bene. Dieci chili a tavoletta...».

Gioacchino: «Minchia, come camminano a Palermo, picciotti. Fa impressione... le scorte. Ma sono cornuti proprio. Sai come vanno? Appena quella si ferma per qualche ingorgo, scendono due con i mitra e si mettono a guardare come i cornuti... Una mattina arrivarono, qua al Politeama... Minchia, passò, dice, una Croma, dice, e dopo un po' due pattuglie dei carabinieri ci prendevano le misure... sono in contatto diretto continuamente. Minchia, come camminano...».

Antonino: «... Loro, loro sanno qualche cosa, dov'è che stanno, nella provincia di Trapani...».

Gioacchino: «Le due guardie?».

Antonino: «Le due guardie che hanno dato legnate... quelli incapucciati, quelli di Pianosa che danno legnate... c'è una guardia di Trapani che è venuta da Pianosa e ha raccontato tutte cose... chi sono quelli che davano legnate. Erano una decina, no? Quattro sono della provincia di Trapani, qualche tre di Sciacca, uno di Palermo...».

Gioacchino: «Minchia, tutti quei nomi allora non sono ancora pronti?».

Antonino: «Dobbiamo vedere... Già quelli della provincia di Trapani li hanno intercettati... Ora stanno vedendo per quelli di Sciacca dov'è che stanno, le porte, la casa, tutte cose... Santa Ninfa. Minchia, appena arriva dicono che lo devono portare vivo e non si deve trovare più. Devono trovarlo fatto a pezzi con la roncola...».

Gioacchino: «Certo, logico...».

Antonino: «Ci sarà qualcun altro...».

Gioacchino: «Può essere. *Na vota Santinu mi fici ricurdari*...».

Antonino: «Eh...».

Gioacchino: «In sostanza... *Ti ricordi ù carruzzere vicinu unni aspittati ddocu a Capaci unni ci fici l'attentatuni, avia l'officina*...».

Antonino: «Eh...».

Gioacchino: «C'è Nicola a questo Mariano Graviglia, allo zio Troia... minchia, i nomi corrispondono! Guarda qua ma... Questo chi era? Mariano aveva l'officina vicino la pizzeria a Capaci...».

*Ddocu a Capaci unni ci fici l'attentatuni.* Lì a Capaci dove gli ho fatto l'attentatone.

# «Io rappresento la fine di tutto»

## Antonino Gioè

«Stasera sto trovando la pace e la serenità che avevo perduto circa 17 anni fa. Perse queste due cose ero diventato un mostro e lo sono stato fino a quando ho preso la penna per scrivere queste due righe che spero possano servire a salvare degli innocenti e dei plagiati che solo per mia mostruosità si troveranno coinvolti in vicende giudiziarie...»

«In questo mio primo momento di lucidità sto cercando di ricordare tutte le fandonie che ho detto sia in via Ughetti che per telefono. Mio fratello Gaspare è una persona che mai ha condiviso la mia vita ma purtroppo essendo il fratello mi ha sopportato senza mai macchiarsi di alcuna colpa. Mio fratello Mario è sempre stata la persona più critica nei miei confronti ma purtroppo dopo che sono stato arrestato è dovuto intervenire perché pressato a cercare di recuperare un credito di miei sporchi affari... Mio cognato Pino e mia sorella Anna oltre al torto di essersi intestati la pompa hanno sempre vissuto la loro vita senza che mai si siano prestati a me per alcun tipo di favore... Mio cognato Pietro e mia sorella Giulia sono state un po' mie vittime avendo fatto affittare a loro un appartamento... Mia moglie è stata vittima della mia mostruosità solo per quanto riguarda la vita coniugale. Romeo Salvatore, detto il Toscano, è stata una mia vittima perché pur essendo un timoroso mi sono fatto dare una fotocopia della sua patente...»

«Una volta in via Ughetti parlai di Martello Ugo e Gino come se li conoscessi bene e che li vedessi spesso, la realtà è molto diversa e non so niente sul loro conto da moltissimi anni per quanto riguarda Gino, e ad Ugo se non ricordo male oltre ad averlo conosciuto in carcere, l'ho visto una volta sola quando è uscito ma solo una fatalità e tutto è stato un attimo per scambiarci i saluti e prometterci che qualche volta saremmo andati a pranzo insieme... In questo mio estremo momento giuro che quello che sto scrivendo è la pura verità.»

«Fra le tante cose che ho detto dentro l'appartamento e ovunque ci saranno moltissime fandonie e se voi mi tenevate d'occhio ve ne accorgerete, in questo momento non ricordo altre persone che ho infangato con le mie chiacchiere e infamie. Io rappresento la fine di tutto e penso che da domani o a breve i pentiti potranno tornarsene nelle loro case certamente con molto più onore del mio che non ho.»

«Però se realmente si vuole costruire una società migliore questa si dovrà fondare sulla verità e sulla giustizia e omettere questa lettera per non aiutare queste persone di cui ho parlato vuol dire che al mondo giustizia non ne esiste e pertanto io, che mi definisco un mostro, potrei pensare di essere stato uno come tanti. Prima di andare chiedo perdono a mia madre e a Dio perché il loro amore non può avere ostacoli, tutto il resto del mondo non potrà mai perdonarmi. Il futuro del mondo è degli esseri normali e dei pentiti veri e questi ultimi se sono veramente onesti non possono fare altro che confermare quanto io ho scritto sulle persone che ho elencato.»

«Durante le mie conversazioni non cercate di dimenticare che eccetto che con le persone che non potevo imbrogliare, nel resto c'è una montagna di mostruose millanterie e che voi con un po' di attenzione potrete accorgervene. Spesso mi sono definito proprietario di chissà quante ricchezze, in realtà ho solo debiti; se mia moglie ha una libretta quella è solo la pensione di sua madre e penso che ciò è provabile.»

# «La disgrazia»

## Antonina Brusca

«Io sono orgogliosa dei miei figli e di mio marito. I miei li ho tirati su bene, timorati di Dio. Fesserie dicono. Su Giovanni dicono solo fesserie. La storia del telecomando, il figlio di Di Matteo. Ma quando mai. Sapete qual è la verità? La verità è che la legge non è uguale per tutti. I privilegi toccano solo ai pentiti, solo a loro. Ma Dio lo sa bene come stanno le cose. Io i miei figli li ho tirati su con la religione. Sono tutti cresimati e come me hanno frequentato l'Azione cattolica. Io sono anche una dama di carità, una vincenziana... io sono una persona umana. Dovrei vergognarmi? Mio figlio dovrebbe vergognarsi? E di che cosa? Ma se lo Spirito Santo ci illumina la mente, e la illumina ai giudici, lui non sarà condannato.»

«Però io avrei voluto che Enzo, il più piccolo, si fosse consegnato. Anche mio marito era di questo parere. Ma con questo 41 bis come fai a consegnarti? A Bernardo poi gli hanno appena dato un ergastolo, e io so che non uscirà più. L'avvocato Vito Ganci l'ha incontrato ieri all'Ucciardone. Mi ha riferito che quando ha saputo che avevano preso Giovanni ed Enzo ha alzato le braccia, come per dire "sia fatta la volontà di Dio". Io invece dico: magari si pentisse Giovanni. Ma non lo farà mai perché non è un vigliacco.»

« Io non lo so che cosa succederà adesso. Io prego tutti i giorni... tutti parlano sempre di lui... Allora sarà colpa dei giudici comunisti che buttano le chiavi delle celle. E poi, adesso hanno cominciato pure a strumentalizzare i *picciriddi* delle scuole. Mi dicono che il mio Giovanni è una belva. E fanno un grande scandalo se un bambino se la piglia con un altro figlio di un infame di pentito. E adesso, per l'anniversario della *disgrazia* di Falcone c'è tutto questo cancan, questa pubblicità. Ma i morti si ricordano in silenzio.»

«I pentiti hanno detto che mio figlio stava su quella collinetta sull'autostrada per schiacciare il telecomando. Come prova hanno raccolto i mozziconi di sigaretta per fare l'esame del Dna, ma mio figlio Giovanni non ha mai fumato. Enzo invece sì, infatti questa mattina sono venuta qui perché volevo portargli due pacchetti di sigarette e un pezzo di pane. Prima i poliziotti mi hanno detto che potevo darglieli, poi mi hanno aggredito, mi hanno cacciato malamente, dicendomi cattive parole. Mi hanno raccontato che quegli incappucciati, quegli sciacalli si sono scaraventati su Giovanni in venti. I bambini erano terrorizzati e ai poveri *picciriddi* gli è venuta la febbre. Sono cose umane queste? Dicono che mio figlio ha ammazzato il figlio di Santino Mezzanasca, ma non è vero... Fanno dichiarazioni a rate come nelle telenovelle.»

«L'arresto di Enzo e Giovanni l'ho saputo dalla tv. Alle 3 del mattino di martedì sono venute qua, a contrada Feotto, le compagne dei miei figli Sara e Piera, coi due bambini. Ma prima di vederli ho dovuto aspettare davanti alla questura dalle 6 alle 10 del mattino. Chiusa dentro la macchina. Fuori, delle poliziotte mi urlavano addosso che mio figlio è una bestia e un assassino, ma erano loro a sembrare dei lupi. Io so che hanno brindato davanti a Giovanni ed Enzo in questura, e che li sfottevano. Giovanni l'ho visto con la faccia gonfia ed Enzo aveva un enorme livido sull'addome. Io non so se li hanno picchiati. Giovanni mi ha detto che era caduto. Io dico solo che li hanno già condannati senza prove. E meno male, sì, meno male, che a San Giuseppe Jato il rispetto ce l'hanno ancora per i Brusca...»

# «Questa gente è la più abbietta del mondo dai tempi di Nerone»

Tommaso Buscetta

Il loro paese è San Giuseppe Jato, trentuno chilometri da Palermo e diciotto da Corleone. Diecimila gli abitanti, i Brusca sono novantacinque. Quelli che sembrano Corleonesi più dei Corleonesi, hanno le campagne in contrada Dammusi, viti e rocce aguzze dove passa ancora una regia *trazzera* che scende fino a Monreale. Il capostipite di quei Brusca è Emanuele, un potente uomo d'onore che conosce i misteri della prima strage di Stato italiana, Portella della Ginestra, primo maggio 1947. Undici morti e trentasette feriti, i contadini massacrati in un pianoro spazzato dal vento nel giorno della festa dei lavoratori. Emanuele Brusca qualche ora prima della strage è alla masseria Kaggio, dove i disperati della banda di Salvatore Giuliano incontrano i mafiosi di Cosa Nostra e insieme decidono di fare fuoco a Portella.

Dopo Emanuele viene suo figlio Bernardo, un contadino che diventa possidente. Con Salvatore Riina è uno dei padroni di Cosa Nostra alla fine degli anni Ottanta. È il più fedele allo zio Totò. Se a Palermo i Corleonesi possono contare sui Madonia di Resuttana e i Ganci della Noce, in provincia c'è Bernardo Brusca.

Dopo Bernardo viene suo figlio Giovanni. In Sicilia quasi tutti hanno un'*inciuria*, un soprannome che si eredita dal padre o dal nonno, da un difetto fisico o dal modo di parlare o di muoversi. Giovanni Brusca è chiamato *ù verru*, il verro, il maschio del maiale. È lui che, sulla collina di Capaci, preme un pulsante e fa saltare in aria Falcone.

«Questa gente è la più abbietta del mondo dai tempi di Nerone» racconta Tommaso Buscetta quando nel 1984 torna dal

Brasile e comincia a parlare. Più di dieci anni dopo si pentirà anche Giovanni Brusca. Prima prova a depistare, poi confessa. Tra i cento e i duecento omicidi. Anche quello del piccolo Giuseppe Di Matteo, il figlio di Santino Mezzanasca squagliato nell'acido. «Ancora oggi non riesco a ricordare tutti, uno per uno, i nomi di quelli che ho ucciso» dice *ù verru*.

Sono i Brusca *i canazzi da catena* di Totò Riina, lui li scioglie quando ne ha bisogno e poi li lega alla catena. Sono sempre ai suoi ordini, i suoi servitori, quelli che si schierano ciecamente dalla parte di chi vuole la più feroce delle guerre di mafia. Buscetta conosce bene Bernardo, che ha solo qualche anno più di lui: «È uno che puzza e mena fetore anche se si mette un litro di colonia addosso». Il 4 aprile 2000 muore negli Stati Uniti Tommaso Buscetta. L'8 dicembre muore in un ospedale a Palermo anche Bernardo Brusca.

Suo figlio Giovanni è in carcere, come collaboratore di giustizia ogni quarantacinque giorni ha un «permesso premio» per incontrare sua moglie Cristiana e i suoi due bambini. Con lui finisce per sempre la «tradizione» mafiosa dei Brusca di San Giuseppe Jato.

Un'agenzia di stampa, all'inizio del 2000, riporta la notizia che nel paese a trentuno chilometri da Palermo e a diciotto da Corleone, i Brusca non ci sono più. Ma la mafia non è morta.

«Non c'è nulla di male a essere mafiosi. A esprimere questa convinzione sono il 61 per cento degli abitanti del paese del palermitano che ha dato i natali ai Brusca... Più della metà della popolazione, secondo un sondaggio realizzato dalla Servizi Italia per conto dell'Arcidiocesi di Monreale non nasconde di non avere alcuna remora contro i mafiosi. L'indagine è stata condotta su un campione di 1200 persone dai 15 anni in su con un questionario di 34 domande realizzato dall'Università cattolica di Milano e dall'Università di Palermo...»

*La città si sveglia ricoperta da migliaia di piccoli adesivi listati a lutto. Sopra c'è un messaggio: «Un popolo che paga il pizzo è un popolo senza dignità». Sembra soltanto la protesta di un giorno. Oggi Addiopizzo ha intorno a sé 281 commercianti e imprenditori che non si piegano all'Anonima estorsioni. Sono quasi diecimila i palermitani che li sostengono con i loro acquisti: non fanno la spesa in tutte quelle botteghe dove si vendono prodotti «made in Cosa Nostra». Palermo, 29 giugno 2004.*

*Il convegno sul pizzo al teatro Biondo è disertato da tutti gli imprenditori. Non ci sono neanche i rappresentanti di categoria. La città ha paura. Palermo, 21 gennaio 2005.*

*È la data ufficiale della rivolta siciliana contro il racket. Questa volta il teatro Biondo è pieno. È schierata tutta Sicindustria. Gli imprenditori prendono una decisione storica: «Chi paga sarà espulso dalla nostra associazione». È una rivoluzione in una Sicilia rassegnata da sempre a versare la mesata ai boss. Sono passati quindici anni dall'uccisione di Libero Grassi, l'industriale tessile palermitano giustiziato perché si era ribellato. Sono passati nemmeno tre anni dal teatro Biondo vuoto. Tre anni che sembrano tre secoli. Palermo, 10 novembre 2007.*

# «A Palermo sono molto educati nel pagare»
## Gaspare Mutolo

Le vetrine luccicano di ori, le porte delle gioiellerie sono sempre aperte. Ce ne sono trentuno, piccole, incastrate fra i portoni di palazzi fatiscenti, chiese sconsacrate, magazzini abbandonati. Un vicolo scivola verso il mare e il porto della Cala, dall'altra parte è già Vucciria. In fondo a via Giovanni Meli è vietato rubare, è vietato rapinare, è vietato delinquere. I gioiellieri non hanno mai paura. Pagano. Pagano tutti.

Dopo le oreficerie la strada si allarga e diventa piazza. Grande, quadrata, con al centro un magnifico ficus gigante. C'è un'edicola, c'è un salone da barba, ci sono due negozi, uno di elettrodomestici e l'altro di pezzi di ricambio per auto. Paga l'edicolante. Paga il barbiere. Pagano i due commercianti. Discesa dei Maccheronai, via dei Coltellieri, piazza Fonderia. Più si fanno viscide le *balate*, la pietra levigata che è il pavimento dei vicoli, più è vicino il mercato. Colori violenti, odori di spezie, le grida dei venditori. Pagano tutti anche qui, alla Vucciria.

Gelatai, rosticceri, salumieri, polipari, olivari, baristi, tabaccai, carnezzieri, gli ambulanti con il carrettino del pane con la milza e quegli altri con le *panelle*, la farina di ceci fritta nell'olio bollente. Pagano le vecchie *buttane*, quelle dei bordelli nascosti fra la basilica di San Domenico e le rovine della Seconda guerra.

I nomi, tutti i loro nomi, sono sempre in qualche libro mastro. Ogni tanto la polizia ne sequestra qualcuno. Il nome e il negozio, le entrate e le uscite, strada dopo strada, tutto il quartiere.

«Le estorsioni sono una cosa che va benissimo a Palermo

perché le persone sono molto educate nel pagare» racconta Gaspare Mutolo.

«Hanno quella mentalità per stare tranquilli. Quando sento dire di qualche imprenditore o di qualche commerciante che non paga, io mi *stranizzo*... Perché a volte hanno anche dei vantaggi. Primo, perché nasce un rapporto di amicizia fra quello che va a prendere la *mesata* e loro; e poi perché sono garantiti. Se succede qualche furto, quelli dell'ambiente mafioso si interessano a fargli recuperare quello che gli hanno rubato. Oppure, se qualcuno fa una truffa, c'è tutto un giro che costringe a restituire i soldi.»

Una convenienza reciproca. Una tassa che è molto meglio dell'assicurazione.

«Quindi, non è che ci perde soltanto, c'è pure un discorso di dare e di avere. Nascendo questo rapporto, logicamente, quando viene da me una signora o un uomo che mi dice: "Senti, mio figlio si deve sposare e deve lavorare", io mi interesso e lo faccio lavorare. Non c'è problema: si parla con il proprietario e gli si dice: "Fai lavorare uno, due, tre, o quelli che sono". Magari avrà bisogno di quindici giorni, o un mese, per licenziare qualcun altro o per creare il posto, ma il modo si trova sempre.»

Le botteghe più piccole e gli ambulanti versano dai cinquecento ai mille euro al mese. Le gioiellerie e i negozi più grandi fino a tremila euro. Quando s'inizia l'attività c'è sempre l'*una tantum*, che è obbligatoria. Si può pagare anche a rate, ma a Natale o a Pasqua si salda sempre tutto. La dispensa dalla *mesata* c'è solo in un caso: un lutto in famiglia.

Il terrore vero, però, il commerciante ce l'ha quando apre per la prima volta un negozio e nessuno si fa vivo. Comincia ad agitarsi, a fare domande in giro. A chiedere agli altri, a tutti i vicini: «Con chi posso *mettermi a posto*?».

Mettersi a posto. È il pizzo a Palermo.

# «Così facevo la messa a posto»

## Davide De Marchi

«Via San Basilio. Negozio Bastiano Marino cassette e cd ingrosso paga. Pub e il ristorante dentro il portone pagano. Paga Carrieri bottonificio. Panificio Spinnato paga...».

«Via Napoli. Pagano tutti indistintamente senza favoritismi e Via Borzì lo stesso e non si possono opporre rifiuti.»

«Via Venezia. Pagano l'edicolante, il ristorante, la vendita del pesce congelato, il negozio di idraulica, il supermercato accanto al bar Lucchese, il fabbro, il garage, il carnezziere Di Pari, la polleria Ferro di Cavallo, non paga B... *omissis...* appartenente alla famiglia dei Lo Presti e suo riciclatore...»

«Via Roma. Pagano tutti, a partire dalla Stazione ad arrivare al primo semaforo. Non paga solo il bar Ciarli, considerato il bar della polizia e con le persone che lavorano lì dentro non ho mai avuto rapporti di amicizia.»

«Rione Capo. Pagano panificio Puccio, farmacia Volturno, Ganci sedie. Tabacchi via Volturno non paga perché considerato da noi vicino ai carabinieri. Paga il grande negozio di biancheria che fa angolo tra via Volturno e il teatro Massimo, paga la parrucchiera nella traversa, paga la casa di appuntamento di una certa Giulia in via Volturno...»

«Via Bandiera. Pagano tutti i negozi di abbigliamento e di scarpe. Pagano tutti i negozi di sposa tranne il negozio di Marino, che è cognato dei Lo Presti...»

«Vucciria. Pagano tutti i fruttivendoli, indistintamente. E poi: panificio Bonaccorso, panificio Garella, Voglia di Pane, panificio Velardi in corso Vittorio Emanuele. Tutti i pescivendoli, indistintamente. Tutte le salumerie tranne C... *omissis...* Pagano i negozi scarpe Saccone, la polleria signora Pina, polleria Valenti paga, tabaccheria Silvio paga, tabaccheria fratelli Vitale paga, negozi abbigliamento alla Vucciria pagano, bar Bocceria paga, bar Corona non paga, appartiene a Giuseppe Corona detenuto per omicidio. Chiosco bar di S... *omissis...* non paga perché persona fidata loro. Bar le Cicale paga. Bar Caterina paga. Pub I Grilli via Bambinai paga. Rosticceria piazza Valverde paga.»

«Tutte le gioielleria da piazza San Domenico sino alla fine di via Meli pagano. Tutte, senza alcun favoritismo. Tranne F... *omissis...* riciclatore di oro rubato e presta grosse somme e cambi di grossi assegni. Negozio di ferramenta e colori di Sarpa Maurizio paga. Due autoricambi Fratelli Simoncini pagano. Rottamazione auto Buccheri non pagano perché ha due generi: uno maresciallo dei carabinieri e uno poliziotto. Tabaccheria piazza Cala paga. L'unica salumeria in corso Vittorio Emanuele paga. Negozio strumenti musicali paga. Salumeria degli extracomunitari, di fronte all'entrata della Vucciria, paga. Negozio moto paga. Franco pane con la milza detto *ù vastiddaru* paga. Il bar dei fratelli V... *omissis* non pagano perché hanno a che fare con la droga internazionale. Specialmente hanno agganci con l'Olanda. Così facevo la messa a posto.»

# «Pure Garibaldi pagò il pizzo
per sbarcare a Marsala»

Antonino Patti

Gli omicidi che confessa sono trentotto. Di alcuni uomini che uccide non conosce neppure il nome, di altri non sa perché dovevano morire. È un sicario quello che sta ascoltando una sera Massimo Russo, sostituto procuratore della Repubblica di Palermo con delega alle indagini sulla Cosa Nostra trapanese. Antonino Patti è un uomo d'onore della famiglia di Marsala. Ha appena finito di ricordare gli agguati, gli strangolamenti. Al verbale di interrogatorio mancano solo la firma e la data. È l'autunno del 1997. Il sicario fa un gesto con la mano, vuol dire ancora qualcosa. Qualcosa accaduta centotrentasette anni prima. L'11 maggio 1860.

Patti comincia a parlare: «Ho appreso questo durante una riunione con alcuni vecchi uomini d'onore... Mi dissero che Cosa Nostra esiste fin dal 1800». E rivela: «Questi vecchi uomini d'onore in quella riunione discutevano di un fatto, il fatto che pure Garibaldi pagò il pizzo per sbarcare a Marsala. Ha dovuto versare una certa somma per attraversare la città e un'altra per arrivare fino a Salemi».

Il sostituto procuratore Massimo Russo verbalizza. Un anno dopo, le «rivelazioni» di Antonino Patti vengono depositate in cancelleria. Sono pubbliche. E contestatissime.

Il primo a commentarle è Bettino Craxi, grande ammiratore di Peppino Garibaldi e collezionatore di suoi cimeli. Intervistato dal Tg2 nel suo rifugio di Hammamet, l'ex presidente del Consiglio latitante in terra tunisina sarcastico risponde: «La sua è una verità che non conosco, lasciamola ai bisnonni del signor Patti». Anche il mondo accademico replica al pentito. Sentenzia Massimo Ganci, ordinario di Storia moderna e presidente della Società siciliana per la storia patria: «È una cosa senza senso, le navi borboniche quel giorno cominciarono a far fuoco sul Piemonte e il Lombardo e Giuseppe Garibaldi e i suoi, solo dopo che affondarono il Lombardo e protetti dagli inglesi, riuscirono a sbarcare per proseguire verso l'interno dove incontrarono una vera e propria resistenza a Calatafimi...».

Antonino Patti è giudicato «attendibile» da quattro Corti d'assise per i trentotto omicidi. Per il resto nessuno gli crede.

Ma esiste, Garibaldi a parte, la pratica estorsiva in quella Sicilia che è appena diventata Italia?

Il 31 agosto del 1874 il ministro degli Interni Giuseppe Cantelli convoca a Palermo «per motivi di ordine pubblico» i prefetti delle province occidentali dell'isola. Legge la sua relazione il questore di Girgenti – Agrigento – Luigi Berti: «La qualità del maffioso si acquista col portare armi vietate, col tacere su qualunque delitto, col fare scrocchi sotto qualunque forma». Poi parla Giuseppe Cotta Ramusino, ex prefetto di Napoli appena trasferito nell'isola e nominato rappresentante del governo a Trapani: «Poiché il camorrista era nel carcere che esercitava principalmente la camorra, riscuoteva là entro il pizzo, ossia la pigione da ogni nuovo arrivato, la quale variava secondo i casi, cioè la condizione e la capacità pecuniaria dei malcapitati... Presentemente non è cessata la cancrena, ma se dalla maffia sorge la camorra, con questa, quella non si può confondere».

È la prima volta che la parola «pizzo» compare in un atto ufficiale.

# «Con un litro di benzina, boom... puoi accendere il mondo»

## Ruggero Anello

Ruggero Anello: «Ti accendi una sigaretta e butti».

Uomo: «E butto».

Anello: «Ce la butti nel mezzo. Se ci butti sopra la scatola di cerini è meglio, in mezzo alla benzina viene meglio... io ti aspetto, tu scendi da questa traversa qui... arrivi là... ci mettiamo sopra e ce ne andiamo».

Uomo: «Vedi che passa una macchina... dopo che passa la macchina tu ti allontani io ci butto il cerino... boom... l'ho capito Ruggero...».

Anello: «Lo vuoi vedere come si fa?».

Uomo: «L'ho capito... ma io basta che metto il cerino qua...».

Anello: «No, la vedi la sigaretta, te l'accendi in bocca, la prendi ci cali la benzina ci metti... così... e poi ce la butti. Appena lei arriva qua piglia e *svampa*... o ce la metti così, è meglio nel mezzo che piglia da tutte e due i lati».

Uomo: «Prima però devo aspettare che *svampa*, una bottiglia ciascuno... bruciamo... che macchina è?».

Anello: «Con un litro di benzina, boom... puoi accendere il mondo».

Uomo: «Non è che ci ferma qualcuno...».

Anello: «No, non ci fermano».

Uomo: «Questa sera ci sarà fuoco».

Anello: «Lo hai fatto mai così?».

Uomo: «Sì, l'ho fatto, lascia fare a me...».

Anello: «Stai attento, se c'è gente che esce dalle macchine, hai capito?».

Uomo: «Certo, mi faccio la strada a piedi».

Anello: «Ti lascio al semaforo e io prendo per sotto, vado

a posteggiare dall'altra parte. Stai attento là, può anche darsi che ci sono sbirri».

Uomo: «Ti dico che se io, al limite, manco più di dieci minuti, tu lo sai dove mi trovi, vicino al semaforo, c'è un bar là...».

Anello: «Al limite, zitto tu e zitto io, me ne vado a salire dove sono le cose. Hai capito, appena *svampa*, tu nasconditi fra le altre macchine».

Uomo: «Sì, sì me la sbrigo io...».

L'uomo scende dall'auto ma dopo pochi minuti torna.

Uomo: «Ruggero andiamo... Ruggero, quelli con l'Alfa 33 erano sbirri...».

Anello: «Uh...».

Uomo: «Erano parcheggiati, io mi stavo facendo il giro, erano fermi là... minchia, esco e questi mi girano intorno...».

Anello: «È arrivata una Punto quando tu...».

Uomo: «Sì la Punto è arrivata, questi con la Punto e questi con l'Alfa 33, io mi sono preso la benzina, ho girato ho preso un'altra volta il tappo e ce l'ho messo e ci sono andato di nuovo. Appena sono tornato di nuovo ho visto questa Punto di nuovo. L'ho vista, minchia, e me ne sono tirato dritto e me ne sono venuto dove abbiamo posteggiato noi. La benzina l'ho posteggiata vicino all'albero».

Anello: «Si vede?».

Uomo: «No, non si vede perché è messa nascosta per venire un'altra volta qua... cornuto dell'inferno... Ruggero, non ci voleva niente... non ci voleva niente».

Anello: «Ce andiamo a casa, ce ne andiamo a dormire e dopo la cosa la facciamo».

Uomo: «Sì lo so. Si vedeva che avevano la faccia di sbirri, figli di puttana perché la cosa era già fatta».

# «Questa notte ci mettiamo la colla»
## Aurelio Neri

A Palermo non c'è un delitto di mafia da tredici mesi. Dall'unità d'Italia in poi non era mai successo. È la fine del 1998 e Cosa Nostra non si vede e non si sente. Il suo capo sembra un fantasma, Bernardo Provenzano è latitante da trentacinque anni. I giornali locali pubblicano l'annuncio che la città è stata scelta dalle Nazioni unite come luogo simbolo per la Convenzione sulla criminalità transnazionale del 2000, i negozi sono decorati a festa per il Natale. Da piazza Politeama fino ai Quattro Canti, Palermo è una sola luminaria. Il racket non brucia più. Neanche il botto di un petardo.

«Se quello non si è messo a posto, allora noi questa notte ci mettiamo la colla» sibila una voce al telefono. La colla. Il silenzio di Palermo è quella colla: la nuova arma di Cosa Nostra. L'uomo che parla al telefono si chiama Aurelio Neri, è un uomo d'onore della Noce.

Ogni mattina i commercianti alzano la saracinesca della loro bottega ma la «chiusura» è bloccata, la chiave non entra nel lucchetto. Provano un'altra volta, la chiave si spezza ma non entra. È il segnale che devi «metterti a posto», che devi pagare. È colla, Attack, quello che sigilla il pertugio della serratura. Meglio della pistola a tamburo. Meglio della bottiglia di benzina, che quando cade a terra si sbriciola in mille cocci e fa anche rumore. Troppo rumore. Quello che non vuole più Cosa Nostra.

A Palermo è il tempo delle estorsioni morbide, «tranquille», di una crudeltà inafferrabile e mai rabbiosa. L'estorsione è tutto per Cosa Nostra. Più del traffico di stupefacenti, più degli appalti, più dei *piccioli*. È attraverso il pizzo che Cosa

Nostra manifesta la sua esistenza. Anche quando le casse dell'organizzazione sono stracolme di danari, Cosa Nostra non ferma mai l'estorsione. Per non corrompere se stessa, per non snaturarsi. È l'abbraccio mortale con le sue vittime. È come l'aria per respirare.

In quella fine del 1998, settantanove proprietari di negozi fra la via Bandiera e via Maqueda firmano un «documento di solidarietà» a favore di Giovanni Corallo: «I sottoscritti, con il presente atto, esprimono il loro sostegno al signor Corallo che, per tanti anni, ha esercitato l'attività commerciale in maniera esemplare, rispettando le norme della leale concorrenza e mantenendo buoni rapporti con i colleghi». Giovanni Corallo, già condannato con sentenza defintiva per associazione mafiosa, è sospettato di spremere proprio loro.

Nella muta Palermo alla vigilia del 2000 pagano il novanta per cento dei commercianti. È la stima, per difetto, delle associazioni di categoria. E pagano senza fiatare. Ma non tutti tutti come una volta. Qualcuno che non paga adesso c'è. Se per caso un commerciante ha un fratello o un cognato carabiniere o finanziere, gli esattori lasciano perdere. Meglio una *mesata* in meno che avere gli sbirri addosso. Se qualcun altro si rifiuta non gli fanno più niente, non gli spezzano le gambe né danno fuoco alla sua bottega. Deve stare zitto però, non può diventare «esempio» o bandiera per gli altri. Un rifiuto fa parte dei costi e dei rischi d'impresa. A Palermo adesso si può anche dire no. È il nuovo corso della politica del vecchio Bernardo Provenzano. Dopo il clamore delle stragi la mafia ha bisogno di quiete. Si nasconde, si infiltra, si mimetizza. Usa la colla.

# «Perché loro si mangiano tutte cose»
## Colloquio intercettato fra due imprenditori trapanesi

M: «Noi siamo messi nel mezzo e schiacciano, minchia esce come una salsiccia... lo sai quando la salsiccia poi si sfila... e però precipitiamo dal cielo, se c'è un paracadute dove ci possiamo attaccare, ma se paracadute non ce n'è, cadiamo a picco».

D: «Sarà difficile, mi sembra difficile perché non ce n'è, c'è bordello da tutte le parti, lo hai capito quale è il discorso...».

M: «Comunque... qua siamo... La mia lamentela è stata solo questa, che non voglio parlare con trecento persone, ma non solo per Marsala... ma per tutto il mondo, per Mazara, per Petrosino, per Trapani...».

D: «... Certo...».

M: «Tu ora mi dici, giustamente tu mi dici non funziona ed è così, io mi rendo conto che non funziona perché oggigiorno che funziona non c'è più niente, qua da un momento all'altro noialtri siamo dall'altra parte perché ti devi mettere in testa che ci arrestano a tutti... perché puliti non ci siamo nessuno... per dargli da mangiare a loro, giustamente noialtri...».

D: «E lo so...».

M: «Perché noialtri non siamo puliti solo perché dobbiamo mantenere pure questi signori e quindi siamo... il rischio che tu vedendoti con questi signori... può succedere di tutto, se tu a questi li ignori e perché, o volere o volare, ti ammazzano, o ti combinano qualche cosa o ti danno fuoco, qualche cosa la fanno e tu ti ritrovi fra l'incudine e il martello...».

D: «E che hai fatto a Strasatti? L'hai sistemata la cosa o no?».

M: «E che devo sistemare...!? È un bordello da tutte le parti... per sistemare devo pagare... pagando tutte cose sistemi, ma no a questi tassi... io, per le mie cose personali, io non

so più neanche che cosa devo prendere, che strada devo fare
e ho pressioni enormi e mi trovo in grosse difficoltà, la cosa
che ho... la paura che più mi assilla sai quale è? Di questi
bambini che crescono e non so fino a che punto li posso
mantenere perché se devo mantenere questi signori non posso mantenere la famiglia... tranquillo... perché loro, questi signori, si mangiano tutte cose... io non ho un pozzo, quindi
non so dove andarli a prendere pur incassando, ma tu i soldi
come li vai a prendere dalla banca per uscirli...».

D: «Devi fare le fatture...».

M: «E chi ti fa oggi le fatture... domani arriva la Finanza e
ti fa un culo tanto... dove le vai a trovare oggi le fatture, quindi è pure difficoltoso uscire i soldi, cosa che loro purtroppo
non capiscono...».

D: «Certo, certo...».

M: «Fino a che parli di dieci milioni... ma quando si inco-
mincia a parlare di certe cifre, minchia...».

D: «Dieci, quindici milioni... venti, trenta milioni li puoi
pure trovare...».

*Sono truccati all'origine. Un'inchiesta della procura di Palermo scopre nella primavera del 2003 che, in Sicilia, il 96 per cento degli appalti pubblici intorno ai 5 milioni di euro sono aggiudicati con ribassi fra lo 0 e l'1 per cento. Cifre che parlano da sole: tutti gli imprenditori sono d'accordo. Le «notizie di reato» sono pubblicate sulla «Gazzetta ufficiale» della Regione siciliana. Per quello stesso tipo di appalti, la media nazionale dei ribassi varia fra il 16 e il 22 per cento.*

# «Siamo stati ostaggi di quei signori»

Filippo Salamone

La notizia è riportata con clamore su «Il Giornale di Sicilia», sette colonne in prima pagina: «L'impresa Cassina dopo 36 anni cede l'appalto alla Lesca». È la fine dell'estate 1974 e il foglio cittadino informa i palermitani che, dal mese successivo, la manutenzione di strade e fogne è affidata a una nuova ditta. L'affare, il più lucroso di Palermo, dal 1938 è sempre stato privilegio del conte Arturo Cassina. È un comasco sceso in Sicilia fra le due guerre, alla sua corte ci sono vescovi e generali, eccellentissime toghe e ministri. Chi ha spodestato i Cassina dopo tutto quel tempo? A qualche settimana dall'annuncio si scopre che dietro la Lesca c'è sempre lui: il conte Arturo. La storia dei Cassina è la storia dei grandi appalti di Palermo. Ricchezze immense, l'ombra di Salvo Lima, una ragnatela di complicità. La prima Commissione parlamentare antimafia dedica un capitolo alle strade e alle fogne di Palermo: «I Cassina e il sistema di potere mafioso». Nel 1972 i Corleonesi rapiscono un figlio del conte per fare uno sgarro a Stefano Bontate e a Gaetano Badalamenti. All'inizio degli anni Ottanta una tempesta giudiziaria si abbatte sull'impero. Uno scandalo dopo l'altro. Un'inchiesta giudiziaria dopo l'altra. Alla fine i Cassina escono sempre assolti da tutti i processi.

Quando il loro potere è quasi al tramonto, dall'altra parte dell'isola brilla la stella dei Cavalieri. Sono tre: Carmelo Costanzo, Mario Rendo e Gaetano Graci. Costruiscono tutto e dappertutto. Dighe. Autostrade. Aeroporti. Sono i padroni di Catania. In Italia diventano famosi quando il generale Carlo

Alberto dalla Chiesa, il 19 agosto 1982 – due settimane prima della sua morte – confessa a Giorgio Bocca nella celebre intervista: «Con il consenso della mafia palermitana, le maggiori imprese edili catanesi oggi lavorano a Palermo». È un incendio. Il giornalista Pippo Fava – qualche anno dopo sarà ucciso anche lui – su «I Siciliani» li chiama «i Cavalieri dell'Apocalisse». Il clima è incandescente, la Catania ufficiale difende i suoi Cavalieri ma loro finiscono fra le fiamme dell'inferno. Indagini, arresti, pentiti che li accusano. La polizia li «propone» per il soggiorno obbligato come «socialmente pericolosi», un giudice sentenzia però che Costanzo, Graci e Rendo «sono vittime e non complici della mafia». Dopo dieci anni di dibattimenti in vari tribunali, i Cavalieri – sempre innocenti per la legge – spariscono dal palcoscenico siciliano.

In Sicilia, è già la fine degli anni Ottanta, comincia l'era di Filippo Salamone. È un agrigentino, la sua impresa è un colosso delle costruzioni. Molto legato al ministro Calogero Mannino e al presidente della Regione Rino Nicolosi, «re Salamone» è soprattutto cugino di Salvatore Totino Sciangula, l'influente assessore «andreottiano» ai Lavori pubblici del governo di Palermo. È lui, Salamone, il nuovo principe degli appalti nell'isola. È lui che decide la grande spartizione. Tratta con ambasciatori dei Corleonesi come Angelo Siino. Distribuisce mazzette agli uomini politici. Costringe i grandi gruppi imprenditoriali del Nord a scendere a patti con le ditte vicine a Cosa Nostra. Dopo le stragi del 1992, anche il regno di Filippo Salamone crolla. Scoppia la Tangentopoli siciliana. Centinaia gli arresti. Salamone vuota il sacco, prova a difendersi: «Siamo stati ostaggi di quei signori». Ma non si salva. L'ultima condanna – quella definitiva – è della primavera del 2008. Sei anni in Cassazione per concorso esterno in associazione mafiosa.

## «Lavorare in pace»
### Antonino Calderone

I cavalieri di Catania secondo Antonino Calderone.

«I Cavalieri del Lavoro di Catania non sono mai stati vittime della mafia, almeno fino a quando io sono stato lì. Certo, c'era una differenza fra un Rendo da un lato e un Costanzo dall'altra. Ma, in buona sostanza, si giovavano tutti anche della sola reputazione di essere collegati con noi. Adesso dicono di non conoscerci. Quando è stato messo a confronto con me, Gino Costanzo per poco non negava pure di essere stato testimone al matrimonio mio e di mio fratello. Non si ricordava!»

«Avere la mafia dalla propria parte – per imprenditori come i fratelli Costanzo e altri come loro – voleva dire poter lavorare in pace e fare tanti soldi senza il rischio di vedersi gli automezzi danneggiati, senza gli scioperi che ti bloccano un lavoro a metà, senza le richieste di tangenti che anche l'ultimo dei mafiosi si sente in diritto di fare a chiunque vada a fare un investimento nel suo territorio. Era questo il compito che mio zio Luigi e mio fratello Pippo avevano svolto per i Costanzo. Quando la società di Pippo fallì, lui divenne il factotum dell'impresa Costanzo. Andava a fare sopralluoghi in tutti i cantieri, veniva a Roma. Si occupava di tutto. Aveva messo a disposizione dell'impresa le sue amicizie alla Regione siciliana... Gli dicevano, per esempio: "Dobbiamo fare un cantiere a Caltanissetta. Da quale parte della città lo impiantiamo?". E Pippo andava lì, cercava il terreno da affittare e prendeva accordi con il capofamiglia della zona perché il cantiere e i macchinari fossero protetti...»

«Quando l'impresa Costanzo si aggiudicava una gara

d'appalto per 20-30 miliardi, questo appalto si trasformava in tre o quattro anni di lavoro per i cottimisti... La politica dell'impresa era di far fare un'offerta a ciascuno dei richiedenti, e di favorire poi i mafiosi rivelandogli i prezzi offerti dagli altri. I mafiosi offrivano una cifra leggermente più bassa, e in questo modo vincevano i subappalti. Quanti soldi ha fatto risparmiare Pippo ai Costanzo! E quante grane Pippo ha risolto...»

«Fra Rendo e Costanzo vi è sempre stato questo gareggiare. Costanzo l'hanno fatto Cavaliere del Lavoro dell'industria... non c'era il numero giusto e hanno dovuto declassare Rendo facendolo diventare Cavaliere del Lavoro dell'agricoltura. Cose da bambini. Loro si dividevano i lavori, ma Rendo faceva sempre la parte del leone in quanto, non so perché, aveva qualcosa in più degli altri; probabilmente era più furbo. Innanzitutto le riunioni dovevano tenersi a casa sua e tutti dovevano andare a baciargli la mano. Carmelo Costanzo si poteva difendere in un solo modo: ogni tanto, a detta di lui, quando non era d'accordo su qualcosa gettava lì la battuta: "Gli amici di mio fratello non sono molto contenti". Gli amici eravamo io e mio fratello. Noi mettevamo bombe nei cantieri.»

«Secondo me Rendo era molto più addentrato nella politica, in quanto non riceveva appoggi dalla mafia... Si mettevano d'accordo fra loro, Costanzo, Graci e Rendo... e con gli imprenditori del Nord. Quando questi venivano in Sicilia, aggiungevano alle spese il 10-15 per cento alla voce mafia, perché avevano paura che venissero fatti saltare i cantieri.»

«Intorno al 1980 Nitto Santapaola, parlando di Carmelo Costanzo, disse che quest'ultimo si lamentava sempre, qualunque cosa gli si facesse. In particolare Totò Riina gli aveva fatto avere un grandissimo lavoro in un palazzo di Palermo, a fronte del quale gli furono chiesti 100 milioni. Costanzo si lamentava perché gli sembravano troppi.»

# «L'occhio di riguardo»

## Angelo Siino detto Bronson

«La mafia era scolpita sul volto della mia gente, era nella polvere del mio paese, San Giuseppe Jato. Mio zio Salvatore Celeste, uno dei più importanti capi di Cosa Nostra, è stato il solo mafioso della mia famiglia. Il bandito Salvatore Giuliano apparteneva alla sua cosca. Da bambino lo incontrai, a cinque anni sognavo di diventare come lui, come il bandito Giuliano... Dopo anni, gli uomini della sua banda furono i miei più fidati dipendenti...»

«Anche i boss più potenti mi temevano, il legame con i vecchi di Cosa Nostra era la mia forza. Mi piaceva sfidare il destino facendo affari con uomini senza scrupoli e correndo in auto per le mulattiere della Sicilia. Avevo molte passioni: le macchine da corsa, la caccia al cinghiale, un buon sigaro. Mi trovavo a mio agio nei casolari di campagna come nei più lussuosi salotti. Oggi sono un collaboratore di giustizia che accusa assassini, punta il dito su personaggi al di sopra di ogni sospetto... la mia arma è la verità. Non possiedo più niente. Mi restano solo mia moglie e mio figlio.»

«Cominciai a correre in macchina che avevo 18 anni. Corsi fino a 47, quando fui arrestato: non facevo più gare effettive, ma gare di club Porsche, club Ferrari... Cominciai con la 500 e finii con la Ferrari. Vinsi alcuni rally... Allora ero chiamato Bronson, somigliavo molto all'attore...»

«Stefano Bontate l'ho conosciuto quando lui aveva circa 20 anni. Io gli feci anche da autista, Bontate aveva paura dell'aereo, dunque voleva fare in macchina anche viaggi lunghi. Con me diceva di sentirsi sicuro.»

«Ho conosciuto Giuseppe Piddu Madonia di Caltanissetta, Nitto Santapaola di Catania, suo fratello Turi... Una volta arrivai in una masseria vicino a Catania... c'era un lezzo terrificante: un odore di pecora, un odore terribile. Fui accolto come sempre con baci e abbracci, ma vidi in un calderone una pecora intera che bolliva. Tanto Nitto era gentile, *grazioso*, tanto Turi era *grossier*. Con la punta di un coltello prese l'occhio della pecora e me lo porse... era *l'occhio di riguardo*, che io pensavo fosse immaginifico, invece era reale... Io ingoiai l'occhio intero, lo ricordo ancora con terrore...»

«Mi sentivo amico di Giovanni Brusca. Avrei voluto plasmarlo a mia immagine e somiglianza. Lo accompagnavo nei migliori negozi di abbigliamento di Palermo, dal coiffeur, l'avevo ripulito... Era diventato la mia ombra, lo presentavo come mio cugino.»

«L'avevo presentato come mio cugino anche all'imprenditore Filippo Salamone. Però il suo socio, Giovanni Micciché, ne conosceva la vera identità... Filippo Salamone si sentiva il re della giungla, eravamo come due galli nel pollaio. Salamone era più autorevole in campo politico e finanziario. Era il vero gestore dei lavori pubblici in Sicilia. Cosa Nostra ordinò di ammazzarlo se non si fosse piegato a certe regole. Per questo mi sono permesso di salvargli la vita un paio di volte.»

«Vito Ciancimino ha gestito negli anni Settanta la stagione dei palazzinari. Lui curava i propri interessi lasciando cadere le briciole nel paniere della mafia. Poi l'industria dei lavori pubblici esplose, gestita soprattutto da politici e imprenditori. Finché qualcuno dentro Cosa Nostra disse: "Stiamo a guardare mentre questi politici ingrassano?"... E capirono di avere il personaggio adatto a costo zero: Angelo Siino. Sono stato il grimaldello, per Cosa Nostra ero il modo per entrare nella stanza dei bottoni.»

## «I politici diventarono pazzi:
## fu imposto il pizzo sulla loro tangente»
### Angelo Siino detto Bronson

«Diventai il ministro dei Lavori pubblici di Cosa Nostra per caso, diciamo... Cosa Nostra è sempre stata presente un po' in tutti gli affari, su ogni attività in Sicilia c'è il pizzo. Ma devo dire che la colpa dell'affacciarsi di Cosa Nostra nel settore degli appalti è dei politici: i politici, malversando, hanno indotto i mafiosi a dire: ma che, noi siamo scemi? Questi mangiano a quattro palmenti e noi stiamo qui a guardare? È allora che Cosa Nostra entra pesantemente nel gioco. È la metà degli anni Ottanta... con me la mafia diventa non solo imprenditrice, ma impone ai politici i suoi personaggi o le sue imprese di riferimento. I politici diventarono pazzi: perché fu imposto una specie di pizzo sulla loro tangente. Per i politici, poveracci, fu come avere il pizzo sul pane...»

«Il sistema Siino è il più vecchio del mondo... cercavo di distribuire gli appalti secondo l'importanza dell'impresa, cercavo di favorire una certa *regionalità*, una certa *paesanità*... sempre con l'assenso tacito o diretto di Cosa Nostra... Nessuna, nessuna impresa sfuggiva a questo sistema. Nessuna, regionale o nazionale... Le imprese del Nord in Sicilia sono arrivate *politicamente*... e il rischio Cosa Nostra era messo nel conto. Lo si sapeva: oltre la politica bisognava tenere presente che c'era Cosa Nostra.»

«Il mio rapporto con Lima cominciò quasi per caso. Andai da lui per raccomandargli un mio parente, in quell'occasione Lima si lamentò, cominciò a dire che non aveva neppure i soldi per pagare le bollette... così raccolsi qualche lira tra gli imprenditori per fare un presente a Lima. Rimase molto colpito e mi chiese se me la sentivo di gestire la "situazione" per conto suo. Lima era una pantera, un personaggio che si muoveva in maniera felina. Mi disse: "Attento, se si accorgono che ci sono io dietro di te, allora duriamo da Natale a Santo Stefano"...»

«Ci fu il cosiddetto "accordo provincia", che valeva per la Provincia di Palermo, che teneva conto di un 4,5 per cento così spartito: 2 per cento a Cosa Nostra, 2 per cento ai politici, 0,5 per cento agli organi di controllo... che più che organi di controllo erano forche caudine sotto cui tutti dovevano passare... Poi le famiglie locali avevano a disposizione anche un 2-3 per cento che arrivava sotto forma di lavori girati a imprese locali. Così, in effetti, chi ci guadagnava di più era la mafia.»

«Poi, nel 1988, per ordine di Totò Riina nasce "il tavolino"... si tenne una riunione negli uffici della Calcestruzzi di Palermo... si decise il nuovo sistema di controllo degli appalti pubblici in Sicilia. Si stabilì che io non mi sarei più occupato degli appalti superiori a 5 miliardi, dei quali si sarebbe esclusivamente occupato Filippo Salamone e doveva anche corrispondere una percentuale dello 0,80 per cento... inizialmente fissata nell'1 per cento ma ritenuta troppo gravosa e pertanto ridotta... su tutti i lavori aggiudicati o gestiti dal gruppo Salamone al vertice di Cosa Nostra, cioè a Totò Riina.»

«Io dovevo occuparmi soltanto dei lavori della Provincia di Palermo e comunque di importo inferiore ai 5 miliardi di lire. A me veniva demandato inoltre l'ingrato compito di accreditare le imprese operanti sul territorio con i referenti della "zona". Io riferii tale situazione a Salvo Lima che non volle riconoscere l'accordo, mi disse che la Provincia era territorio suo e non accettava limitazioni di importo.»

# «Può fare la fine di Ciancimino»
## Baldassarre Di Maggio detto Balduccio

Baldassarre Di Maggio: «Il discorso è questo, verso il 1986, dopo l'arresto di Bernardo Brusca... fine 1986, viene da me Angelo Siino, che già ci conoscevamo da prima, dal 1980, perché correvamo con le macchine e lui una volta mi ha prestato un'Opel Ascona 2000 per correre, fare le gare della Conca d'Oro, e poi ci conosciamo come paesani e come parenti perché lui è parente di mia suocera, e allora dopo il 1986 viene Angelo Siino e mi dice: "Ci sono lavori della Provincia che vanno spersi, *straviati* così, la gente fa offerte maggiori del 25, del 30 per cento... se noi ci mettiamo questi lavori in mano, che io conosco dei politici che mi fanno avere gli elenchi delle gare, organizziamo le gare col ribasso maggiore e cerchiamo di guadagnare qualche cosa noi". Ci dissi: "Guarda, io ne debbo parlare e ti faccio sapere qualcosa". Dice lui: "Va bene". Infatti io ne ho parlato poi con Totò Riina di questa situazione e lui, Riina, mi risponde e dice: "Ma Angelo Siino può andare a finire come Ciancimino se lui si interessa a queste cose"...».

Pubblico ministero: «Che cosa voleva dire con questa frase? Che intendeva dire Riina quando disse "può finire come Ciancimino"?».

Di Maggio: «Siccome Ciancimino è stato preso di mira dalla legge in merito ad appalti e cose del comune di Palermo, della provincia di Palermo, allora lui, Totò Riina, intendeva dire questo...».

Pm: «Quindi che si esponeva ad essere sottoposto a indagini, che poteva essere rischioso...».

Di Maggio: «Sì, allora lui dopo mi ha risposto... Totò Riina dice: "Se lui si prende la responsabilità... e allora può andare avanti"... Così io gli ho detto ad Angelo Siino: "Va bene, se tu... c'è il rischio che puoi andare a finire in galera". Dice lui: "Io non ho problemi per la galera"... L'ha detto per spacconeria... non so per che cosa l'ha detto...».

Pm: «Ma "non ho problemi per la galera"... spiegò perché "non aveva problemi"?».

Di Maggio: «No, non me l'ha spiegato perché non aveva problemi della galera, però secondo me per farsi... un segno di spacconeria diciamo, voleva dimostrare che era una persona dura. E allora dopo che gli ho dato la risposta lui dice: "Va bene, posso andare avanti". Dopo che lui... un paio di mesi, tre o quattro mesi dopo... mi ha fatto arrivare i primi elenchi dei lavori dove io mi incontro con Totò Riina e gli dico: "Che ne debbo fare di questi elenchi, a chi li debbo dare?". Dice lo zio Totò: "Quelli che appartengono alla famiglia di Palermo passali a Raffaele Ganci, quelli che appartengono a Corleone passali a mio nipote Giovanni Grizzafi e quelli di voi, nella vostra zona, vedete un po'..."».

«Ù pigghiaru» sibila il vecchio seduto al circolo dei nobili di Corleone. Gli altri uomini che stanno giocando a carte restano inchiodati alle loro poltrone, storditi, lo sguardo smarrito sulle pareti scrostate dall'umidità e dalle muffe. Nessuno osa dire niente.

Le otto del mattino sono passate da pochi minuti, è un venerdì. I carabinieri dei reparti speciali aspettano Totò Riina fra i palazzi della rotonda di via Leonardo da Vinci, lo avvistano da lontano e lo catturano. Il capo dei capi di Cosa Nostra è a terra, con la faccia nella polvere e la canna di una pistola automatica puntata alla tempia. Palermo, 15 gennaio 1993.

# «Qualcuno si può fare sbirro»
## Totò Riina

L'isola del Diavolo non è la Sicilia. È più su, in mezzo a un mare dove gli uomini d'onore non immaginavano mai di sprofondare. È la notte del 19 luglio 1992, la colonna di fumo è ancora alta nel cielo fra le case di Palermo e la cima di Montepellegrino, le carcasse delle auto blindate del procuratore Paolo Borsellino sono sventrate, bruciate. L'Italia è in guerra.

Il primo che varca il portone di ferro dell'Ucciardone nella notte di luna piena è un tenente sardo. Sale le scale di corsa, supera il primo cancello, supera il secondo cancello e si infila nel buio della Settima sezione. Alle spalle ha tutti i soldati del suo battaglione di paracadusti. È una retata in carcere. Verso le tre del mattino ne prendono quarantasette di uomini d'onore. E altri ottantuno all'alba. Li ammassano sugli elicotteri Chinnok che sono atterrati all'aeroporto militare di Boccadifalco, li scaricano prima a Pianosa e poi all'Asinara, l'isola del Diavolo.

Carcere speciale, braccio speciale, regime speciale. Il 41 bis: l'incubo di Cosa Nostra.

Guardie senza volto, incappucciate. Finestre senza luce, sbarrate da un'inferriata «per non vedere il paesaggio». Il detenuto è in isolamento perenne. Totale. Un'ora di colloquio al mese con moglie e figli, separati però da un vetro blindato. Divieto di accesso in biblioteca, nei cortili e in tutti i «luoghi comuni». Divieto di telefonate. Divieto di televisione. Vietata la custodia in cella di libri «con copertura rigida». Vietato il fornellino. Vietato l'accesso allo spaccio. Vietato il possesso di musicassette. Il «passeggio» è consentito

soltanto in «vasche di cemento», camminatoi angusti, cuni-
coli, gironi infernali.

Da padroni dell'Ucciardone a segregati in una Caienna. I
Madonia di Resuttana, i Greco di Ciaculli e quegli altri di
Croceverde Giardina, i Vernengo di Ponte Ammiraglio, gli
Zanca di corso dei Mille, i Tinnirello, i Milano, i Galatolo
dell'Acquasanta.

«Qualcuno si può fare sbirro» schiuma di rabbia Totò
Riina mentre parla con Salvatore Cancemi, il capomandamento di Porta Nuova.

È quasi la fine dell'estate delle stragi siciliane. Il capo dei
capi dei Corleonesi incontra suo cognato Leoluca Bagarella in
una casa di Palermo, sotto la Conigliera. C'è anche Cancemi.

«Lo zio Totò era preoccupato di quel carcere di sofferenza, aveva paura che qualcuno cedeva, che poteva diventare
pentito. Usava sempre un'espressione, ripeteva: "Mi rubo i
denti", voleva dire che a tutti costi doveva fare qualcosa per
il 41 bis. Poi tutto il macello che ha fatto dopo era sempre
subordinato a queste cose... al carcere duro, a far eliminare
la legge sui pentiti...»

A Pianosa e all'Asinara ci sono quelle che gli uomini d'onore
chiamano «le squadrette». Reparti scelti di agenti di polizia penitenziaria, il Gom, Gruppo operativo mobile. Si muovono «le
squadrette» ogni notte. Gli avvocati dei boss denunciano pe-
staggi. Manganellate. Schiaffi e pedate. Angherie. Gli uomini
d'onore non hanno mai conosciuto l'onta di questo carcere, la
galera per loro è sempre stata una «villeggiatura»: l'Ucciardone.

Nel cortile di Pianosa c'è un elicottero. Un altro elicottero è sopra una baia dell'Asinara. I serbatoi sono sempre pieni di carburante, il pilota sempre pronto a decollare. Sono
ordini che vengono da Roma, così vuole il direttore della Dia
Gianni De Gennaro. Un elicottero aspetta sempre un uomo
d'onore che si arrende.

«Qualcuno si può fare sbirro» continua a ripetere Totò
Riina. Nell'autunno e nell'inverno 1992, i mafiosi si pentono
in massa.

# «Voleva ammazzare i loro bambini fino al ventesimo grado di parentela»

Salvatore Cancemi

«Noi siamo morti che camminano. Con la decisione che abbiamo preso ci siamo condannati, da un momento all'altro ci può arrivare una fucilata alle spalle. E uno è morto. Io di tutto questo sono cosciente, anzi coscientissimo, che mi sono condannato a morte. Cosa Nostra non perdona, quella è una cambiale che non scade mai. Quando uno si fa sbirro, deve morire. Anche se è un vecchio e sta morendo nel letto. Anche se ha 100 anni, gli sparano. Questa è Cosa Nostra.»

«Io la figura dei pentiti prima la vedevo molto negativa, era un infame, un bugiardo. Io tante volte, quando parlavo con il mio avvocato, dicevo: "Quello sta dicendo un sacco di bugie, di infamità". E invece diceva la verità. Determinate situazioni si possono conoscere solo con i pentiti. Così si va a distruggere un'intera generazione di famiglia mafiosa. Per esempio i Ganci non avranno mai più lo stesso prestigio che avevano prima: hanno un pentito in casa, il figlio Calogero. Anzi, di pentiti ne hanno tre. Ci sono pure il nipote Antonio Galliano e il cugino Francesco Paolo Anzelmo...»

«Anche Totò Riina ha un pentito in famiglia... Giuseppe Marchese. E infatti Riina ha ordinato a suo cognato Leoluca Bagarella di uccidere la moglie Vincenzina. Secondo me è andata così, anche se Bagarella ha camuffato un suicidio. E a Giuseppe Marchese, Totò Riina gli ha fatto prendere l'ergastolo... Nel mio caso poi, non ci sarà mai più un Cancemi in Cosa Nostra.»

«Poco prima dell'arresto di Totò Riina c'era stato un incontro... e lui aveva capito che il male di Cosa Nostra veniva da là, dai pentiti: Totò Riina voleva ammazzare i loro bambini fino al ventesimo grado di parentela. Ho riflettuto tanto su questo. Queste sue parole mi hanno messo in moto il cervello. Lui ha detto che i pentiti erano il peggiore pericolo per Cosa Nostra perché, se non fosse per questi, anche tutto il mondo unito contro noi, noi di Cosa Nostra, non ci potrebbe fare niente. Ecco perché voleva ammazzare i loro parenti fino al ventesimo grado di parentela a partire dai bambini di sei anni.»

«Totò Riina che si pente? Crederei di più a un asino che vola che al fatto che lo zio Totò si metta a parlare. Comunque, se dovesse succedere, sarebbe come far esplodere una bomba atomica. Con tutti i segreti che sa lui, cadrebbe mezza Italia...»

«Hanno paura dei pentiti. Solo gli onesti vogliono la collaborazione dei pentiti, quelli che hanno gli scheletri negli armadi hanno fatto di tutto per sbugiardarci. Al punto che neanche se adesso prendono Bernardo Provenzano finisce Cosa Nostra: tutto rimarrebbe come prima.»

«Per arrivare a me, Totò Riina farebbe di tutto. Io sono quello che gli ho fatto male. Voglio dire che quello mi cerca. Al processo per le stragi, a Firenze, mi ha fatto minacce. Mi ha detto: "Non ti *scantare* signor Cancemi, non ti spaventare... continua, continua... ci penso io per te". ... Non so quando ricapiterà ancora che un uomo d'onore che appartiene alla Commissione deciderà ancora di collaborare, uno che si è seduto al fianco di Totò Riina, che mangiava con lui. Io Cosa Nostra l'ho messa in ginocchio, ma lo Stato non gli ha voluto dare il colpo di grazia.»

> «Quella parola dice tanto,
> dice tutto, dice tante cose»
>
> Totò Riina

Pier Luigi Vigna: «Quale è il discorso che le volevo fare e sul quale la pregherei di riflettere? È questo: c'è ormai un'enorme mole di sentenze... che tra l'altro dicono che Cosa Nostra esiste... c'è un numero rilevante di persone, le quali dicono che era lei il capo di Cosa Nostra... allora il pensiero che è venuto a me, è di sapere se lei era disposto a parlare...».

Totò Riina: «La prego, non pronunci neanche la parola».

Vigna: «Se lei era disposto...».

Riina: «La prego, dottor Vigna, si fermi lì».

Vigna: «No, io finisco».

Riina: «Dottore, la prego si fermi lì».

Vigna: «Lei non può interrompere le verbalizzazioni...».

Riina: «Si ferma lì e non va più avanti».

Vigna: «Mi scusi Riina, mi faccia finire il mio pensiero, perché ho l'impressione...».

Riina: «Lei ha sbagliato persona».

Vigna: «Lei non sa...».

Riina: «Lei e il dottore Caselli avete sbagliato persona».

Vigna: «Lei non sa quello che stavo per finire di dire. Quindi è inutile mettersi a urlare. Come mai urla così?».

Riina: «Perché sbagliate persona».

Vigna: «Se lei non fa finire il discorso non può sapere se io ho sbagliato persona o non ho sbagliato persona, non penserà mica che io sia venuto qui a chiedere atteggiamenti di collaborazione a lei? Lei pensava questo qui?».

Riina: «Lei, dottor Vigna... quella parola dice tanto, dice tutto, dice tante cose...».

Vigna: «Le ho detto che ci sono persone che indicano lei...».

Riina: «Non si preoccupi, non si preoccupi per me».

Vigna: «Io me ne preoccupo, mica per lei, me ne preoccupo per il modo come si fanno le indagini. Allora, il mio discorso era semplicemente se lei era disposto a ragionare di questa realtà rappresentata da Cosa Nostra...».

Riina: «La prego di risparmiare fiato dottor Vigna...».

Vigna: «Perché?».

Riina: «È stato un giorno buttato... sono digiuno, ho mal di reni, mi mandi per i fatti miei, mi lascia stare tranquillo».

Gian Carlo Caselli: «C'è questo rifiuto anche di ascoltare un'ipotesi di discorso...».

Riina: «Non ho niente da ascoltare, perché l'ho già capito quale è tutto il discorso. L'aspettavo, anzi aspettavo che veniva lei e il dottor Vigna, l'aspettavo questo discorso da parecchio tempo».

Vigna: «Quale sarebbe questo discorso?».

Riina: «Questo discorso che mi state facendo questa sera».

Caselli: «Usiamo quest'espressione, anche se non sono proprio le sue parole... i cosiddetti pentiti, che andrebbero a braccetto e via seguitando...».

Riina: «Scusi dottore, mi faccia il piacere, io non parlo. Non vorrei fare la figura del maleducato e la pregherei, vi pregherei, di lasciarmi in pace e chiudiamo come che non è successo niente».

Vigna: «Come non è?... È successo un interrogatorio. Quindi non intende affrontare questi argomenti. Si può sapere il perché?».

Riina: «Le ragioni me le tengo per me».

Vigna: «Perché non parla? Sennò si portava la videoregistrazione, perché sta facendo gesti di no con la testa, che io li debbo registrare.. e aperture di mano. Va bene. Allora si può porre fine all'interrogatorio e si fa un verbale riassuntivo».

## «Mutolo, sei un grandissimo spionaggio»
### Totò Riina

Offese e calunnie.

Tommaso Buscetta:
«Totò Riina è un uomo ammalato di sbirritudine. Si è sempre comportato come uno sbirro, rivolgendosi alla polizia per eliminare, se non poteva farli uccidere, i suoi avversari. No, non era un confidente. Aveva il vizietto... diciamo così... aveva il vizietto delle lettere anonime... Uh, quante ne ha scritte!».

Gaspare Mutolo:
«Le lettere anonime le abbiamo sempre considerate un atto non buono».

Totò Riina:
«Mutolo, tu sei un grandissimo spionaggio».

Michele Greco:
«A me mi hanno rovinato le lettere anonime. Un anonimato cieco e cattivo».

Lite fra il capo della famiglia di Marsala Mariano Licari e un altro mafioso del Trapanese:
Mafioso: «Tu sei un sbirro».
Licari: «Se io sono uno sbirro tu sei un carabiniere a cavallo».

Tommaso Buscetta:
«Un uomo d'onore non si può offendere o schiaffeggiare... con un uomo d'onore si può discutere o all'estremo sparargli».

Tommaso Buscetta a confronto in aula con Pippo Calò:

Calò: «Signor presidente, Buscetta in questo suo pentitismo...».

Buscetta: «Pentitismo ci sei tu».

Calò: «Tu mi hai rovinato, non uscirò più dal carcere, per colpa tua ho 120 imputazioni e 69 omicidi».

Buscetta: «Se proprio insisti, vorrei aggiungere anche quello di Giovanni Lallicata... e così fanno 70».

John Gotti:
«Se uno mi offende, lo schiaccio, lo smorzo... e finisce cazzo lì. È questa Cosa Nostra».

Totò Riina a Tommaso Buscetta:
«Quando parli dei Corleonesi ti devi sciacquare la bocca con l'aceto».

Pietro Zanca:
«La calunnia si è fatta viva con i primi uomini apparsi sulla terra. Ed è sempre stata apportatrice di atroci conseguenze».

Tommaso Buscetta a Pippo Calò nell'aula bunker di Palermo:
«Ipocrita. Bugiardo. Cafone. Mafioso!».

# «Sei tu, signor Riina, che hai ucciso Cosa Nostra»

Tommaso Buscetta

I suoi occhi sono fessure, il suo volto una maschera di cera. Immobile, Totò Riina freme di rabbia ma tace. È il giorno del ritorno in Italia del grande pentito. Sono passati quasi dieci anni dalle sue prime rivelazioni, Giovanni Falcone e Paolo Borsellino non ci sono più. Tommaso Buscetta è ancora in un'aula di giustizia per fare testimonianza.

L'aula bunker di Rebibbia è circondata da centinaia di poliziotti, ci sono pure i mezzi blindati a proteggere don Masino. E cani addestrati per fiutare esplosivi, cecchini sui tetti. Il pentito ha davanti l'uomo che più odia: il Corto. Sta per cominciare l'annunciato confronto «all'americana», il faccia a faccia tra Tommaso Buscetta e Totò Riina.

I loro sguardi si incrociano, poi lo zio Totò anticipa tutti. Bisbiglia: «Io non parlo con chi ha una bassa moralità... Mio nonno è rimasto vedovo a quarant'anni con cinque figli e non ha cercato altre mogli. Mia madre è rimasta vedova a trentasei anni. Al nostro paese, Corleone, viviamo di correttezza morale».

Il presidente della Corte d'assise sta per dire qualcosa, Buscetta lo interrompe: «Mi permette, mi permette di spiegare qualcosa sulla mia moralità... da quale pulpito parla questo signore, lui, proprio lui. Mi accusa per la questione delle donne, di avere avuto più mogli, lui che è l'artefice della morte dei miei figli e dei miei cari, lui che ha scannato e fatto scannare tanti e tanti uomini innocenti». Il pentito si ferma, prende fiato. Sibila: «È vero, io ho pensato alle donne e tu andavi a letto sempre e solo con tua moglie perché tutto il tempo tuo era per Cosa Nostra».

Totò Riina è pallido, torce il collo, per la prima volta trema. È furibondo, si sente oltraggiato da quelle parole che nominano Ninetta. Sua moglie, la madre dei suoi figli. Nessuno aveva mai osato tanto. Totò Riina abbassa gli occhi, stringe i pugni.

Il presidente chiede: «Buscetta, di quante persone – che lei sappia – ha ordinato la morte Salvatore Riina?». Il pentito sorride. E risponde: «Questa è la domanda più assurda che mi sia stata rivolta. La risposta è: tutti, tutti si rivolgevano a lui per commettere omicidi. Era lui la star di Cosa Nostra. Voi, signori della Corte, non vi siete resi conto del personaggio che avete davanti e io ho nel cuore la speranza che ve ne rendiate conto in seguito».

Tommaso Buscetta racconta di Totò Riina e dei suoi Corleonesi. Dagli anni Cinquanta, quando uccisero il loro capo Michele Navarra a colpi di mitraglia. Dagli anni Sessanta, quando «scesero» dalla Rocca Busambra a Palermo per conquistarla. Dagli anni Settanta, quando infiltrarono il loro veleno nella mafia di tutta la Sicilia. Buscetta riprende a parlare del suo nemico: «Io voglio farvi capire, signori giudici, soprattutto a voi giudici che non siete magistrati, chi è questo Riina, io devo farvi conoscere quest'uomo che ha portato Cosa Nostra allo sbaraglio. Io potrei fare romanzi di fantascienza per quello so di questi due, di lui e di Bernardo Provenzano. Ora sono io qui a parlare, però c'è una marea di gente che ormai sta parlando. Ma non saranno loro, i collaboratori di giustizia, a distruggere Cosa Nostra. Ce l'avete qui davanti, seduto sulla sedia, l'uomo che ha aiutato lo Stato italiano a distruggere Cosa Nostra».

Tommaso Buscetta guarda negli occhi il Corto. E gli urla: «Sei tu, signor Riina, che hai ucciso Cosa Nostra».

# IL SILENZIO

# Il Direttorio

*2000*

*Dopo la cattura di Totò Riina del 15 gennaio 1993, Cosa Nostra non ha più la Commissione ma un vertice ristretto. Qualcuno lo chiama Direttorio ed è coordinato da Bernardo Provenzano.*

Bernardo Provenzano (famiglia di Corleone)
Antonino Giuffrè (famiglia di Caccamo)
Salvatore Lo Piccolo (famiglia di San Lorenzo)
Benedetto Spera (famiglia di Belmonte Mezzagno)
Matteo Messina Denaro (famiglia di Castelvetrano)

*È un sentiero in mezzo alla campagna di Corleone. Dalle parti di Montagna dei Cavalli, proprio accanto al casolare dove è stato catturato Bernardo Provenzano dopo quasi quarantatré anni di latitanza. Un cartello stradale, una data: via 11 Aprile 2006.*

# «B. Bernardo Da Corleone Cappuccino»
## Santino ritrovato nel covo di Bernardo Provenzano

– Una bilancia pesapersone con pedana di colore avion marca «Maross»; una scala in legno grezzo con nove pioli; due confezioni di pasta Barilla «mezzi canneroni n. 48» di 1 kg di cui una aperta; una bottiglia da 500 ml di acqua recante l'etichetta «San Benedetto Acqua Frizzante»; una confezione di cartone contenente quattro batterie stilo marca «Superpila» da 1,5 V.; dieci penne a sfera; un bianchetto a penna; un sacchetto di plastica contenente sei ruote di scotch; un pennarello.

– Tre santini di carta raffiguranti «Maria SS Addolorata-Santuario di Corleone»; un santino di carta raffigurante «Maria SS delle Grazie di Corleone»; un santino di carta raffigurante «Sacro Cuore di Gesù»; un santino di carta raffigurante «Cardinale Pietro Marcellino Corradini»; un quadro con cornice in legno di colore marrone raffigurante e con la scritta «La Madonna delle Lacrime di Siracusa»; un quadretto, privo di cornice, in cartone raffigurante una donna e con la scritta «Maria Regina dei cuori Maria Regina delle famiglie»; due santini raffiguranti rispettivamente uno «Maria SS del Rosario di Tagliavia» e l'altro «B. Bernardo Da Corleone Cappuccino»; settantatré santini raffiguranti il Cristo con la scritta «Gesù confido in te».

– Un libro dal titolo *La salute in tavola Imco Waterless* all'interno del quale si osserva un segnalibro in cartoncino riproducente un crocifisso con la scritta «Giubileo dell'anno 2000»; una confezione di grissini «Mulino Bianco» con all'interno due pacchetti integri; tre confezioni di biscotti del «Mulino Bianco» Grancereale classico da 500 gr di cui una aperta e mancante di qualche biscotto; una scatola di «Riso Flora Parboiled»; una scatola di bacetti «Perugina» contenente un cioccolatino «Perugina» a forma di cuore ed un «Pocket coffee Ferrero»; due confezioni di cioccolata «Cuorenero senza colesterolo e senza zucchero» di cui una vuota e l'altra parzialmente mancante.

– Un termosifone elettrico marca «De Longhi»; una stufa alogena «Caldo casa»; un tavolo in legno dalle dimensioni di 73x28,5 cm; un materasso matrimoniale di colore beige a fantasia marca «Saninflex» delle dimensioni di cm 190x185 circa; un sacchetto di plastica contenente un maglione di colore marrone sulla cui etichetta si legge «100% Cachemire» marca «Ballantyne» taglia 112 cm 44; un pigiama di colore rosso e grigio marca «Timonier» taglia quarta; una maglia color bordeaux marca «Drumohr» sulla cui etichetta si legge «100% Cachemire» taglia 107 cm 42; un maglione di colore blu di cachemire marca «Heritage»; una maglia di color amaranto con etichetta «Ballantyne Giovanni Alongi Palermo 100% Cachemire»; un paio di pantaloni in tessuto tipo panno colore blu con etichetta «Excelsior Giovanni Alongi taglia 50».

– Un dispositivo per infusione endovenosa sigillato nella relativa confezione; cinque aghi per siringa marca «Microlange 3»; un paio di occhiali da sole marca «Lotto»; una bottiglietta, parzialmente utilizzata, con relativa scatola di «Eau de Toilette-Roland Garros»; un flacone da 50 ml di dopobarba completo di scatola marca «Armani»; tre berretti tipo «coppola» di vario colore; un lettore di cd; un cd di Mario Merola; un cd con le selezioni di Claudio Villa e un altro con le selezioni di Mina; la colonna sonora de «Il Padrino parte II»; la raccolta delle «Canzoni dei Puffi».

# «La curiosità è l'anticamera della sbirritudine»
## Totò Riina

Parla poco l'uomo d'onore, ascolta tanto e non fa mai domande. Le chiacchiere non sono mai piaciute a Cosa Nostra. Lo ricorda anche un antico proverbio siciliano: *A megghiu parola è chidda cca nun si dici.* La migliore parola è quella che non si dice.

Se la riservatezza e la circospezione sono virtù di ogni mafioso dell'isola, per i Corleonesi discrezione e prudenza sono più di un tormento: sono ossessioni. Loro sono di una razza speciale, una tribù a parte, che scende dai boschi della Rocca Busambra e conquista Palermo con le trame, i *tragediamenti*, le menzogne, i silenzi. In Cosa Nostra c'è l'obbligo di dire sempre la verità, per gli uomini d'onore è uno dei comandamenti. Tutti dicono la verità, tutti tranne i Corleonesi. Loro conoscono chi sono gli affiliati delle altre famiglie, gli altri non conoscono uno per uno gli affiliati alla famiglia di Corleone. Totò Riina si inventa una Cosa Sua, fa uomini d'onore suoi, «riservati» solo per lui. E per suo cognato Leoluca Bagarella. E per l'altro grande vecchio di Corleone: Bernardo Provenzano.

Segreto. È tutto segreto per lo zio Totò.

È segreto il luogo della riunione della Commissione. Segreto è anche il nome della prossima vittima, il sicario lo conoscerà solo un attimo prima di partire per *astutarlo*, spegnerlo, ucciderlo. Segreto è il suo covo, segreto è il mondo intero. La sua paranoia è grande quanto il suo delirio di onnipotenza. Nessuno gli può fare domande.

«Zio Totò, ma che è?» azzarda un giorno uno dei Ganci della Noce. Il corleonese lo fulmina con uno sguardo. Gli uomini d'onore ancora oggi non si spiegano come e perché quello sia ancora vivo. Totò Riina parla e gli altri stanno sempre zitti. Tutti muti. Non chiedono mai.

«La curiosità è l'anticamera della sbirritudine» sibila Salvatore Riina alla fine di una *mangiata* nella casa di campagna di Antonino Giuffrè, il nuovo capomandamento di Caccamo. A capotavola c'è lo zio Totò. Alla sua destra Raffaele Ganci, Nino Madonia e Michelangelo La Barbera. Alla sua sinistra Giovanni Brusca, Nenè Geraci e l'ospite Antonino Giuffrè.

«Provenzano quella sera non c'era, quando era presente Totò Riina l'altro non veniva mai per paura di qualche retata: uno dei due restava sempre lontano dai guai» comincia a raccontare Giuffrè quando si pente.

I boss discutono degli equilibri del mandamento di Caccamo, dopo l'arresto del vecchio capo Ciccio Intile. Parlano di quello che sta avvenendo nella provincia di Caltanissetta, la faida di Gela, il clan dei pastori che vuole comandare più di Cosa Nostra. E accennano anche alla latitanza di Totò Riina. Lo zio Totò si nasconde in una villa circondata dagli orti a Borgo Molara, muretti di pietra a secco e rigagnoli che scorrono dietro il nuovo carcere dei Pagliarelli.

«Io ho fatto finta di distrarmi, perché andare a chiedere o sapere quale fosse il rifugio di Riina, non avevo l'autorità e francamente – mi spiego? – nemmeno il motivo» riferisce Giuffrè al procuratore capo Pietro Grasso e al suo sostituto Michele Prestipino.

La *mangiata* nel casolare è alla fine, il capomandamento di Caccamo si mette in disparte, lontano dai discorsi degli altri. Sul covo, sugli spostamenti di Riina, sulla sua scorta. «Lo zio aveva appena detto che la curiosità era l'anticamera della sbirritudine, aveva fatto capire a tutti che diventando troppo curiosi si moriva facile.»

# «Mi fidavo e non mi fidavo, me lo controllavo fra virgolette»

Giovanni Brusca

Pubblico ministero: «Dopo il gennaio del 1992, a Bernardo Provenzano quante volte lo ha incontrato?».

Giovanni Brusca: «Una volta nel garage... nel magazzino di Francesco Pastoia a Villabate... un paio di volte in una casa di Belmonte Mezzagno di un certo Tanuzzu, che è quello che è stato ucciso un anno fa nella zona di Ciaculli... e poi a Belmonte nel 1994-1995...».

Pm: «Quali sono le sue conoscenze in merito ai luoghi dove, a partire dagli anni Ottanta, il Provenzano ha trascorso la sua latitanza?».

Brusca: «Io Provenzano l'ho conosciuto che ero ragazzino, forse 14 anni, 15, forse 13 anni... nel periodo fra il 1973 e il 1974. O addirittura, addirittura molto prima, Calogero Bagarella era ancora vivo... io gli portavo da mangiare in quanto i due erano latitanti a San Giuseppe Jato da un certo D'Anna. Mio padre mi riempiva i sacchettini di... di frutta, di mangiare, e io glieli portavo. Dopodiché il Bernardo Provenzano fu latitante a Palermo, precisamente a Monreale. Poi ho saputo che si è spostato a Casteldaccia e l'ultimo periodo che io sappia, non so nella casa precisa, ma l'ha passato fra Belmonte, Marineo e Casteldaccia. Questo era il territorio dove lui ha fatto la sua latitanza. Lo incontrai tante volte a Bagheria e a Palermo negli anni Ottanta. Non avevo un rapporto frequente con lui, perché il rapporto frequente era con Salvatore Riina».

Pm: «Riesce a ricordare alcuni degli episodi nei quali lei ha incontrato il Provenzano a Bagheria?».

Brusca: «Mah, lo incontrai una volta insieme a Giuseppe Piddu Madonia per un problema di lavoro che interessava a me...».

Pm: «C'erano anche altre persone?».

Brusca: «Mi sono incontrato in una villa che era nella disponibilità di Antonino Gargano, mi ci accompagnò lui stesso, però non so chi era il proprietario... c'era pure il nipote del Gargano... poi lo incontrai a Bagheria due volte o forse più nel deposito di ferro di Leonardo Greco, gli portai dei bigliettini, dei messaggi di Salvatore Riina, se non ricordo male lì ci accompagnai una volta anche Antonino Ferro di Canicattì...».

Pm: «Io vorrei adesso che lei ci riferisse se c'erano dei motivi di sospetto, dopo l'arresto di Riina, tra lei e Provenzano...».

Brusca: «Dopo l'arresto di Riina, io il contatto diretto l'avevo con Leoluca Bagarella. Lui mi disse che loro si erano riuniti in famiglia, cioè famiglia di Corleone, e che quello che prendeva il posto come mandamento era Provenzano. Quindi io dico davanti a loro: "Quindi io quando ho bisogno di parlare, basta parlare con Bagarella, non ho bisogno di incontrarmi *cu' vussia*", mi rispose: "Va bene, va bene...". So solo che dopo l'arresto di Bagarella mi sono incontrato con Provenzano e lui si cominciò a lamentare – c'era anche Nicola Di Trapani – di tutta una serie di comportamenti del suo compaesano... io gli ho detto: "Guardi che tutto quello che Bagarella fa ce lo metteva a conoscenza"... lui ha fatto il finto tonto, a quel punto ho capito che Provenzano non era sincero e tutti quei sintomi che mi aveva detto mio padre, che aveva più facce, incominciarono a mettermi in allerta...».

Pm: «E poi cosa accadde?».

Brusca: «Provenzano si è cominciato a chiudere, a chiudere... a chiudere... quindi a me tutti questi elementi non mi stavano più bene, non mi quadrava. A quel punto mi fidavo e non mi fidavo, cioè me lo controllavo fra virgolette...».

# «Devi essere retto, corretto e coerente»
## Bernardo Provenzano

Al telefono non parla mai. Non ha un cellulare. La sua voce sono i *pizzini*, fogli di carta arrotolati e avvolti nello scotch trasparente, bigliettini che spedisce in ogni angolo della Sicilia. Con quell'italiano sgrammaticato, con quelle sue parole – ora sagge e dimesse, ora allusive e minacciose – manda messaggi al popolo di Cosa Nostra. Ha emissari dappertutto, che vanno e vengono dai suoi covi. È il «ministero delle Poste» di Bernardo Provenzano. Contro le insicurezze della tecnologia – intercettazioni telefoniche e ambientali – per almeno quindici anni l'ultimo Padrino di Corleone affida tutte le comunicazioni personali e di «relazioni pubbliche» solo ai suoi famigerati pizzini.

*Devi essere retto, corretto e coerente*
«Inquando a mm. Sono state riferite cose che PP ha smendito, in modo convingende, e ora devi vederti con mm per chiarimenti sendi io conosco poco, sia atte, che a mm, amme mi sempra che mm è una brava persona, e forse molto semplice, e ump' inesperiende della malvagia vita fra di noi, e à bisogno che uno lo guida è bene, e può andare avande: di te mi perdonerai, ti ho visto una sola volta, e non posso dirti niene, solo di prego di essere calmo, e retto, corretto e coerente, sappia sfruttare l'esperienza delle sofferenze sofferti.»

*Occorrono sempre tre prove*
«Non screditare tutto quello che ti dicono, e nemmeno credere ha tutto quello che ti dicono, cerca sempre la verità prima di parlare, e rigordati che non basta mai avere una sola prova per affrontare un ragionamento per esserni certo in un

ragionamento occorrono tre prove, e correttezza, e coerenza. Mi fa piacere sendire alcune tuoi parole, in pase alla saggezza che ci volessi, e che purtroppo non c'è. Ora sendo che ti hanno presendato questo Antonio, che io fortuna, ho sfortuna, non conosco, mà mi sempra di capire che è bene stare molto attento con quello che dici, sé è coerente con quello che fa, inquando, è molto giovane... e devo concludere, chiedendoti perdono, sia delle miei errore, e sia perché non rispondesse ha tutto quello che ti aggrada, comunque, sappia, che là dove ti posso essere utile, con il volere di Dio sono ha tua completa ad disposizione.»

### Fate tutta una bicchierata

«Siccome io mi sento di ricostruire pace là dove è possibile, e chiarire le cose per continuare a rispettarci. Nell'occasione, portati 15m che vi dovete chiarire. Se non avete nulla in contrario, vi chiarite, vi riappacificate, e fate tutta una bicchierata, io avessi bisogno di una vostra conferna che lo fate, perché devo dare una risposta, al più presto possibile.»

### La verdura nominata Cicoria

«Senti, puoi dirci, ha tuo compare, che siamo entrati in primavera, è lui dovessi conoscere, la verdura nominata Cicoria, se potesse trovare, il punto dove la porta la terra questa cicoria, se potesse farc umpò di seme, quando è granata, e me la conserva? Ti può dire che la vendono in bustine, nò nonè questa allo stato naturale che conosciamo, io volessi questa naturale il Seme.»

### Osservare bene

«Faccia guardare, se intorno all'azienta, ci avessero potuto mettere una o più telecamere, vicino ho distante, falli impegnare ad'Osservare bene. E con questo, dire che non parlano, né dentro, né vicino alle macchine, anche in casa, non parlano ad alta voce, non parlare nemmeno vici a casa, ne buone né diroccate...»

«M» «MM» «MMM»
*Accusato di concorso esterno in associazione mafiosa, l'11 dicembre 2004 Marcello Dell'Utri è condannato in primo grado a Palermo a 9 anni di reclusione. La sentenza d'appello è attesa per la fine del 2008. Nel 1994 la procura di Gian Carlo Caselli apre un fascicolo iscrivendo tre nomi criptati nel registro degli indagati: «M» «MM» e «MMM». Il primo è Silvio Berlusconi, il secondo Marcello Dell'Utri e il terzo Vittorio Mangano. La posizione di Berlusconi viene subito stralciata e per ben due volte il giudice delle indagini preliminari archivia «per mancanza di riscontri sufficienti».*

«Alfa» e «Beta»  «Autore 1» e «Autore 2»
*Alla procura di Caltanissetta, competente per le stragi di Capaci e di via D'Amelio, nel 1994 vengono iscritti nel registro degli indagati come «Alfa» e «Beta». Uno è Silvio Berlusconi e l'altro Marcello Dell'Utri. Dopo due anni arriva l'archiviazione per «la friabilità del quadro indiziario». Alla procura di Firenze, competente per le stragi mafiose in Continente del 1993, i nomi di Berlusconi e Dell'Utri sono iscritti nel registro degli indagati sotto le sigle «Autore 1» e «Autore 2». I giudici non trovano riscontri alle rivelazioni del pentito Salvatore Cancemi che racconta – per averlo sentito dire – di misteriose trattative fra Totò Riina «e quelli di là sopra». Il riferimento è «ad ambienti imprenditoriali milanesi». «Autore 1» e «Autore 2» escono definitivamente dalla scena investigativa già nel 1998. L'inchiesta sui mandanti a «volto coperto» delle stragi prosegue per altri nove anni. Alla fine del dicembre 2007 l'inchiesta numero 3197/96 è in archivio.*

# «Siamo un corpo solo: banditi, polizia e mafia. Come il Padre, il Figlio e lo Spirito Santo»

Gaspare Pisciotta

Il rapporto che arriva a Washington porta questa intestazione: «L'Alta mafia combatte il crimine in Sicilia». Lo firma l'agente Bullfrog (Rospo) ed è datato marzo 1945. Nelle ultime due settimane ventuno cadaveri vengono ritrovati nelle campagne fra Caltanissetta, Palermo e Agrigento. Sono tutti ladruncoli, sequestratori di baroni e possidenti, pastori dediti all'abigeato.

L'agente Bullfrog dell'Office of Strategic Services – l'antenato della Cia –, di stanza in Sicilia dall'inizio dell'anno, informa nel dettaglio gli alti papaveri di Washington. Riferisce ai suoi superiori:

«1) La Pubblica Sicurezza e i carabinieri sono apertamente a favore dell'inatteso interesse dell'Alta mafia per la legge... 2) Le forze di polizia evitano deliberatamente le indagini... 3) I vari "don" e i loro campieri si incontrano per prendere provvedimenti contro le scorrerie di briganti e malviventi...».

In un dispaccio del 5 aprile di quel 1945, inviato anche al console americano a Palermo e all'Office of Naval Intelligence, l'agente dell'Oss fa l'elenco dei «giustiziati» nelle tre province occidentali dell'isola e riporta ciò che gli comunicano i suoi informatori:

«Calogero Vizzini, capo dell'Alta mafia, ha detto: "Ora basta, la Sicilia deve avere tranquillità. Un po' di delinquenti sono già stati eliminati. Ma un centinaio devono ancora cadere. Oggi la Sicilia deve essere considerata dagli americani un gioiello nel Mediterraneo"...».

Nelle carte dell'Oss c'è già la prova di quel patto fra apparati dello Stato e uomini d'onore che nei decenni successivi condizionerà la vicenda siciliana. Fino alla caduta del muro di Berlino e anche dopo. Dalla strage di Portella della Ginestra del 1° maggio 1947 ai massacri di Capaci e di via D'Amelio del 1992, dalla morte del bandito Salvatore Giuliano alle bombe in Continente del 1993.

Cosa Nostra siciliana tratta con l'altra parte per mezzo secolo. È una negoziazione che non si ferma mai. A volte il maneggio resta segreto, altre volte si manifesta violentemente all'esterno nelle forme più imprevedibili.

Aula di Corte d'assise di Viterbo, 1951. Gaspare Pisciotta, cugino e luogotenente di Turiddu Giuliano e suo traditore, si agita nella gabbia. All'improvviso si alza in piedi. Grida al processo per la strage di Portella: «Siamo un corpo solo: banditi, polizia e mafia. Come il Padre, il Figlio e lo Spirito Santo». Un urlo che è la sua condanna a morte. Il 9 febbraio del 1954 viene avvelenato all'Ucciardone. Un caffè alla stricnina. Gaspare Pisciotta conosce tutto degli «accordi» fra l'ispettore generale della pubblica sicurezza Ettore Messana – il capo dell'antibanditismo – e il colonnello dei carabinieri Ugo Luca e i rappresentanti delle famiglie di Monreale e di Borgetto. Protezioni, uso di confidenti, promesse di amnistia. Una trama.

Aula di Corte d'assise di Firenze, giugno 1998. Quindici uomini d'onore di Cosa Nostra sono condannati all'ergastolo per gli attentati del 1993 a Firenze, a Roma e a Milano. Per cinque anni i migliori investigatori italiani danno la caccia ai «mandanti a volto coperto». Non li trovano.

A differenza di tutte le altre mafie del mondo occidentale, la Cosa Nostra siciliana non si è mai accontentata della ricchezza. Ha sempre voluto qualcosa di più. Ha sempre inseguito un progetto politico.

# «Quelli si sono fatti sotto»

Totò Riina

«L'esame di ciò che hanno detto testi e collaboratori dimostra, in maniera indiscutibile che nella seconda metà del 1992 vi fu un "contatto" tra il Ros dei carabinieri e i capi di Cosa Nostra attraverso Vito Ciancimino. I termini personali e temporali di questo "contatto" sono praticamente certi, essendo stati narrati da due testi qualificati, come il generale Mario Mori e il capitano Giuseppe De Donno... va detto che questa vicenda è interessante... perché consente di comprendere per quali vie si rafforzò, nei capi mafiosi dell'epoca, che la strage fosse pagante...»

«È fin troppo chiaro, infatti, che non muta in alcuna maniera la responsabilità degli odierni imputati il sapere se alle spalle del generale Mori vi fossero ministri, parlamentari, massoni, Servizi segreti o quant'altro la mente più sospettosa possa immaginare. Un'eventualità del genere servirebbe per comprendere chi ha mosso le fila di alcuni accadimenti degli ultimi anni, ma non per comprendere il ruolo di Riina, Bagarella e compagnia nelle stragi del 1993-1994. Ugualmente non potrebbe aver alcun peso sul presente giudizio il sapere se Ciancimino propiziò l'arresto di Riina e se il prezzo pagato dallo Stato fu quello di sostanziali concessioni ai mafiosi. Questa eventualità fa preoccupare molto, rabbrividire ogni persona avveduta, ma è inidonea a influenzare questo giudizio...»

«L'iniziativa del Ros (perché di questo organismo si parla, posto che vide coinvolto un capitano, il vicecomandante e lo stesso comandante del Reparto) aveva tutte le caratteristiche per apparire come una "trattativa"; l'effetto che ebbe sui capi mafiosi fu quello di convincerli, definitivamente, che la strage era idonea a portare vantaggi all'organizzazione. Sotto questi profili non possono esservi dubbi di sorta, non solo perché di "trattativa", "dialogo", ha espressamente parlato il capitano De Donno (il generale Mori, più attento alle parole, ha quasi sempre evitato questi due termini), ma soprattutto perché non merita nessuna qualificazione diversa la proposta... di contattare i vertici di Cosa Nostra per capire cosa volessero in cambio della cessazione delle stragi...»

«Brusca, dal canto suo, ha dichiarato di avere appreso da Riina di richieste condensate in un lungo *papello*. Personalmente comprese che Riina si riferiva agli istituti giuridici che più angustiavano Cosa Nostra in quel periodo: il 41 bis, la legge sui collaboratori, la riapertura dei processi... Tutto ciò induce allora a ritenere che Brusca dice il vero quando afferma che la richiesta di trattare, formulata da un organismo a lui sconosciuto (oggi sa che erano gli uomini del Ros), indusse Riina a pensare (e a comunicare ai suoi accoliti) che "quelli si sono fatti sotto". Lo indusse, cioè, a ritenere che le stragi di Capaci e di via D'Amelio avevano completamente disarmato gli uomini dello Stato; li avevano convinti dell'invincibilità di Cosa Nostra, li avevano indotti a rinunciare all'idea di "muro contro muro" e a fare sostanziali concessioni all'organizzazione criminale.»

«Questo convincimento rappresenta la conclusione più "ragionevole" dell'iniziativa del Ros... ed ebbe sicuramente un effetto deleterio per le istituzioni, confermando il delirio di onnipotenza dei capi mafiosi e mettendo a nudo l'impotenza dello Stato. Prova ne sia, che appena i Corleonesi intravidero difficoltà nella conclusione della "trattativa", pensarono a un'altra strage per "stuzzicare" la controparte: uccidere il magistrato Pietro Grasso.»

Sono le conclusioni della Corte d'assise di Firenze nel processo per la strage dei Georgofili.

# «Gli ho presentato un papello grande così»

### Giovanni Brusca

«Dopo l'attentato di Capaci si verificarono alcuni fatti che sono in qualche modo, dal mio punto di vista, la causale dei delitti e delle stragi successive. Ho avuto un paio di incontri con Riina dopo l'uccisione del dottor Falcone. La prima volta gli chiesi quali fossero state le reazioni di tutti i capimandamento alla strage: "Sono contenti o non sono contenti per quello che è accaduto?". Lui ha sempre avuto uomini di sua fiducia infiltrati in tutte le famiglie che, per noi corleonesi, funzionavano da termometro per capire gli umori più sotterranei dell'organizzazione...»

«Mi disse subito, molto soddisfatto: "Si sono fatti sotto. Gli ho presentato un papello grande così con tutte le nostre richieste". In siciliano *papello* significa un foglio protocollo, insomma un elenco molto lungo... Non mi disse a chi aveva consegnato il *papello* né cosa ci fosse scritto. In quel momento, aveva un canale che non mi diceva. Sull'istante non chiesi niente perché sapevo che, prima o poi, avrei capito. Pensai, magari, a qualche magistrato o politico palermitano, furono queste le prime deduzioni. Oramai la corrente andreottiana l'avevamo eliminata, quindi dovevano esserci canali davvero nuovi. Riina mi disse anche: "Ci sono degli avvocati che mi vogliono portare questo Bossi, che parla a destra e a sinistra, fa sapere... ma questo è un pazzo, non possiamo andare appresso a lui...".... Qualche settimana dopo Riina mi riferì che era arrivata la risposta alle sue richieste...»

«..."Siete pazzi. Su questa base non possiamo trattare." Non so chi gliela diede. La decisione di uccidere Borsellino, a mio giudizio, fu presa in gran fretta. Cosa Nostra diede la botta con Borsellino proprio per mettere a segno un altro colpo nel tentativo di vincere le resistenze che incontrava il "partito della trattativa". Infine, dopo l'uccisione di Ignazio Salvo, Riina mi mandò a dire con il Biondino: "Ci vuole un'altra botta. Chi ha sotto mano?". Sapeva che tenevo d'occhio il giudice Pietro Grasso, che in quel momento andava in casa della suocera a Monreale... Grasso mi sembrava adatto in quel momento: persona dello Stato, delle istituzioni, molto conosciuta, un obiettivo da colpire.»

«Volevamo costringere a trattare chi si era presentato per conto dello Stato. Volevamo che dicessero: "Va bene. Abbiamo capito. Cosa volete per smettere?"... Posso dire di più. Riina era convinto di poter tornare da un momento all'altro a Corleone. Puntava alla revisione del maxiprocesso, nel *papello* c'era anche questo. Non dimentichiamo che le prime condanne a Riina arrivarono proprio in quella occasione, prima lui non aveva altre condanne definitive... Noi sapevamo che Riina era pronto a tornarsene al suo paese. Stava già mandando avanti i figli e si sarebbe tenuto con sé la bambina più piccola. Voleva tornarci da cittadino libero e voleva farlo già dopo la strage di Capaci. Questo lo sapevo io, lo sapeva mio padre, lo sapeva Bagarella... Poi è crollato il progetto. Il canale si è chiuso. E si è chiuso nell'agosto 1992. Questo perché, sin quando i carabinieri non ebbero la strada per arrivare al suo arresto, trattarono alla grande...»

«Se si vanno a vedere le immagini della mia deposizione al processo per la strage di Capaci, proprio nel momento in cui sto parlando del *papello*, si può notare che Riina, rivolgendosi a me, fa il gesto delle corna. Mi fa quel gesto nel senso buono, come a dirmi: guarda questo *sdisonorato* che sta tirando fuori i fatti... So che è contento che stanno cominciando a venire fuori i discorsi sulla politica e sui mandanti esterni delle stragi...»

# «Certo, poi, quando cade il Muro di Berlino...»

Antonino Giuffrè

«In certi paesi è da bambini che si comincia a respirare l'aria mafiosa, che portava a un solo stretto legame con la politica, con la Democrazia cristiana. Così, in fondo, il nostro lavoro era anche facilitato, perché la gente del popolino aveva paura dei comunisti, erano visti come il diavolo. Noi invece avevamo l'acquasanta, che era appunto la Dc. Certo poi, quando cade il muro di Berlino, i comunisti non mangiano più i bambini e non sono più il diavolo, il discorso non ci venne più a quadrare. E noi, che eravamo stati quelli che avevano garantito l'ordine ai signori democristiani, cominciavamo a essere messi da parte. Inaccettabile.»

«La mafia non dà niente per niente, ci deve sempre guadagnare. Allora io do una cosa a te politico e tu dai una cosa a me mafioso. Io do a te un potere, ti porto a Roma, tu a me mi devi garantire immunità, favori, guadagni. Fino a quando tutti i nostri discorsi non sono in equilibrio.»

«Non pensate che noi siamo quelli che controlliamo politicamente la Sicilia, sarebbe una cosa molto sbagliata crederlo. Noi abbiamo avuto da sempre l'astuzia di metterci con i vincitori. Nel 1987 capimmo che erano i socialisti. Nel 1994 Forza Italia. Mica Forza Italia l'abbiamo fatta salire noi. Era la gente a essere stufa della Dc. La gente comune era stufa dei politici. Con chiunque parlavo, c'era una sola voce, Forza Italia, come fosse un'ancora di salvezza.»

«Provenzano diceva che alcuni politici si erano fatti avanti, per il loro personale tornaconto. Provenzano con noi aveva cambiato linguaggio... non diceva "facciamo così"... diceva "secondo me... e voi che dite?"... Poi era lui che decideva.

È un maestro di modi, un diplomatico, un vero politico. Diceva anche che aveva buoni contatti per raggiungere Berlusconi, attraverso persone che fanno quello che vogliamo noi.»

«Quando nel 1993 esco dal carcere trovo un Provenzano riciclato, da battagliero che era mostrava sintomi di santità. Le stragi del '92 erano state una pazzia, si erano fatti molti danni e bisognava cercare rimedi. Perché della politica non si poteva fare a meno. Diceva Provenzano: non bisogna fare *scrusciu*, non bisogna fare rumore per non destare l'attenzione, bisogna muoversi con le scarpe felpate.»

«Diciamo che arriviamo, sempre in un clima di tensione, alla metà del '93, quando finalmente si vede all'orizzonte il nascere di situazioni politiche un pochino diverse da quelle tradizionali. Noi guardavamo questo discorso con grandissimo interesse perché già quando si parlava di nuovo, di uomini nuovi... venivamo da un passato piuttosto brutto, eravamo giustamente *scannaliati*, spaventati, e si chiedeva appositamente delle garanzie.»

«Quindi sposiamo un pochino tutti la causa di Forza Italia... una fase iniziale dove si chiede agli esponenti di questo movimento delle garanzie, poi c'è da andare a scegliere quelle persone dei vari collegi della Sicilia, il più possibile seri, il più possibile puliti. Questo fa parte della finezza di Provenzano... Viene anche stabilito che Cosa Nostra si deve defilare dagli uomini politici, perché se no, a detta di Provenzano *a 24 ore l'abbracciamu*. Ora mi spiego. Nel momento in cui io sponsorizzo un uomo politico, entro 24 ore quell'uomo politico è finito, perché verrà attaccato poi dalle forze avversarie, da tutto un complesso di cose... esperienza passata, questa è una strategia importantissima... noi facciamo un passo indietro in modo che noi non possiamo avere, cioè possiamo dare a vedere che dietro quel determinato politico ci sono io...»

# «A nome di tutti i detenuti del 41 bis...»

Leoluca Bagarella

«A nome di tutti i detenuti ristretti presso questa casa circondariale dell'Aquila, sottoposti all'articolo del 41 bis, stanchi di essere strumentalizzati, umiliati, vessati e usati come merce di scambio dalle varie forze politiche, intendiamo informare questa Eccellentissima Corte che dal giorno primo di luglio abbiamo iniziato una protesta civile e pacifica che consiste nella riduzione dell'aria...»

«Praticamente ci andiamo una sola ora, all'aria... Tutto ciò cesserà nel momento in cui le autorità preposte in modo attento e serio dedicheranno una più approfondita attenzione alle problematiche che questo regime carcerario impone e che più volte sono state esposte da dieci anni...»

«I medesimi lamentano il modo in cui il ministro della Giustizia proroga di sei mesi a sei mesi il regime particolare del 41 bis... un modo come aggirare la legge, secondo la quale i provvedimenti limitativi del trattamento penitenziario non possono che essere temporali...»

«E l'essere tempestati da proroghe trimestrali di provvedimenti assai vessatori sono in palese contrasto con l'articolo 3 della Costituzione, della Corte Costituzionale...»

«Signor presidente, io ho finito. Volevo solo aggiungere una cosa. Siccome i giornali hanno parlato... "Ascoli Piceno, Salvatore Riina ha iniziato a fare lo sciopero della fame...", io non so se ad Ascoli Piceno...»

Pubblico ministero: «Presidente, la rilevanza... vorrei capire la rilevanza, le dichiarazioni spontanee devono essere sempre attinenti alla dialettica processuale».

Presidente: «Ascolti, Bagarella...».

Bagarella: «E allora ai politici che ci raccontate, che cosa ci raccontano i giornalisti, che cosa ci raccontano...».

Presidente: «Bagarella, guardi c'è un'opposizione del pubblico ministero che lei continui. Lei ha letto questa sorta di...».

Bagarella: «Questa peti... diciamo... questa petizione...».

Presidente: «Ne abbiamo preso atto, basta così...».

Bagarella: «Va bene, la ringrazio, signor Presidente...».

Pm: «Presidente, io chiedo che il verbale delle dichiarazioni che ha appena reso il Bagarella venga trasmesso al mio ufficio per quanto di eventuale competenza».

Presidente: «Va bene, d'accordo, provvediamo».

# «Iddu pensa solo a iddu»
## Radio carcere

Lo stadio della Favorita è in festa, nel cielo volano palloncini rosa e nero, in campo i giocatori stanno scaldando i muscoli, sugli spalti ventiseimila spettatori attendono l'inizio del gioco. È la penultima giornata del girone d'andata del campionato di serie B, Palermo contro Ascoli. Dalla curva sud degli ultras qualcuno srotola uno striscione lungo sette metri, le telecamere lo inquadrano: «Uniti contro il 41 bis. Berlusconi dimentica la Sicilia». La partita finisce in parità: 2 a 2.

È il ventidue dicembre del 2002, appena qualche mese dopo il proclama letto da Leoluca Bagarella in Corte d'assise e appena qualche settimana dopo un rapporto del servizio segreto civile sui «pericoli» di una vendetta degli uomini di Cosa Nostra. Tutti i Corleonesi sono in carcere, condannati a ergastoli su ergastoli. Sono passati dieci anni dalle stragi siciliane di Capaci e di via D'Amelio.

A Spoleto, a Novara, a Sulmona e a Terni sono rinchiusi quasi tutti quelli che hanno ucciso Falcone e Borsellino. Totò Riina. Pietro Aglieri. I fratelli Graviano di Brancaccio. Leoluca Bagarella. I Madonia di Resuttana. Tutti sepolti nei bracci speciali del 41 bis. Scrivono gli analisti del Sisde: «Tra marzo e luglio, la risposta del ceto politico alle istanze di Cosa Nostra è stata totalmente negativa... sul 41 bis tutte le forze politiche, pressoché all'unanimità, si sono espresse contro l'abolizione e a favore di ulteriori inasprimenti. La situazione vede, dunque, i capi di Cosa Nostra di fronte a una vanificazione delle speranze, alla quale è verosimile intendano reagire... e non accettare comunque il protrarsi di questo status...».

I boss in carcere sono pronti a colpire. Chi? Il servizio segreto fa due nomi. Uno è quello del senatore Marcello Dell'Utri, l'altro quello del deputato Cesare Previti. Sono gli uomini più vicini a Silvio Berlusconi.

«*Iddu* pensa solo a *iddu*». Lui pensa solo a se stesso. È il tam tam di radio carcere. *Iddu* sarebbe il presidente del Consiglio Silvio Berlusconi.

Ci sono anche i detenuti del carcere di Novara che consegnano una lettera indirizzata agli «avvocati parlamentari». È firmata anche da Giuseppe Graviano e da Salvatore Madonia. Accusano gli avvocati diventati deputati – molti sono siciliani – di avere tradito sul 41 bis.

Palermo trema. Ritorna la paura di una strage, dei morti ammazzati per mano corleonese.

Il Sisde registra anche la «protesta» carceraria di Novara: «L'avvertimento indirizzato ai penalisti palermitani divenuti parlamentari, accusati di trascurare le aspettative di tanti imputati già difesi in sede giudiziaria, viene interpretato in ambienti di interesse come indicativo delle intenzioni dei detenuti per fatti di mafia di pianificare azioni delittuose in loro danno».

Per la prima volta, dopo tanti anni, Cosa Nostra siciliana sembra divisa in due, spaccata. Da una parte i capi in galera, dall'altra i grandi latitanti comandati da Bernardo Provenzano. I «carcerati» scalpitano, vogliono veder cancellato il regime speciale, puntano sempre alla revisione dei processi. E minacciano. Chi sta fuori sceglie la «sommersione», il silenzio, l'invisibilità. Poi c'è però anche il «partito» di Pietro Aglieri, quello che parla «direttamente» con Dio ma prova a trattare anche con i procuratori.

Il carcere e i processi sono i problemi di Cosa Nostra all'inizio del nuovo secolo. E lo resteranno anche per gli anni a venire.

*Art. 416 bis*
*(legge del 13 settembre 1982 n. 646)*

«*Associazione di tipo mafioso. Chiunque fa parte di un'associazione di tipo mafioso formata da tre o più persone, è punito
con la reclusione da tre a sei anni. Coloro che promuovono, di-
rigono o organizzano l'associazione sono puniti, per ciò solo,
con la reclusione da quattro a nove anni.*»

*Art. 110-416 bis*

*Concorso esterno in associazione mafiosa. Secondo alcuni, è
un «comodo» strumento di investigazione che troppo spesso si
rivela insufficiente per reggere un'ipotesi accusatoria fino alla
sentenza. Per altri, è un espediente che mette insieme due arti-
coli del codice per inquisire figure le cui responsabilità oscilla-
no fra qualcosa di più del favoreggiamento aggravato e qualcosa di meno dell'associazione mafiosa. La questione, in Italia, è
aspramente dibattuta. Da una ricerca avviata alla fine del 2007
dalla Direzione nazionale antimafia, negli ultimi sedici anni
risultano 7190 gli indagati per concorso esterno. I procedimen-
ti già definiti – con sentenza di condanna o di assoluzione – sono però soltanto 542. Sulle origini del concorso esterno nel reato associativo vi sono tracce in due sentenze remotissime. Ver-
detti della Corte di cassazione di Palermo. Dell'anno 1875.*

# «Gli uomini d'onore erano abituati a contatti con persone altolocate»

Antonino Calderone

Francesco Di Carlo:

«Incontrai nuovamente Marcello Dell'Utri, a Milano... eravamo alla metà degli anni Settanta... C'erano anche Stefano Bontate, Mimmo Teresi e Gaetano Cinà... Tutti erano particolarmente eleganti e chiesi perché, mi risposero che dovevano vedere un grosso industriale, mi chiesero di andare con loro a questo incontro. Andammo in un ufficio non molto distante dal centro di Milano, ci accolse Marcello Dell'Utri... dopo quindici minuti venne Silvio Berlusconi...».

«Ricordo che Stefano Bontate invitò Berlusconi a investire in Sicilia, lui però replicò che "già temeva i siciliani che al Nord non lo lasciavano tranquillo". In effetti Bontate mi aveva già anticipato, in macchina, che la persona che dovevamo incontrare aveva paura di essere sequestrato... Bontate replicò a Berlusconi che non avrebbe più avuto nulla da temere, che già c'era vicino a lui Marcello Dell'Utri e che, comunque, gli avrebbe mandato qualcuno dei suoi in modo da non fargli avere più alcun problema con i "siciliani"...»

«Successivamente Gaetano Cinà mi ha raccontato che era stato mandato da Silvio Berlusconi Vittorio Mangano, che allora apparteneva al mandamento di Stefano Bontate, e che per qualsiasi contatto con lo stesso Berlusconi si sarebbe dovuto passare sempre da Vittorio Mangano. Al termine di quell'incontro a Milano, Berlusconi disse testualmente che "era a nostra disposizione per qualsiasi cosa". La stessa cosa gli confermò Stefano Bontate...»

Antonino Calderone:

«In quel periodo a Milano ho frequentato spesso Vittorio Mangano... un giorno lo incontrai in un ristorante anche insieme a Marcello Dell'Utri, che mi venne presentato da Mangano come il suo "principale". La presenza di Dell'Utri non impressionò più di tanto, in quanto gli uomini d'onore allora erano abituati ai contatti con persone altolocate...».

Salvatore Cancemi:

«Quando Riina mi fece il nome di Dell'Utri e mi disse che era una persona di fiducia di Berlusconi, dando quindi per implicito che Dell'Utri era in contatto con noi, la cosa non mi stupì, io già sapevo da Mangano di quei contatti... Ma Riina mi disse anche di riferire a Mangano che lui non doveva più interferire in quel rapporto... perché da quel momento i rapporti con Dell'Utri li teneva direttamente Totò Riina... Usò un tono minaccioso, lasciandomi chiaramente intendere che se Mangano non si fosse tolto di mezzo, lo avrebbe eliminato».

«Il rapporto fra Mangano e Dell'Utri era strettissimo. Mangano in pratica usava Dell'Utri e gli poteva chiedere qualsiasi cosa: per esempio Mangano mi disse che nella tenuta... nella disponibilità di Dell'Utri... furono nascosti anche latitanti... i fratelli Grado... In sostanza Mangano aveva un tale ascendente su Dell'Utri che poteva ottenere qualsiasi cosa...»

«In quell'incontro Totò Riina mi riferì anche che Silvio Berlusconi stava acquistando immobili diroccati nella zona di via Maqueda, via Roma, via Sant'Agostino, cioè tutta la fascia della zona vecchia che arriva fino al teatro Politeama, territorio che cade nel mio mandamento... È ovvio che Berlusconi non avrebbe mai potuto fare una speculazione edilizia di quella portata senza avere il benestare di Riina... Non si può venire in Sicilia e fare affari senza il consenso di Cosa Nostra, soprattutto come in questo caso, con interessi e un giro d'affari così grande...»

# «Vittorio Mangano è un eroe, a modo suo»
## Marcello Dell'Utri

«Il fattore Vittorio Mangano, condannato in primo grado all'ergastolo, è morto per causa mia. Mangano era ammalato di cancro quando è entrato in carcere ed è stato ripetutamente invitato a fare dichiarazioni contro di me e il presidente Silvio Berlusconi. Se lo avesse fatto, lo avrebbero scarcerato con lauti premi e si sarebbe salvato. È un eroe, a modo suo.» Così Marcello Dell'Utri ricorda il «fattore» di Arcore l'8 aprile 2008, alla vigilia delle elezioni politiche che riporteranno Silvio Berlusconi a Palazzo Chigi.

Così Marcello Dell'Utri spiegava, dodici anni prima, ai procuratori di Palermo i suoi rapporti con Vittorio Mangano.

«L'ho conosciuto nella Palermo degli anni Sessanta, io ero allenatore della Bacigalupo, una squadra di calcio giovanile. Lui era una specie di tifoso. Commerciava in cavalli. Me ne ricordai nel 1975. Mi ero trasferito a Milano, ero diventato assistente di Berlusconi, che era stato mio compagno di università. Silvio Berlusconi mi incaricò di cercare una persona esperta di conduzione agricola. Così io chiamai Mangano. Rimase ad Arcore due anni. E si comportò benissimo. Trattava con i contadini, si occupava dei cavalli.»

«Vittorio Mangano venne assunto su mia indicazione alle dipendenze del dottor Berlusconi. Infatti, subito dopo il mio arrivo a Milano, Berlusconi aveva acquistato la villa Casati e mi incaricò del reperimento del personale per mandare avanti la villa. Riguardo al fattore, mi ricordai che Vittorio Mangano si intendeva di cavalli, cani ed anche di coltivazioni. Presentai quindi Mangano al dottor Berlusconi che approvò la scelta.»

«... Arrivò una lettera di minacce, e arrivarono anche delle telefonate anonime dove qualcuno diceva che era pronto a sequestrare o uccidere il figlio di Berlusconi. Non ricordo se ci furono richieste specifiche di denaro, e di quanto. Tutto questo avvenne dopo l'allontanamento di Vittorio Mangano, quindi alla fine del 1974 o agli inizi del 1975. Berlusconi si preoccupò moltissimo, andò in Spagna con la famiglia. Anch'io andai in Spagna, organizzai questo viaggio. Io comunque non feci assolutamente nulla, né seppi mai da dove provenissero queste minacce. Le prime minacce ricevute da Berlusconi... ai primi degli anni Settanta... cessarono così come iniziarono... voglio dire che non ci fu alcun intervento perché quelle minacce cessassero... poi questa così grave preoccupazione di Berlusconi fu causata non già semplicemente dal tenore delle minacce anonime, ma dal collegamento che subito facemmo con il Mangano, in quanto in occasione delle indagini sul sequestro del principe D'Angerio avevamo saputo che il Mangano era un pregiudicato. Venne infatti allontano subito dopo quel sequestro.»

«Riguardo la mia presunta mediazione presso mafiosi, devo dire che io quelle cose a Filippo Rapisarda le dissi: dissi che avevo mediato fra gli autori delle minacce e Berlusconi, ma lo dissi per vantarmi. Rapisarda si vantava di conoscere questo e quell'altro nell'ambiente criminale, io feci un po' la stessa cosa. Rapisarda si vantava di conoscere i Bono, io gli dissi per vanteria: "Io ne conosco di più importanti dei tuoi"...»

«Con Mangano avevo rapporti buoni, direi persino ottimi... Anche dopo la fine del 1975 lui continuò a frequentare Arcore, e più precisamente la scuderia dove teneva a pensione un cavallo di nome Epoca. E bazzicava anche in un maneggio gestito da tale Pepito... Finito lo stato di detenzione, fra la fine degli anni Ottanta e l'inizio degli anni Novanta, Vittorio Mangano è venuto qualche volta a trovarmi a Milano...».

*Titolo del film:* Il Padrino, *titolo originale:* The Godfather, *durata: 175 minuti, genere: drammatico, formato: Technicolor, tratto dal romanzo omonimo di Mario Puzo prodotto nel 1972 da Albert S. Ruddy della Paramount Pictures, distribuito dalla Cic-Cic Video, regia di Francis Ford Coppola.*

*Interpreti e personaggi: Marlon Brando (don Vito Corleone), Al Pacino (Michael Corleone), James Caan (Sonny Corleone), Richard Castellano (Clemenza), John Cazale (Freddy Corleone), Richard Conte (Barzini), Robert Duvall (Tom Hagen), Corrado Gaipa (don Tommasino), John Marley (Jack Woltz), Tony Giorgio (Bruno Tartaglia), Morgana King (Mamma Corleone), Al Lattieri (Virgil Sollozzo detto il Turco), Diane Keaton (Kay Adams), Al Martino (Jonny Fontane), Lenny Montana (Luca Brasi), Talia Shire (Connie Corleone), Simonetta Stefanelli (Apollonia).*

*Soggetto di Robert Towne, sceneggiatura di Francis Ford Coppola e Mario Puzo, fotografia di Gordon Willis, musiche di Nino Rota, montaggio di William H. Reynolds, Marc Laub, Murray Solomon e Peter Zinner, effetti speciali di Paul J. Lombardi, scenografia di Dean Taouvularis, costumi di Anna Hill Johnstone.*

# «Papà gli aveva fatto un'offerta che non poteva rifiutare»

Michael Corleone

Don Vito Corleone e l'impresario di pompe funebri Amerigo Bonasera:

Don Vito Corleone: «Trovasti il paradiso tuo in America. Commercio avviato, vita sicura, polizia che ti protegge, e giustizia nei tribunali. A che ti serviva un amico come me? Ma ora, vieni da me e mi dici: "Don Corleone, dammi giustizia"; però non lo fai, non lo domandi con rispetto, tu non offri amicizia. Non ti sogni nemmeno di chiamarmi Padrino, invece ti presenti a casa mia il giorno che si marita mia figlia e mi vieni a chiedere un omicidio a pagamento».

Bonasera: «Io vi chiedo giustizia...».

Don Vito Corleone: «Questa non è giustizia, tua figlia è ancora viva».

Bonasera: «Anche loro hanno *à soffrire chiddu* che lei soffre. Decida *ù prezzo* e io pago».

Don Vito Corleone: «*Ma che ti fici*, Bonasera? *Che ti fici* mai per meritare questa mancanza di rispetto? Se venivi da me in amicizia i bastardi che hanno sfigurato tua figlia avrebbero la punizione oggi stesso. E se per questo un onest'uomo come te si trovasse dei nemici, quelli diventerebbero nemici miei, e avrebbero paura di te».

Bonasera: «Mi volete come amico?... Padrino?...».

[Bonasera bacia la mano di don Vito.]

Don Vito Corleone: «Bravo, un giorno... e non arrivi mai quel giorno, ti chiederò di ricambiarmi il servizio. Ma fino a quel momento, consideralo un dono in occasione delle nozze di mia figlia».

Sonny Corleone e il suo fratellastro Tom Hagen:

Sonny Corleone: «Mandagli un messaggio. Io voglio Sollozzo, se è guerra e andiamo ai materassi».

Tom Hagen: «Tuo padre sarebbe contrario. Sono affari, non questioni personali».

Sonny Corleone: «Hanno sparato a mio padre!...».

Tom Hagen: «Hanno sparato a tuo padre per questioni d'affari! Non personali, Sonny!...».


Michael Corleone e Kay Adams:

Michael Corleone: «Johnny, quando era appena agli inizi, aveva firmato un impegno di esclusiva con un famoso maestro. Ma dato che la sua carriera andava di bene in meglio se ne voleva liberare, e chiese aiuto a mio padre, che è suo Padrino. Allora mio padre andò a trovare il maestro, e gli offrì 10 mila dollari per sciogliere il contratto. La risposta fu no. Il giorno appresso papà andò a trovarlo con Luca Brasi, e questa volta quello firmò la rinuncia. In cambio 100 dollari».

Kay Adams: «E come... si era convinto?».

Michael Corleone: «Papà gli aveva fatto un'offerta che non poteva rifiutare».


Michael Corleone e Kay Adams:

Michael Corleone: «Mio padre non è diverso da qualunque altro uomo di potere, da chiunque abbia responsabilità di altri uomini. Come un senatore, un presidente».

Kay Adams: «Non vedi come è ingenuo quello che dici?».

Michael Corleone: «Perché?».

Kay Adams: «Senatori e presidenti non fanno ammazzare la gente».

Michael Corleone: «Chi è più ingenuo, Kay?».

# «La rovina dell'umanità sono certi film»
## Michele Greco

«Giuseppe, mio figlio, non ha mai avuto la tendenza per la campagna come l'ho avuta io e l'ha avuta tutta la mia famiglia da molte generazioni: mai, Giuseppe mai. Ha sempre avuto la tendenza per la vita artistica, siccome ha talento in merito. Per abbreviare, un giorno si venne insieme al dunque di potere fare un film. Giuseppe partecipò, se la cavò bene al primo impatto con la cinepresa. Ora però, anziché fare la carriera artistica, le calunnie dei pentiti gli hanno fatto fare anche a lui la carriera carceraria.»

«Io le posso dire una cosa signor presidente... che la rovina dell'umanità sono certi film, film di violenza, film di pornografia. Sono proprio la rovina dell'umanità signor presidente perché... perché se Totuccio Contorno avesse visto *Mosè* e non *Il Padrino*, ad esempio, non avrebbe calunniato nessuno... nella maniera più assoluta. Invece Totuccio Contorno, purtroppo, ha visto *Il Padrino*... io mi protesto innocente, questa è la tragedia del secolo.»

«Mi hanno descritto come un Nerone, come un Tiberio... ma nella mia vita non ho avuto mai nemmeno una contravvenzione, perché io ho sempre avuto pure l'educazione di saper posteggiare bene anche la macchina. Mi chiamano il Papa ma io non posso paragonarmi ai papi per intelligenza, cultura e dottrina. Ma per la mia coscienza serena, e per la profondità della mia fede posso anche sentirmi pari a loro, se non superiore a loro... Nel futuro io ci spero sempre. Ho la pace interiore, una grande pace interiore. Me la dà quel grande ospite illustre che è dentro di me e che ho ricevuto nel giorno del battesimo. Anche se mi porteranno nei sotterranei, con le catene ai piedi, sprizzerò sempre serenità. Io ho letto molto, signor presidente, soprattutto la Bibbia. E conosco solo coloro che si pentono davanti a Dio. Gli altri, quelli utilizzati dalla giustizia, sono soltanto dei criminali falliti che per farla franca non esitano a raccontare falsità. Come Contorno, che ha visto *Il Padrino*. Signor presidente, io sono estraneo di tutto.»

# «Un noto famoso»
## Umberto Castagna detto Enzo

Nel suo archivio sono schedate ventimila comparse. Tutte palermitane, una particina a testa da *Il Padrino I* alla *Piovra 11*. Ogni produttore e ogni regista che scende in Sicilia deve per forza incontrarlo. Di se stesso dice: «Sono il più grande organizzatore di cinema italiano, ma qualcuno sostiene anche mondiale». È titolare di un'agenzia di pompe funebri, però chi vuole «girare» a Palermo un film di mafia non può fare a meno di rivolgersi a lui: a Umberto Castagna detto Enzo.

Si considera una leggenda vivente. Il suo slang è un miscuglio fra il palermitano di borgata e qualche altra lingua ancora sconosciuta, un vocabolario ricco, a volte anche ai confini della genialità. Pasolini è Pasolino, Francis Coppola è Franz Coppola, il sosia è il sosio, l'opinione pubblica è l'unione pubblica, Roberta Torre è la Torres. E Umberto Castagna detto Enzo è «un noto famoso».

Sulla grande parete del suo salotto – in via Monfenera, quartiere della Zisa – Al Pacino sorride a Michele Placido. Due maxiposter. Due dei «suoi» attori. Sotto quelle facce un comò. «Una volta era pieno di carte da centomilalire, poi però è arrivato quell'*infamone* di Aurelio Neri...» Un pentito. Aurelio Neri lo «chiama», accusa Umberto Castagna detto Enzo di avere fatto il palo nella rapina miliardaria del 1995 alle poste di Palermo: il «noto famoso» finisce per due anni e mezzo all'Ucciardone. È quando riesce a ottenere gli arresti domiciliari che comincia a meditare la sua vendetta. Non a colpi pistola, ma con una sceneggiatura. «Sono diabolico, sono veramente diabolico» racconta. È il film che sogna da quando è stato arrestato e condannato, un film su Aurelio

Neri, l'uomo che l'ha «venduto». Il copione è dentro quel comò che «una volta era pieno di carte da centomilalire», un mucchio di fogli sparsi alla rinfusa.

L'ultima scena è ambientata all'Ucciardone in un imprecisato giorno di un imprecisato anno. C'è un detenuto intimorito e un agente di custodia che sembra un sadico. Il primo chiede pauroso: «Dove mi stai portando?». Risponde l'altro, che lo sta trascinando per un braccio: «Ti sto portando alla Sesta sezione». La famigerata Sesta del carcere di Palermo, la galera degli ultimi, dei più derelitti. Dove deve scontare la sua pena Aurelio Neri. Fine del film e fine della storia del cinema in Italia e forse anche nel mondo. «*Mii*..., sarà un capolavoro... quell'infame truffaldino di Aurelio Neri nel mio film si becca sette anni di reclusione, tanti quanti ne hanno *accavallati* a me i giudici...»

Cinema e feste di quartiere, viva Santa Rosalia, canzoni napoletane, Gianni Celeste e Mario Trevi, i giochi di fuoco che a Palermo sono le *masculiate*, un popolo in fila in via Monfenera per chiedere un attimo da comparsa nell'ultima fiction. E lui ricorda: «Sono nato nel 1941, mio padre era costruttore, eravamo dieci fratelli, sette maschi e tre femmine, bella famiglia, tutti lavoratori. Pippo, il più grande dei fratelli, è emigrato subito a Roma dove ha fatto sempre cinema. È stato Pippo a insegnarmi tutto».

Pippo. Franco Rosi e Visconti. I fratelli Taviani. Damiano Damiani. Sofia Loren. Risi e De Sica e Peppuccio Tornatore. Il piccolo Totò Cascio. Gianni Amelio. Aurelio Grimaldi. «Tutte mie creature» dice Umberto Castagna detto Enzo.

# «Dom, se hai ucciso per il governo allora puoi farlo anche per la famiglia»

Nino Gaggi

Quel fetente di Winnie Mook non merita di vivere, in un modo o in un altro deve morire. L'incarico lo affidano a Dom, il più preciso per certi «lavoretti». Dom organizza un piano. Controlla i movimenti di Winnie, scopre dove lascia ogni sera l'automobile, gli infila un candelotto di dinamite nel motore della sua Cadillac. Il botto manda in frantumi tutte le vetrine di Hester Street, però Winnie si salva. Perde tutte e due le gambe ma resta vivo. Una settimana dopo Dom festeggia a casa sua il compleanno della moglie, la bacia, taglia la torta, le regala un orologio tempestato di brillanti, saluta con una carezza i suoi due figli e poi corre verso l'ospedale dove Winnie è ricoverato. Tira fuori il revolver, un colpo alla nuca. Quel fetente finalmente è morto. Dominick Dom Montiglio, americano di Brooklyn, padre nato a Palermo e madre nata a Sciacca, ha ucciso il suo novantaquattresimo uomo. «Novantatré quando ero soldato nella giungla e dopo solo Winnie» racconta lui quando ricorda la sua «carriera» a New York al servizio dei Gambino.

Diecimila dollari di paga la settimana per riscuotere il pizzo ai commercianti strozzati da suo zio Nino Gaggi, quello che appena è tornato dal Vietnam gli ha detto: «Dom, se hai ucciso per il governo allora puoi farlo anche per la famiglia». Così comincia la storia di *wiseguy* per le strade di Brooklyn di Dom Montiglio, uno che ha conosciuto da vicino il vecchio Gaetano Badalamenti e frequentato le case dei Siciliani di Cherry Hill. Una prima vita da mafioso e una seconda vita da controfigura mafiosa. Dom è lo specchio di quell'America criminale che parla ancora italiano «mezzo e mezzo», che sopravvive sul suo passato. Dopo le scorribande, dopo i tanti soldi guadagnati con lo zio Nino, dopo l'omicidio di Winnie Mook, è finito nel programma di protezione dell'Fbi e poi in un film su Cosa Nostra. Come attore. Una docu-fiction prodotta nel 2005 per il National Geographic Channel, in ricordo del procuratore di Palermo Paolo Borsellino. Ex boss veri e boss finti, ex agenti antidroga sotto copertura e divi di Hollywood, tutti insieme sul set. Un ciak e il ricordo di un omicidio, una scena del crimine e un sorriso per la stampa. Sulla sua esistenza precedente da mafioso Dom ha messo su una piccola industria. Oggi ha anche un pr, si chiama Ross. Si sono conosciuti al Manhattan Correctional Center negli anni Ottanta. Ross gli procura gli agganci con i produttori cinematografici, prende gli appuntamenti con i giornalisti che vogliono conoscere «le spietate vicende» dell'Hester Street di un tempo, fissa gli ingaggi per le interviste in tv. Nel 1992 Ross ha presentato Dom a Jerry Capeci, il più famoso giornalista americano di crimine organizzato. Dopo un anno, in libreria è uscito *Murder machine: a true story of Murder, Madness and the Mafia* (La macchina assassina: una storia vera di delitti, mafia e follia).

Di sera Dom passeggia per Soho alla ricerca dei suoi ristoranti preferiti, adora il cibo thailandese. Di giorno dipinge, incontra artisti. E suona il basso. Così si è rifatto una vita Dominick Montiglio, il «terribile» nipote dello zio Nino Gaggi.

# IL FUTURO

## Gli eredi

*2008*

Giuseppe Salvatore Riina (Corleone)
Matteo Messina Denaro (Castelvetrano)
Gianni Nicchi (Palermo, borgata di Pagliarelli)
Giovanni Inzerillo (Palermo, borgata di Passo di Rigano)
Francesco Paolo Augusto Calì detto Franky Boy (New York)

*Sul loro conto fioriscono leggende dai primi anni Ottanta. So-
no tutti nascosti in Venezuela. Si stanno riorganizzando per
sbarcare in massa in Sicilia. Sono a Miami. In certe notti, qualcuno giura di averli avvisati dietro la chiesa diroccata di San
Ciro a Maredolce. O nei giardini di limone di Santa Maria del
Gesù, fra i sentieri che portano dalla Conigliera fino a Mezzo
Monreale.*

*A Palermo ripetono i loro nomi con ossessione. E tanta
paura. Poi, dopo un quarto di secolo, all'improvviso «gli scappati» ritornano.*

# «Di questi Inzerillo non deve rimanere neanche il seme»

## Totò Riina

In quei giorni si salvano soltanto loro. Trovano rifugio nel New Jersey, dai «cugini» americani. È la primavera del 1981, l'inizio ufficiale della grande guerra di mafia. Gli Inzerillo di Passo di Rigano, i Castellana, i Di Maggio e i Di Maio, i Gambino, i loro parenti di Torretta e quegli altri di Bellolampo e dell'Uditore, fuggono dai sicari di Totò Riina che li inseguono nelle loro borgate. Riappaiono dopo una vita.

Uno per volta, uno ogni tanto. Nel 2000 sono quindici o forse venti gli Inzerillo, sopravvissuti allo sterminio dei Corleonesi, che ritornano a Passo di Rigano. Abitano nelle stesse case che hanno abbandonato, frequentano gli stessi luoghi, s'incontrano tutti i giorni, si muovono tutti insieme.

Torna per primo Francesco Inzerillo detto *ù truttaturi*. E poi Tommaso. E Rosario. E Giuseppe, figlio di Santo. Torna per ultimo Giovanni. È il figlio del boss Totuccio, quello ucciso per primo in via Brunelleschi con i kalashnikov. Giovanni, cittadino americano nato a New York nel 1972, è il fratello più piccolo di Giuseppe che non c'è più. «Di questi Inzerillo non deve rimanere neanche il seme» ringhia il killer che venticinque anni prima taglia il braccio destro al ragazzino.

Gli Inzerillo sono già tutti a Palermo. Dentro Cosa Nostra si apre un dibattito sul loro destino.

I superstiti sono stati «graziati» su intercessione dei loro parenti di Cherry Hill, è il vecchio Charles Gambino che chiede personalmente la «cortesia» a Totò Riina. E il capo dei capi di Corleone accetta. A un patto però: che gli Inzerillo non mettano mai più piede a Palermo. E che comunichino tutti i loro movimenti – viaggi, cambi di residenza, anche brevi spostamenti di qualche giorno – a Rosario Saruzzu Naimo. Cosa Nostra dà l'incarico a Saruzzu di controllare in eterno le esistenze degli Inzerillo.

Così è fino al 2000, quando cominciano a ripopolare Passo di Rigano. Il loro rientro turba alcuni e alletta altri.

C'è Salvatore Lo Piccolo che si spende per farli restare e stringe alleanze con tre o quattro famiglie che – nella testa sua – lo porterebbero al vertice dell'organizzazione mafiosa siciliana. Antonino Rotolo, fedelissimo dello zio Totò è contrario. Terrorizzato dalle vendette, dal potere che gli Inzerillo potrebbero ancora conquistare. Come al solito Bernardo Provenzano è ambiguo, doppio. È favorevole ma con prudenza, è ostile ma con prudenza.

Tutti si agitano ma nessuno decide sulla loro sorte. Ogni uomo d'onore siciliano sa bene cosa rappresentano quelli, «gli scappati». Sono sangue del sangue dei Gambino di New York, i mafiosi più ricchi dall'altra parte dell'oceano Atlantico.

I tanto detestati e invidiati Inzerillo sono l'occasione per nuove prospettive di affari, un'opportunità straordinaria per una Cosa Nostra in crisi di liquidità e che da molti anni non è più leader sulla scena internazionale del crimine. È il «discorso» degli Inzerillo che tiene banco nella Sicilia mafiosa nei primi mesi del nuovo millennio.

# «Tu non sei qua perché sei tu,
## tu sei qua perché sei lui»
### Antonino Rotolo a Sandro Mannino

«Prima ti voglio dire che mai avrei pensato di incontrarti o di farti venire a casa mia, ma siccome Nicola è un amico ed è pure nipote di Pietro che tu conosci ed è un fratello mio... Nicola ci tiene moltissimo a te, al punto che mi ha convinto di farti venire oggi. E tu sei qua per questo. Tu non sei qua perché sei tu, tu sei qua perché sei lui.»

«Ora, prima di parlare, ti voglio dire una cosa: purtroppo, fra me e te, c'è un dirupo, c'è un fosso grosso, quindi ci vuole un ponte per passare e siccome io sono abituato a parlare chiaro, io a oggi a te ti parlo chiaro...»

«Tu sei nipote di Totuccio Inzerillo, il quale... Totuccio Inzerillo e altri, senza ragione, senza ragione alcuna, sono venuti a cercarci per ammazzarci, ma nessuno gli aveva fatto niente. Ci hanno cercato e ci hanno trovato. Non siamo stati noi a cercarli. E si è creata questa situazione di lutti e di carceri. E la responsabilità è di tuo zio e compagni, se ci sono morti e se ci sono carcerati. Quindi io ti dico che non c'è differenza tra voi che avete i morti e fra le famiglie che hanno la gente in galera per sempre, perché sono morti vivi o sono pure morti...»

«Se vogliamo, c'è anche un'altra differenza. Che a voi vi sono rimasti i beni e a noi li hanno levati tutti. Ma questo te lo sto dicendo per dirti che tu sei qua, ma fra me e te non ci può essere... tu sei tu e io sono io, voi siete voi e noi siamo noi... Purtroppo queste cose, che non hai creato tu, perché magari tu eri ragazzo, però i tuoi parenti le hanno create e le hanno lasciate in eredità a voi. Quindi la situazione è questa... senti qua, da questo minuto in poi, visto che Nicola ha questo piacere, me lo fai sapere e io se posso fare qualcosa te la faccio. Ma stiamo avendo un rapporto personale, non un rapporto ufficiale, perché io per un rapporto ufficiale a te qua non ti posso ricevere...»

«Ora ti dico di più. Non è che tutti questi morti ci sono stati perché erano sbirri o perché erano cattivi... l'azione è stata da sbirri perché volevano fare un'azione che non era stata concordata ma, in effetti, io non è che posso dire che era gente cattiva. Lo abbiamo fatto, purtroppo, per colpa loro. Eravamo tutti tranquilli, eravamo tutti nelle nostre case, e siamo invece tutti rovinati. Perché chi ha i morti e chi ha i carcerati e tutti in mezzo a una strada. Tu non ti sentire in colpa, perché non erano persone cattive dell'azione, perché quando una persona è cattiva, in questa Cosa, uno si siede, porta le ragioni e, se è cattiva, la testa l'abbassano tutti. Quindi, evidentemente, non c'erano queste ragioni.»

«Tuo zio è venuto a cercarci fino a casa per scipparci le teste senza che gli avevamo fatto niente... per una questione di denaro e di potere. Io di personale non ho niente... ma i tuoi parenti litigavano con tutto il mondo... io di personale ho una cosa: che avevano messo pure me nella lista. Tutti quelli che mi avevano messo nella lista e facevano parte della lista, per me devono fare solo una fine. Però siccome Nicola mi ha detto che sei una brava persona, un bravo ragazzo, però tu sappi che devi stare al tuo posto. Tu devi stare *nna to casedda*... tu devi stare *nna to casedda* senza scavalcarla mai, fra me e te ci divide un *vadduni*... e questo *vadduni* l'ha costruito tuo zio, non noi. Quindi non è che ci possiamo unire: perché tu non ti chiami Inzerillo, ma sei Inzerillo.»

# «Nel momento che dormiamo a sonno pieno può essere pure che non ci risvegliamo più»

Antonino Rotolo

«Se non ci comprendiamo fra noi, allora il mondo finisce. È giusto? E allora come possiamo stare noi sereni quando uno... il Lo Piccolo... dice ai figli degli Inzerillo: "Non ti preoccupare, non ti preoccupare che tempo e buon tempo non dura sempre un tempo"... Come possiamo stare sereni? E siccome questo che glielo dice faceva parte pure di quella cordata e si è salvato pure... Questi Inzerillo erano bambini e poi sono cresciuti, questi ora hanno qualche trent'anni. Se ne devono andare...»

«Ora, non è che noialtri possiamo dormire a sonno pieno, perché nel momento che dormiamo a sonno pieno può essere pure che non ci risvegliamo più. Picciotti, vedete che... non è finito niente, non è finito niente. Questi i morti li hanno sempre per davanti, ci sono sempre le ricorrenze, si siedono a tavola... si siedono a tavola e manca questo e manca quello, queste cose non le possiamo scordare... loro se ne devono andare... se ne devono andare dall'Italia... l'impegno è che loro in Italia non devono stare...»

«Anzi, vi dico la verità, se... se ne vanno dall'Italia meglio è per tutti noi... perché così sappiamo sempre dove sono... ce ne liberiamo, ci leviamo il pensiero... Praticamente qua a Passo di Rigano, quando sono ritornato ho trovato... ho trovato Franco Inzerillo che mi aspettava in macchina per spararmi... me lo aveva detto mio cognato Pino quando ero in galera, me l'aveva fatto sapere che c'era qua Francuzzu Inzerillo... il fratello di Totuccio, gli scappati diciamo... e io gli ho detto: "E chi lo ha autorizzato a questo, dall'America, a venire qua?" alla fine gli ho detto. Se domani esco e lo trovo per strada gli tiro due revolverate...»

«Allora l'impegno era che dovevano stare in America, questi scappati, tutti. E dovevano presentarsi all'appello da Saruzzu Naimo... Saruzzu fischiava e loro dovevano subito correre: "Zù Saruzzu, presente!"... "Va bene, tutti qua siete? Ve ne potete andare"... Perciò, questo era l'impegno. Se tornavano in Italia, questo era l'impegno. E non è cambiato niente, non è cambiato mai niente.»

«Franco Inzerillo sarebbe... sarebbe il fratello di Masino, quello che era il sottocapo... quello che gli fece la base al fratello di Totuccio, per salvarsi lui. Perciò vedete che uomo è, ah... quello che hanno trovato nel bagagliaio in America... cosa sto dicendo, cosa sto dicendo io? Si è salvato a condizione: o tu o io... Ma a questo ce ne possiamo avere fiducia? Ha preso il fratello di suo padre, gliel'ha portato e gliel'ha fatto affogare e a suo cugino gli ha sparato lui. Fiducia ne possiamo avere? Si è venduto il sangue a noi e pensate che ha riguardi per noi?»

«Li dobbiamo sorvegliare in modo un po' particolare, vedete come si deve fare, se vi servono persone fidate. Sentite un po' qua, guardate che siamo noi un punto di non ritorno, quindi ce ne dobbiamo uscire, perché oltretutto può fare pure danno, quindi... Non è che ci possiamo scordare, perché se questi prendono campo ci scippano le teste a tutti.»

# «Ragazzi sfortunati»

## Salvatore Lo Piccolo

Pizzino inviato il 19 giugno 2005 a Bernardo Provenzano.
«Caro Zio, con molta gioia ricevo sue notizie, sono felice di
saperlo in ottima salute come del resto ci posso dire anche di
me. Caro Zio, la ringrazio sempre dell'onore che mi date, e
chiedo scusa se ritorno a parlare di questi poveri disgraziati
come dite voi, spero solo di potermi spiegare e farvi capire il
mio stato d'animo.»

«Zio, qua si tratta di una decisione e di un impegno di almeno venticinque anni fa, da allora a oggi molte persone non
ci sono più e molte cose sono cambiate e molte ne cambie-
ranno ancora. Siamo arrivati al punto che siamo quasi tutti
rovinati, e i pentiti che ci hanno consumato girano indistur-
bati. Purtroppo ci troviamo in una situazione triste e non
sappiamo come nasconderci. Comunque rimaniamo noi per
continuare la *cosa*.»

«Questi ragazzi che sono qua sotto controllo, e le posso
assicurare che non escono fuori il seminato, ci sono persone
in famiglia da noi che si prendono tutte le responsabilità del
caso (i *ragazzi sfortunati* sono già stati avvisati) le comunico
che questo caso era stato preso in considerazione dal nostro
*sotto* che in questo momento non c'è, e allora è stato lui a
prendersi la responsabilità, ma non so con chi...»

«Carissimo Zio, la prego gentilmente anche per non rischiare quel poco di pace che abbiamo nella nostra famiglia,
se potete trovare una soluzione, una speranza, per farli rimanere qua e io non fare delle figure infelici: comunque in ogni
caso qualunque decisione prenderete sarà fatto. Sempre a
vostra disposizione, smetto di scrivere, che Dio ci possa pro-

teggere. Augurandole carissimo Zio tanta pazienza e un mondo di bene.»


Promemoria ritrovato nel suo covo il 5 novembre 2007.

«Per quanto riguarda i fratelli Inzerillo – una settimana prima d'arrestarlo, lo Zio mi aveva fatto sapere che il discorso degli Inzerillo è ancora aperto – in quanto il Rotolo si ha autorizzato da solo per farlo partire... In più lo Zio ha detto che rimanendo qua era meglio che si potevano controllare. E anche perché chiedendo clemenza è giusto che ci si dia.»

«Lo Zio, in più mi diceva pure che essendo il suo paese a volerli, nessuno di voi si potrebbe opporre! Perché la responsabilità in automatico viene assunta da loro.»

# «Mio carissimo, non basta solo il mio parere»

Bernardo Provenzano

Pizzino inviato nella primavera del 2005 a Salvatore Lo Piccolo sul ritorno degli Inzerillo.

«Nei confronti dei fratelli INZ. E non solo loro mà pure tu chiedi, se ci potessi mettere metterci una pietra sopra a questo discorso. Senti tu sai che non dipende né me da solo, né da te solo... Già non siamo tutti d'accordo, io e tu potessimo dire sì, o no... Tu, con il volere di Dio, e possibilità permettendo, vedi di farci leva su quello che vogliono questi di Bocca Di Falco, affinghè convincessero 25 [Antonino Rotolo, *NdA*], e se fosse 25 a venire lui da me, io per il bene sono addisposizione, per dirti questo io so cosa ne penza 25, ma tu ed io sei di poco più lontano, io sono di più lontano. Vedi se poteti fare questo tentativo, ed in seguito vediamo come si mettono le cose, e vediamo se possiamo trovare una buona soluzione. Qua non è più la o le persone (come i fratelli INZ.)... le persone responsabile che dovesser dare un sta bene per tramutare o ribaltare la situazione siamo questi che manchiamo...»

«Diciamolo chiaro... se loro non se la possono prentere questa responzabilità, perché si deve pretendere di prendersela gli altri, quelli che non li conoscoscono i fratelli INZ? Io sono per dire di valutare bene e nel mentre si trova qualche soluzione sentento i pareri degli altri. vediamo sempre di andare in cerca di una buona soluzione. Anche se al momento dovessero partire, e poi farli ritornare. Senti, ho capisco male io ho sbagli tu. Nel dirmi penso affin di bene, Che una volta nella stessa lettera, Che quelli di dentro ho di fuori Bocca

Di Falco sono preoccupati di una soluzione dei fratelli INZ. Se la possono prendere o non se la possono prendere la responzanilità dei fratelli INZ. Cosa vogliono? Mio carissimo, non basta solo il mio parere. Il mio cuore volessi pace, e sereni per tutti se fosse nelle condizioni di poterlo fare... Ma dobbiamo o crearli le condizione, ho aspettarli le condizione che ce lo possono permettere di fare».

«Ora mi dici, se io voglio sapere cu sono che si prendono le responzabilità dei fratelli INZ. Vuoi che io te lo faccio sapere per tu chiedere, senti ogni cosa fosse bene ha saperlo, mà se questa richiesta si interpretassi, a stare con la speranza come avere una responzabilità, non lusinghiamo a nessuno. E così con il volere di Dio, giusto o sbagliato ho risposto alla tua cara letterina. Ricambio il caro abbraccio da parte di C.».

# «Franky Boy è il tutto di là»

## Gianni Nicchi

Se non ci sono morti a Palermo è per quel ragazzo. Lo cercano tutti. Partono dalla Sicilia per vederlo, fanno la fila per parlargli. È americano ma è come se fosse siciliano, molto siciliano. È un figlio di Ballarò, il popolare quartiere di Palermo famoso per il suo coloratissimo mercato. Il padre è nato ai Candelai, la discesa che da via Maqueda attraversa il Capo e sbuca dall'altra parte al Papireto. Il nome completo del ragazzo è Francesco Paolo Augusto Calì, però lo conoscono come Franky Boy. È una potenza Franky Boy.

«È il tutto di là» dice il giovanissimo Gianni Nicchi al suo capomandamento Antonino Rotolo. Di «là» c'è New York. C'è l'America.

Quella stessa America dove Franky Boy viene *combinato*. Lo fanno *wiseguy*, uomo d'onore. Cresce sulla 18° Strada, a Brooklyn. Dove comanda Jackie D'Amico, il mafioso che è nel cuore di John Gotti. Sposa Rosaria, la sorella di Pietro Inzerillo, uno di quelli che nel 1964 lasciano la borgata di Passo di Rigano per trasferirsi a Cherry Hill. E Franky Boy comincia a scalare la sua montagna: la montagna di Cosa Nostra negli Stati Uniti. Nel 1997 sembra uno dei tanti *siciliani* che trafficano alla corte dei Gambino, nel 2007 gli agenti dell'Fbi scoprono che ha il «carattere» per diventare il boss dei boss delle cinque grandi famiglie di New York. I federali hanno fonti interne a Cosa Nostra. Uno è Frank Fappiano, l'altro Michael Di Leonardo. È lui l'astro nascente della mafia in America: Franky Boy.

Tutti gli rivolgono una preghiera, tutti gli portano rispetto. A Palermo e a New York. È giovane – del 1965 – ma il

suo destino sembra segnato. È legato agli Inzerillo di Sicilia e
ai Gambino d'America. Anche i Corleonesi attraversano l'A-
tlantico e corrono da lui.

I «viaggi» cominciano nel 2003. Ci vanno Nicola Man-
dalà della famiglia di Villabate e Gianni Nicchi della famiglia
di Pagliarelli, il primo su mandato del vecchio Bernardo Provenzano e il secondo su ordine di Antonino Rotolo, quello
che odia gli Inzerillo ma che con gli Inzerillo adesso è in affari. Ci va anche Giovanni, il più Inzerillo di tutti, il figlio di
Totuccio, accompagnato da Filippo Casamento. Quelli che
sono nemici a Palermo, a New York sono soci nel nuovo *bi-
sinisso*. Trattano partite di stupefacenti, girano su auto intestate alla Haskell International Trading Inc e alla Circus
Fruits Wholesale, alla Two Brothers Produce Express Ltd e
alla Bontel Usa Corp, tutte imprese del *food* e delle costruzioni intestate a Francesco Paolo Augusto Calì o ai suoi prestanome.

È un «giro» che i federali conoscono. Dai tempi della Pizza Connection, il colossale traffico di eroina fra la Sicilia e gli
States gestito dagli Adamita, dai Catalano, dai Bono e dai Badalamenti. Sono i loro figli e i loro nipoti e i loro generi che
ripercorrono lo stesso sentiero. C'è un certo «Silvio» che è il
braccio destro di Franky Boy, si chiama Silvestre Lo Verde e
suo padre è Leonardo, un fruttivendolo di Palermo parente
dei Gambino ed emigrato a New York nel 1988. Appena
qualche anno dopo il padre di Franky, Cesare Augusto, apre
una videoteca sulla 18° Strada.

New York sembra tornare all'improvviso quella che è
sempre stata per i boss di Palermo: mercato e anche ambasciata. Il sogno di Cosa Nostra è di scoprire un'altra volta
l'America. Davanti ai *piccioli* – i Corleonesi e anche gli altri –
sono disposti a dimenticare tutto. Rancori. Torti e ragioni.
Lutti. Ma le cose non vanno come immaginano gli uomini
d'onore.

# «Ce ne dobbiamo andare dalla Sicilia, dall'Italia, ce ne dobbiamo andare dall'Europa»

### Francesco Inzerillo

Palermo, via Castellana numero 345, un muro alto, un vialetto che porta fin sotto la montagna. In fondo c'è la proprietà degli Inzerillo di Passo di Rigano. Una nuvola nera oscura il cielo, i fumi della discarica di Bellolampo. Sono tutti qua, loro. Aspettano. Di tornare grandi come una volta, di «camminare» per Palermo senza più sentirsi addosso il fiato dei Corleonesi e guardarsi le spalle dai traditori. Adesso hanno Franky Boy in America. Sono ancora vivi per lui. E con lui possono farsi ricchi, più ricchi di quanto siano mai stati i loro padri.

Giovanni Inzerillo, il figlio di Totuccio, incontra tutti quelli che deve incontrare. I vecchi amici della sua famiglia che abitano su a Torretta, gli altri che vivono a Piano dell'Occhio, i cugini che sono sparsi fra le vie dell'Uditore e di Cruillas. Sono pronti gli Inzerillo. Sono pronti a riprendersi Palermo.

Li seguono da due anni e due mesi, in Sicilia e negli Stati Uniti d'America, gli investigatori della polizia criminale e gli agenti federali. Filmano ogni loro movimento, li pedinano di giorno e di notte, li ascoltano con le microspie. I giovani della famiglia di Passo di Rigano credono di avere il mondo nelle loro mani. Si sentono forti, sono in tanti, cominciano a vedere i primi soldi che arrivano da New York. Da Franky Boy. Non sospettano che sono già «segnati», credono ancora di vivere nella Sicilia dei loro padri e dei loro nonni, la Palermo di trenta o quarant'anni prima. Solo uno di loro, il più vecchio, avverte il pericolo. È Francesco Inzerillo, quello che chiamano *ù truttaturi*, il primo degli «scappati» che è tornato, padre di quella Rosaria che sulla 18° Strada di Brooklyn sposa proprio Franky Boy.

Francesco è rinchiuso in carcere. Il 30 agosto del 2007 Giovanni Inzerillo e suo cugino Giuseppe «vanno a colloquio» da lui. Una cimice registra le sue apprensioni.

«Non si può più stare qui, bisogna andarsene non dalla Sicilia, non dall'Italia, bisogna andarsene dall'Europa, non si può più lavorare liberamente, moralmente. Qua futuro per noi non ce n'è più, mi dispiace è una bella terra ma futuro non ce n'è. Se voi volete un po' di pace, ve ne dovete andare fuori... se bastasse solo la Sicilia, ve ne andreste al Nord... appena però ti metti in contatto con una telefonata con tua madre o con tua sorella, o con tuo fratello o tuo nipote, già sei sempre sotto controllo... perché ormai è tutta una catena e una catinella... bisogna andarsene in Sudamerica, in Centroamerica e basta.»

È in ansia, è sicuro che non sarà mai più come una volta: «I beni anche che sono intestati a terze persone... anche se hai 80 anni se ti devono confiscare le cose lo fanno, solo perché sei amico di, perché sei conoscente di... quindi la migliore cosa è quella di andarsene, basta essere incriminato per l'articolo 416 bis, automaticamente scatta il sequestro dei beni. E cosa più brutta della confisca dei beni non ce n'è. Noi Inzerillo ce ne dobbiamo andare tutti via».

Sei mesi dopo, all'inizio del febbraio 2008, tutti gli Inzerillo sono in carcere. Una retata in Sicilia e un'altra a New York. Cento gli arresti. I Gambino, i Mannino, tutti i loro parenti di Cherry Hill. Il primo della lista dell'Fbi è Francesco Paolo Augusto Calì, detto Franky Boy. Sono passati otto anni da quando gli Inzerillo sognavano di regnare ancora sulla Sicilia. Ma l'America, questa volta, non ha portato fortuna.

*Per le regole di Cosa Nostra è ancora lui: Totò Riina. Da quando è stato arrestato, all'inizio del 1993, la Commissione infatti non si è più riunita e non ha mai scelto il suo nuovo capo. Per tredici anni il comando l'ha ereditato Bernardo Provenzano, l'altro padrino di Corleone. Dopo la sua cattura, nella primavera del 2006, Cosa Nostra è rimasta senza una guida. Nel novembre 2007 è finito in carcere anche Salvatore Lo Piccolo, un boss accreditato come possibile leader dell'associazione criminale. Più che alla ricerca di un capo, Cosa Nostra sembra oggi alla ricerca di se stessa e del suo futuro.*

# «Divieti e doveri»
## Salvatore Lo Piccolo

Decalogo sequestrato nel covo di Salvatore Lo Piccolo.

*Come è composta la famiglia*
    Capo famiglia
    Sottocapo
    Consigliere
    Capo decina
    Soldati
    Il capo famiglia si elegge votando tutti i membri della famiglia. Così come per il consigliere
    Il sottocapo viene chiamato dal capo famiglia. Così pure il capo decina
    Il capo famiglia è colui che ci ha l'ultima parola
    Il sottocapo fa le veci del capo famiglia in assenza del capo famiglia
    Il consigliere ha il ruolo di tenere a tutti uniti in famiglia.
– E di dare consigli per il bene della famiglia
    I soldati sono i coloro che si occupano sotto le direttive del capo decina per far i bisogni della famiglia
    Il mandamento è una famiglia che ha una sedia nella commissione. E che è a capo di più famiglie

*Come è composta la Commissione*
La Commissione è composta da tutti i capi mandamenti. Dove poi si elegge il capo Commissione più il sotto capo di Commissione più il segretario. Che è colui che si occupa degli appuntamenti della Commissione

### Il ruolo della Commissione

È costituita per esserci un equilibrio nelle famiglie e in Cosa Nostra. E per deliberare i fatti più delicati e le decisioni da prendere

Giuro di essere fedele a Cosa Nostra se dovessi tradire le mie carni devono bruciare – come brucia questa immagine


### Divieti e doveri

Non ci si può presentare da soli ad un altro amico nostro – se non è un terzo a farlo

Non si guardano mogli di amici nostri

Non si fanno comparati con gli sbirri

Non si frequentano né taverne e né circoli

Si è il dovere in qualsiasi momento di essere disponibile a Cosa Nostra, anche se c'è la moglie che sta per partorire

Si rispettano in maniera categorica gli appuntamenti

Si deve portare rispetto alla moglie

Quando si è chiamati a sapere qualcosa si dovrà dire la verità

Non ci si può appropriare di soldi che sono di altri e di altre famiglie


### Chi non può entrare a far parte di Cosa Nostra

Chi ha un parente stretto nelle varie forze dell'ordine

Chi ha tradimenti sentimentali in famiglia

Chi ha un comportamento pessimo e che non tiene ai valori morali

# «Ci vuole tempo, vossia me lo insegna»

## Giuseppe Lipari e Salvatore Miceli

Miceli: «Meglio così comunque... comunque tutte cose sono cambiate».

Lipari: «Sono cambiate ma...».

Miceli: «C'è un amico mio... che dice... si è rotto il giocattolo...».

Lipari: «... il giocattolo...».

Miceli: «Questo amico è scappato... è marsalese, è *combinato* male pure... e allora ci siamo incontrati e dice: "Salvatò... si è rotto il giocattolo!!!"».

Lipari: «... c'è praticamente una situazione di stallo... Perché... Bino Provenzano... lo conosci tu a Bino?».

Miceli: «No, mai incontrato».

Lipari: «Dicevo questo... ha avuto un momento di stallo... c'ero io, Bino, Nino Manuzza... Benedetto Spera...».

Miceli: «... Allo "zio" Benedetto lo conosco...».

Lipari: «E c'era anche questo che hanno arrestato... Gaetano Cinà... e giustamente il Lo Piccolo... lo conosci? Lo hai sentito dire forse il Lo Piccolo?».

Miceli: «Sì, sì... non lo conosco ma l'ho sentito dire».

Lipari: «Qua sono... perciò... e giustamente... quello, Bino, per dire: "Signori miei, rimettiamo questo giocattolo in piedi"... che succede, se io, non ricevo dal carcere le indicazioni di farlo... perché significa che io devo andare contro di loro...».

Miceli: «Certo».

Lipari: «Contro Totuccio Riina... contro Bagarella... le situazioni furono quelle che furono, a questo punto io gli dissi: "Senti Bino" gli dissi "qua non è che abbiamo più due anni" gli dissi "non ti seccare Bino, io me la prendo questa libertà perché ci conosciamo" gli dissi "né tutto si può proteggere né tutto si può avallare, né tutto si può condividere di quello che è stato fatto, perché del passato ci sono cose giuste fatte e cose sbagliate... bisogna avere un po' di pazienza"...».

Miceli: «Eh, eh sì...».

Lipari: «E a questa parola ci fu Benedetto che mi è venuto a baciare... gli dissi, no... né tutto possiamo dire fu fatto giusto...».

Miceli: «Che avete sbagliato, sì».

Lipari: «Cose, cose *tinti* assai ne fecero».

Miceli: «Perché... comunque... c'è una lamentela in giro...».

Lipari: «Lo so, lo so...».

Miceli: «Una lamentela di chi sta con questa parte però...».

Lipari: «C'è gente che si sente magari delusa, questo è il fatto! Infatti quando si sta riorganizzando, un poco meglio per dire: "Signori miei ma non è... non è che uno prende... uno prende e sugli errori ci fa il quadro"...».

Miceli: «Certo...».

Lipari: «Per dire: sì, si è sbagliato. Scusa... l'interessante... che dicono queste cose... e sotto questo profilo... si sta lavorando... in questa maniera».

Miceli: «Ci vuole tempo, *vossia* me lo insegna, ci vuole tempo».

Lipari: «Tempo ci vuole».

# «Il giocattolo si è rotto»

## Salvatore Miceli

È meno indecifrabile, come se avesse perduto quel mistero che l'ha fatta sempre apparire diversa. È diventata più italiana, come se qualcosa o qualcuno l'avesse finalmente avvicinata alle altre grandi città del Paese. In qualche modo «sdoganata». Dopo le stragi del 1992 Palermo è cambiata, anno dopo anno copre le sue distanze e le sue differenze. E si sta incamminando verso una *normalità* mai conosciuta prima. È più bella e più brutta. Più libera e più scontata.

È cambiata anche la sua mafia. Dai vecchi boss dei «felicissimi» anni Sessanta al «decalogo» dei Lo Piccolo di San Lorenzo, quelli che nel 2007 vengono elevati al rango di capi del grande crimine, il padre Salvatore e il figlio Alessandro che nei covi della loro latitanza custodiscono anche un manuale del perfetto mafioso. Una sorta di «bignamino», l'elenco delle regole da osservare per gli uomini d'onore. Un salto generazionale e un salto nel vuoto. Il segno dei tempi, la decadenza di un mondo che sembrava immutabile.

La Cosa Nostra è entrata in una profonda crisi. Economica innanzitutto: non ha più *piccioli*. Le hanno tolto molti beni, pentiti e indagini ne hanno disarticolato la struttura militare. E poi è crisi di vocazioni. Non c'è più la fila per farne parte, nelle borgate non fa più status diventare uomo d'onore. Una volta passavano cinque, dieci e pure vent'anni per *combinare* qualcuno, oggi i nuovi affiliati sono reclutati e raccattati fra gli spacciatori, i rapinatori, fra i *malacarne* qualunque. È in qualche modo l'inizio della fine di un'associazione segreta che era nata più di due secoli fa. Il suo declino sembra inarrestabile. Per cinquant'anni è stata l'organizzazione criminale più potente dell'Occidente, oggi è destinata a diventare una delle tante mafie.

È un disfacimento cominciato con il delirio di onnipotenza di Totò Riina: le stragi, l'attacco alle istituzioni, l'idea di sottomettere lo Stato italiano al volere dei contadini di Corleone. È stato lo zio Totò a portare alla rovina gli uomini d'onore siciliani.

«Il giocattolo si è rotto» confessa Salvatore Miceli a un altro boss mentre ricordano gli errori di dieci anni prima, la stagione delle bombe, l'uccisione di Giovanni Falcone, la morte di Paolo Borsellino. La strategia stragista li ha spinti in un vicolo cieco. Violentissima la repressione poliziesca, duratura nel tempo, per la prima volta non più sull'onda di un'emergenza e a corrente alternata.

È una guerra che in Italia si combatte ancora. Se lo Stato continuerà come ha cominciato negli anni Novanta, la Cosa Nostra potrebbe diventare un giorno come quella americana: solo business. Più soldi magari. Ma meno potere.

Gli eredi delle grandi famiglie siciliane hanno davanti un'esistenza difficile. L'unico figlio maschio ancora libero di Totò Riina vivrà per tutta la vita da sorvegliato speciale, i figli degli Inzerillo sono stati fermati prima che potessero cominciare la loro scalata. Sono crollati i miti. Quello dell'invincibilità, primo fra tutti. Ai successori resteranno tante incertezze e tante paure.

# «Prenditela con chiunque
ma lo Stato non si tocca»

## Carmelo Amato

Intercettazioni ambientali in un'autoscuola al centro di Palermo.

«La cosa prima era sacra. Prima bisognava vedere chi era sua mamma e per un motivo, per una fesseria non poteva essere *fatto*. Dico, per una fesseria. Per una minchiata, picciotti che si bevevano in un bicchier d'acqua non potevano essere *fatti* perché c'era quel motivo. Ora, invece, basta che portano i soldi. Business, gli dico... come gli americani. Ma che facciamo, scherziamo? Il mondo è finito, ci sono giovani che non vogliono sentire più niente. Pure che appartiene a qualche famiglia... Perché non è solo premere il grilletto... i giovani hanno un'altra mentalità. Una cosa sola gli interessa: i soldi.»

«Allo zio Leopoldo, una lira non la pagava nessuno. Tutti esente da tasse erano nel nostro rione. E non c'era nessuno in mezzo alla strada. Ora, niente. Per la verità, nella mia breve storia non sono mai stato trattato male da nessuno... oggi vanno disturbando i negozi... a questi poveretti che si guadagnano il pane gli chiedono cifre esose. Un milione, tre milioni. Ultimamente un picciotto dice: "Cambiano gli uomini e cambiano i tempi". L'ho guardato e gli ho detto: "Ai tempi miei tu avresti fatto una brutta fine"...»

Carmelo Amato e Giuseppe Vaglica:
Carmelo Amato: «Perché ricordati, da quando esiste il mondo, prenditela con chiunque ma lo Stato non si tocca. Lo Stato, se vuole, ti mette sopra un coglione. Sono degli errori,

purtroppo non si può più parlare. Perché se tu vai a fare un discorso da qualche parte, poi ti dicono magari: "Minchia, questo..."... Capisci?».

Giuseppe Vaglica: «È vero, è vero. Dico, gli sbagli si fanno nella vita, ma non era meglio se all'epoca un Falcone non finiva così?».

Amato: «Gli errori ci sono stati. Ma purtroppo, cosa possiamo fare?... Giusto?...».

Vaglica: «Eh, niente...».

Amato: «Mi sono comprato l'apparecchio per le cimici, lo teniamo un po' tu e un po' io... ogni tre giorni controllo pure nelle macchine.... ti fai l'ufficio, ti controlli tutte cose, la macchina tua e poi me lo riporti di nuovo. Però non te lo devi dimenticare, che serve sempre a me...».

Vaglica: «Ah, buono è... minchia, la salute mi dai così a me...».

Amato: «C'è guerra compare. Bisogna stare attenti e aprirsi gli occhi. Mi hanno detto di stare attento, perché è pieno di sbirri».


Carmelo Amato e Gaetano Cinà:

Carmelo Amato: «Tanino, fottitene... tu nella vita ti sei comportato bene. Stai tranquillo che sei sempre a galla. Tanino, mi sono spiegato. Io per qualsiasi cosa sono a tua completa disposizione».

Gaetano Cinà: «Io ancora sotto processo sono».

Amato: «Per qualsiasi cosa, qualsiasi cosa a tua disposizione».

Cinà: «Carmelo, Carmelo, vedi che io sono *cobinato* come te... io ovunque vado ho amici a livello... a livello grosso».

# «Sopradetto. Unicamente parlando. Praticamente lui»

## Sandro Lo Piccolo

Citazioni e parole trovate in un quaderno di Sandro Lo Piccolo. Otto fogli, il suo «dizionario». Frasi da usare di volta in volta nei pizzini.

«Nella vita c'è un valore umano che vale più della libertà, che è l'onore e la dignità.»

«C'è una parabola che dice che a un albero puoi togliere le foglie, puoi tagliare i rami, ma quando le radici sono forti e grandi, stai pur tranquillo che sia i rami che le foglie ricresceranno.»

«Rimbocca le maniche... mi riallaccio nuovamente... L'Artefice... Sono fermamente convinto... Fintanto che. Scivola come un'anguilla. Però con le condizioni. Per questo che sento, ti dico che sono rattristato (o mi rattrista)... Ti ho formulato diverse domande, ma non ricevo a oggi le risposte. Per fortuna ognuno è arbitro di se stesso.»

«Extremis, a mali estremi estremi rimedi. Non tollero, tolleranza. Non voglio fare né la morale e né quantomeno la paternale a nessuno. Determinante. Delucidazioni. Non collima, collimano. Pondera bene. Sei stato molto esauriente. In via ufficiosa. In via confidenziale. Io non posso fare il frate francescano per fargli un favore a loro.»

«Naturalmente questa vicenda ha suscitato in me i più profondi sentimenti di amarezza, sofferenza e dolore, ma non ha scalfito la mia dignità che conservo integra.»

«Cerco di scandire la giornata come meglio posso.»

«Non c'è bisogno di ringraziarmi, quando le cose si fanno con il cuore è già tutto incluso.»

«Intanto ciò un problema di cui, pur non volendo, devo purtroppo caricarti. Comprensibilmente. Ci macherebbe altro. Putroppo la vita non è sempre rose e fiori. Ci siamo intesi... Io ad esempio farei... o cercato disperatamente – perdutamente...»

«Voglio una cosa più – viscerale – profondamente radicato tipo: amore.»

«Però che rimanga internostro è non gli si esterni nulla di questo che ti ho appena detto. Se questo è l'unico modo x stargli vicino questo, ben venga!»

«Il panico è il nemico della ragione.»

«Te lo dico fin d'adesso... ti anticipo fin da ora... finora non mi risulta... nel fare pervenire i miei saluti... È bene che tu da ora sappi... poi volevo farti sapere che per quanto riguarda.»

«Sopradetto. Unicamente parlando. Praticamente lui, loro, sostengono che tu... Volente o nolente. – In sordina – pretesto – il mio non è un riprovero, mene guarderei bene. I sorci verdi.»

«Tu, secondo me, fai il finto scemo.»

«Nella mia modestia esperienza... Inizio subito chiedendoti scusa per avermi scordato... Finché io ci sarò, non devi mai. Che non sia una cifra esosa.»

«In questi anni ho imparato a conviverci accettando i suoi difetti e i suoi pregi. Probabilmente – naturalmente – poiché – finché – anziché – affinché – appositamente – chi... beh... – factotum – interloquire – curriculum. Gratuitamente.»

«Purtroppo il destino a me, mi ha messo davanti a una dura prova.»

«Dobbiamo cercare di non lasciare nulla di intentato. Devi tenere presente. Secondo me, questo tizio e uno che gli piace seminare zizzanne... la puntualità rispecchia la personalità.»

«Freudiano, filosofo Freud.»

# «Ho svitato e l'ho trovata»

## Antonino Rotolo e Gianni Nicchi

Rotolo: «Io... io ce le ho nelle prese...».

Nicchi: «Io vengo, vengo con un ragazzo...».

Rotolo: «Questo di qua, che è radiotecnico?».

Nicchi: «No, è uno malato di tutte queste cose, non so se è radiotecnico...».

Rotolo: «Eh, lui è possibile che è in condizioni di trovarle o di farle, queste, diciamo che si mettono per annullare...».

Nicchi: «... le onde...».

Rotolo: «... perché a me ne dovevano fare una che io mettevo la spina e nel raggio di cinquanta metri quadri, anche all'aperto... tagliano le onde, tutte le onde...».

Nicchi: «Ci organizziamo prima, gli mando tutta l'attrezzatura e poi gli mando questo ragazzo, che ha due macchinari, dieci minuti... venti minuti... *pi, pi, pi, pi, pi, pi...* e può avvistare, che so, una telecamera, i direzionali, le microspie nelle prese... dice lui: "Gli unici che non posso controllare sono quelli inseriti direttamente nel cavo telefonico"... Questi di qua non danno impulsi. E questo è un ragazzo lavoratore...».

Rotolo: «Io ce l'ho in una radio... Quando io me ne sono accorto per questo che loro stavano mettendo le microspie, perché la sera prima era venuto l'avvocato e io avevo dimenticato la spina inserita, perciò loro avevano il rilevatore e un altro segnale, mi sono spiegato? E me lo hanno messo là di fronte, tanto è vero che quando sono tornato a casa, sono andato subito di là, ho svitato e l'ho trovata. Pure perché, prima di andarmene, gliel'ho detto pure all'orecchio di mia moglie. Gli ho detto: "Vedi che hanno messo le microspie!". Perché io l'ho capito...».

Nicchi: «Comunque questo ragazzo si mette a disposizione... ha un ufficio con telecamere, tutte cose, uno lo vedeva, entrava, usciva e aveva tutti questi prodotti e queste cose...».

Rotolo: «Questo di qua lo prendi e metti la spina, vi sedete, vi parlate... ma, al cento per cento!... Perché questa cosa deve stare anche se non c'è niente. Perché non ci sono oggi e te li mettono la notte e l'indomani ci sono, uno non si deve sentire sicuro perché adesso non ce ne sono...».

Nicchi: «Va bene... all'entrata qui o là gliele segnala pure».

Rotolo: «Un giorno per fare questo lavoro bene sarebbe o di sabato... o di sabato... o qualsiasi giorno, mi interessa, a questo punto mi interessa... Ma siamo sicuri di questo ragazzo? C'è chi lo conosce da antica data?».

Nicchi: «Con Nicola, è amico di Nicola e del *Paccarè*...».

Rotolo: «È amico... è amico?... Ho capito, allora va bene...».

# «Ma quanto ti amavo (stronzo)»
## Maria, amante di Sandro Lo Piccolo

«Oggi 5 marzo sono veramente contenta che finalmente ho avuto tue, notizie, so che non dipende da te-se-non-mi-hai scritto prima ma credimi oltre ad'essere preoccupata non riesco più a vivere senza i tuoi scritti e questo è dovuto a tutti quei anni di assenza di te, io due mesi fa ti avevo scritto ma il nostro interlocutore mi diceva di no per adesso... mi manchi tanto...»

«Riguardo a quello che dice la gente di te è che ti sei fatto la plastica facciale per questo sei ancora ricercato e che sei una persona senza scrupoli per tutti gli omicidi che ti hanno inputato, non sanno però questi stronzi che parlano male di te che il 70% di quello che scrivono sui giornali sono cazzate.»

«Poi scusami se volevo sapere un po' più di te, "capisco" non vorrei metterti nei guai (mi basta così!!!) per il lavoro aspetterò so che prima o poi mi troverai qualcosa. Salvo Di Maio è una persona squisita mi ha fatto trascorrere dei momenti di spensieratezza in barca... riguardo alle foto spero che te labbia detto lui perché è un segreto che gli ho promesso di non farne mai una parola con nessuno (no che ci siano foto ard, ma è sempre una persona sposata, sono solo foto di un giorno di estate in allegria in compagnia di due nostri amici in comune...»

«Riguardo al papà della mia piccola te le assicuro nuovamente io, al contrario altro che della San Lorenzo lui gli sbirri gli fanno proprio allergia fino a pochi giorni fa ne ha ammazzato uno abbastonate solo perché gli ha mostrato il tesserino per fargli spostare il furgone che aveva messo un po' male posteggiato gli ha detto sei un cornuto e sbirro e io ti ammazzo abbastonate capito ora!!...»

«Nella lettere che ti avevo scritto ti dicevo: che visto che tu mi hai detto che sarai sempre a mia completa disposizione ti obbligavo di scrivermi perché tu mi manchi tanto ed ero molto triste (e ora me lo hai anche tu scritto) poi ti dicevo che il giorno di Natale avevo battezzato la piccola. Per il discorso delle scarpe per i miei bambini ti ringrazio ne avevano veramente bisogno penso di andarci la prossima settimana perché la piccola a la febre...»

«Non dimenticarti che tu sei una delle poche ragioni di vita che mi rimane, pochi giorni fa ho ricordato quanti panini abbiamo mangiato a Montepellegrino ti ricordi? Ma quanto ti amavo (stronzo). Scusami ma avvolte mi viene una rabbia comunque sono i ricordi più belli che mi sono rimasti, e non ho mai rimpianto niente di tutto quello che abbiamo fatto assieme perché secondo questo amore è stato e continua ad essere come un film che non si cancellerà mai.»

«Ora ti saluto anche se ti vorrei dire tante cose ma poi ti monti la testa (scherzo!!). Augurandoti una buona Pasqua e non dimenticarti che se un giorno dovessi avere bisogno di qualunque cosa (nel mio piccolo) ti aiuterò volentieri. Ti mando un grande smack amore riguardati e pensa sempre che ti ho voluto bene e te ne vorrò sempre.»

«P.S. sarai sempre nei miei pensieri, nei mie sogni che mi accompagneranno fino alla fine dei miei giorni.»

*F.A. è la misteriosissima mano che firma i volti di Matteo Messina Denaro, apparsi nel gennaio 2008 sui muri di Palermo. Facce colorate, nello stile Andy Warhol. Uno dei murales è davanti alla cattedrale, l'altro a pochi passi dagli spagnoleschi Quattro Canti. Le associazioni antimafia gridano allo scandalo, protestano per quell'«inno» a Cosa Nostra e chiedono la copertura dei murales. Scatta la censura: vernice bianca sui volti dell'ultimo capomafia ancora latitante. Gli autori escono allo scoperto dopo qualche settimana, sono due studenti di Architettura. F. è Filippo Bartoli e A. è Alessandro Giglio. La loro «provocazione artistica» fa paura a una Palermo sempre molto sospettosa e prigioniera delle sue ombre.*

# «Io sono un nemico della giustizia che è marcia e corrotta»

## Matteo Messina Denaro alias Alessio

Lettera a Svetonio (l'ex sindaco di Castelvetrano Antonino Vaccarino), 1 febbraio 2005.

«Carissimo mio... io ho conosciuto la disperazione pura e sono rimasto solo, ho conosciuto l'inferno e sono stato solo, sono caduto tantissime volte e da solo mi sono rialzato, ho conosciuto l'ingratitudine pura da parte di tutti e di chiunque e sono stato solo, ho conosciuto il gusto della polvere e nella solitudine me ne sono nutrito. Può un uomo che ha subito tutto ciò in silenzio avere ancora fede? Credo di no. Oggi aspetto che il mio destino si compia seguendo questo pensiero: ho visto ciò che la vita mi ha dato e non ho avuto paura e non ho girato lo sguardo di là e non ho perdonato ciò che non si può perdonare.»

«In Italia da circa 15 anni c'è stato un golpe bianco tinto di rosso attuato da alcuni magistrati con pezzi della politica e ancora oggi si vive su quest'onda. Oramai non c'è più un politico di razza; l'unico a mia memoria fu Craxi e abbiamo visto la fine che gli hanno fatto fare. Oggi per essere un buon politico basta che faccia antimafia, più urla e più strada fa ed i politici più abietti sono proprio quelli siciliani che hanno sempre venduto questa nostra terra al potente di turno. Troppo semplicistico per lo Stato italiano relegare il fenomeno Sicilia come un'orda di delinquenti e una masnada di criminali, non è così, abbiamo più storia noi che questo Stato italiano. Se io fossi nato due secoli fa, con lo stesso vissuto di oggi già gli avrei fatto una rivoluzione a questo Stato italiano e l'avrei anche vinta; oggi il benessere, il progresso e la globalizzazione fanno andare il mondo diverso ed i miei metodi risultano arcaici, quindi resto soltanto un illuso idealista ed entrambi sappiamo che fine fanno gli idealisti.»

«Quando uno Stato ricorre alle più infime torture per vendetta ed ancora più per portare alla delazione gli esseri più deboli mi dica che Stato è... di certo le delazioni avranno fatto fare carriera a certi singoli ma come istituzione lo Stato italiano ha fallito. Hanno praticato e praticano ancora oggi la tortura nelle carceri, facciano pure, non contesto loro ciò, hanno istituito il 41 bis, facciano pure e che mettano anche l'82 quater, tanto ci saranno sempre uomini che non svenderanno la propria dignità...»

«Io sono un nemico della giustizia italiana che è marcia e corrotta fin dalle fondamenta. Lo dice Toni Negri ciò ed io la penso come lui... Per l'abolizione dell'ergastolo penso che con il tempo ci si arriverà ma tutto ciò andrà da sé con il processo di civilizzazione e comunque noi due non saremo più di questa terra perché saranno processi lunghi che vogliono il suo tempo. Per la revisione dei processi non credo che mai ci si arriverà, gliel'ho detto non interessiamo più ad alcuno ormai. Io ho condanne assurde senza uno straccio di prova oggettiva, la legge dice che due collaboratori di legge che dicono la stessa cosa è prova, ma io ho tante condanne con un solo collaboratore di legge e senza alcun riscontro... prendo condanne ovunque e comunque perché è il nome che condannano, posso dire di essere stato in balìa ed oggetto di scherno di tanti piccoli Torquemada...»

«Credo di averle detto tutto... io sono un uomo molto pragmatico e che sono riuscito a deludere finanche le mie illusioni, che non è impresa da poco. Ma se questo mio parlare senza inibizioni le ha provocato fastidio, le chiedo umilmente scusa.»

## «Io appartengo a lei»
### Matteo Messina Denaro alias Alessio

Lettera a Bernardo Provenzano.

«Io mi rivolgo a lei come garante di tutti e di tutto quindi i suoi contatti sono gli unici che a me stanno bene, cioè di altri non riconosco a nessuno, chi è amico suo è e sarà amico mio, chi non è amico suo non solo non è amico mio ma sarà un nemico mio, su questo con c'è alcun dubbio... La ringrazio per adoperarsi per l'armonia e la pace per tutti noi... Prima di passare al nocciolo del discorso desidero dire a lei che io sono per il dialogo e la pacificazione per come lei mi ha chiesto, e io rispetto il suo volere per come è sempre stato. So che lei non ha bisogno di alcuna raccomandazione perché è il nostro maestro ma è il mio cuore che parla e la prego di stare molto attento, le voglio tanto bene. Con immutata stima e l'affetto di sempre. Suo nipote Alessio.»

«Carissimo Z, spero di trovarla bene in salute così come le dico di me, ho ricevuto sue notizie, mi scuso se la mia posta viaggia sempre con un po' di ritardo, il tutto è dovuto ad un problema di sicurezza, credo che lei mi capirà, d'altronde chi meglio di lei può, ma contentiamoci così, rispondo alle sue... La ringrazio per le belle parole che lei ha usato per me nei loro confronti e ne sono onorato, vorrei però umilmente dirle che io non sono meglio di lei preferisco dire che io appartengo a lei, per come d'altronde è sempre stato, io ho sempre una via che è la vostra, sono nato in questo modo e morirò in questo modo, è una certezza ciò.»

«Ora mi affido completamente nelle sue mani e nelle sue

decisioni, tutto ciò che lei deciderà io l'accetterò senza problemi e senza creare problemi, questa per me è l'onestà.

(1) Perché io ho fiducia in lei e solo in lei; (2) perché io ho cercato lei per risolvere questa faccenda ed ora non vedo il motivo per cui si deve interessare qualcun altro; (3) perché io riconosco soltanto a lei l'autorità che le spetta; (4) perché noi due ci capiamo anche se non ci vediamo.»

«Carissimo, spero di trovarla bene così come le dico di me, ho da poco ricevuto le sue lettere e le rispondo subito... Per il discorso della metanizzazione i paesi di allora erano 6, so di preciso quali paesi sono, i soldi mancanti allora furono circa 250 milioni di lire, perché già prima tramite lei ci si era fatto uno sconto di circa 300 milioni di lire, però i 250 milioni di lire ce li dovevano dare cosa che non accadde mai. Infatti lei dopo tempo mi disse che non sapeva più cosa fare e che questi non volevano più pagare e il discorso finì così: dopo tempo venni a sapere che l'impresa in effetti i 250 milioni li uscì solo che a noi non ci arrivarono mai perché se li rubò uno dei figli del suo paesano morto, questo figlio sta a Roma. Io di ciò non dissi mai niente a lei perché capivo che si poteva solo mortificare della cosa e quindi ho preferito far morire il discorso. Ora glielo sto dicendo perché è lei stesso a chiedermelo caso contrario non avrei detto nulla, in fondo ognuno di noi risponde del proprio nome e della sua dignità, questo figlio del suo paesano morto sa di aver rubato soldi non suoi e di sicuro si è divertito a Roma visto che abita là, quello che non sa è che quei soldi erano destinati a famiglie di detenuti che hanno bisogno, ma comunque ritengo il discorso chiuso, se la vede lui con la sua coscienza...»

*All'anagrafe è registrato come Giuseppe Salvatore, a casa lo chiamano Salvo, in paese* ù picciriddu. *Nato alla clinica «Pasqualino e Noto» di Palermo il 3 maggio del 1977, vaccinato alla Asl numero 58 con certificato rilasciato dal «responsabile sanitario» Antonio Rizzuto, è il terzo figlio di Salvatore Riina e Ninetta Bagarella ed è l'unico maschio della famiglia di Corleone non condannato all'ergastolo.*

*Salvo ha un fratello e due sorelle. Giovanni Francesco, nato il 21 febbraio del 1976. Maria Concetta, nata il 19 dicembre del 1974. Lucia, nata l'11 novembre del 1980. Anche Giovanni, Maria Concetta e Lucia sono stati partoriti nella clinica «Pasqualino e Noto» di via Dante, anche loro tre sono stati vaccinati alla Asl numero 58 di Palermo con certificato rilasciato sempre dal dottor Antonio Rizzuto. I figli di Totò Riina e di Ninetta Bagarella sono tutti venuti alla luce durante la lunga latitanza del padre: 24 anni e 7 mesi. Una famiglia fantasma in giro per Palermo.*

## «Siete sempre stati catu e corda»
### Antonina Bagarella detta Ninetta

Ninetta Bagarella e i suoi figli Giovanni e Salvo:

Ninetta: «Siete sempre stati *catu e corda* [il secchio con la corda]... tutti e due, ti ricordi? Ma quello che ti tirava era sempre Giovanni...».

Giovanni: «No, a vicenda eravamo...».

Salvo: «No, papà diceva, quello che tirava nel senso... quello che era più, più...».

Antonietta: «... più agguerrito...».

Giovanni: «Una volta papà mi ha detto una cosa che non ho mai dimenticato, mi disse, dice: "Tanto, parli tu! Tu hai sempre ragione per me, perciò, quale problema c'è?"...».

Antonietta: «Fa gli interessi miei dice... quel *picciutteddu* fa gli interessi miei... non è che noialtri... perché se fossi un altro fratello, cattivo, avrebbe detto: "Parla, e fa gli interessi suoi"...».

Giovanni: «Sì, mi ha detto così».

Antonietta: «Bravo, bravo a Salvo, sempre così, mi fa piacere davvero».

Salvo: «Ma', ma con chi stai parlando?».

Antonietta: «Con tutti e due...».

Salvo: «Vedi che io vengo dalla scuola... quella corleonese...».

Ninetta: «Eh meno male, meno male...».

Salvo: «Mio padre è di Corleone, mia madre è di Corleone, che scuola e che sangue posso avere io?».

Ninetta: «Sangue puro di Corleone».

Giovanni: «... lo sapevo però...».

Ninetta: «È bello però».

Ninetta e Salvo:

Salvo: «Ma', tu ce l'hai sempre con queste cose... io non le voglio, me le sequestrano».

Ninetta: «Scusa Salvo, ma dove dobbiamo andare a stare noi?».

Salvo: «A casa affittata, così quando poi la sequestrano non la sequestrano a noi ma la sequestrano al padrone di casa. E a noi che ci devono fare? Questa è l'ideologia moderna ma'. Proprietà non se ne comprano più».


Salvo e Giovanni:

Salvo: «Sciopero di benzina... bordello...».

Giovanni: «Ma come, io ho pensato a te e ho detto: ma tu problemi non ne hai, a Corleone...».

Salvo: «A Corleone c'è l'opera... ci sono le file, le file...».

Giovanni. «A Corleone?».

Salvo: «L'inferno...».

Giovanni: «E a Corleone a te chi non ti conosce?».

Salvo: «Mercoledì sera ho visto il bordello alla pompa di Vito... quello della pompa di benzina e lui mi dice: "Non c'è più benzina". Lo chiamo e gli dico: "Vito, vieni qua, come siamo combinati?". Mi dice: "Se si può forse stanotte, nella pompa ho 200 litri però sono tutti per le forze dell'ordine". Gli dico io: "Vito, sono io le tue forze dell'ordine... fermati e riempi...". C'era un bidone di 40 litri e gli ho fottuto un bidone di 40 litri e l'ho fatto riempire, e mi sono fatto il pieno nella mia macchina...».

Giovanni: «Che mettiamo caso che l'hai pagata la benzina?».

Salvo: «La benzina l'ha pagata la "comunità internazionale"...».

# «La decisione fu quella: abbattiamoli. E sono stati abbattuti»

Salvo Riina

Parla con Salvatore Cusimano mentre passano dallo svincolo di Capaci.

«Ne hanno pagato le conseguenze, però alla fin fine sono stati uomini. Linea dura. Vedi, sulla mia pelle brucia ancora di più. Uomini... *Ci appizzanu le corone a stu cosu...* ci fu troppo accanimento, e poi *sciddicò a palla* [scivolò la palla]..., nel '92, a maggio. Giustamente non è che finita bene, è andata a finire... Questa strage, a luglio l'altra, e poi giustamente a mio padre a gennaio l'hanno arrestato... Perché io non so come sarebbe andata a finire, se allo Stato poi lui non ci avesse fatto calare le corna.»

«A dirgli allo Stato: *cca semu nuatri* [qua comandiamo noi]. E invece *sciddicò ù pedi* [scivolò il piede]... perché noi le corna gliele facevamo a tutti i compagni e gli dicevamo: qua in Sicilia ci siamo noi, forse là sopra ci siete voi, ma *cca semu nuatri*... Chi lo ha sostituito non ha avuto il fegato di portare avanti... un colonnello deve sempre decidere lui e avere sempre la responsabilità lui. Non può fare: ma che dici? Ma che è?... Deve pigliare una decisione, e la decisione fu quella: abbattiamoli. E sono stati abbattuti. Portò cose brutte perché ci sono state limitazioni carcerarie... ma si facevano quattro o cinque anni, in galera i *cristiani* non se li sono mangiati mai. Sono deboli i Palermitani... minchia, ora tutti hanno il 41 bis... il 41 bis ce l'hanno solo mio zio e mio padre, e basta!!!... Loro sono tutti tranquilli... e addirittura a mio zio già gli entrano le cose da mangiare, perciò alla fine a mio zio quando l'hanno arrestato nel '95, siamo nel 2001, ed è *duro comu a ciaca...* sei anni...»

«Se tu pensi quello che ha fatto mio padre, allora io oggi dico, ma non per cosa, con quello che ha fatto mio padre di pizzo, allora oggi noialtri neanche possiamo fare l'uno per cento. Ma ti spiego pure il perché... c'era più benessere, i soldi si facevano, oggi vedi che non si possono fare più...»

«Ora quando arriva un cornuto di questi, scusami se parlo così, quando arriva un cornuto di questi e ci leva tutto il benessere, ci fa sequestrare beni immobili, materie prime e soldi, un picciotto di questi... Oggi ci vuole dichiarare, vedi... 740, 730... c'è bisogno di queste cose purtroppo con questo Stato di merda. Però lo sai il discorso che cosa è, tu un 740 lo dichiari, e ti puoi comprare, ti puoi permettere di comprare... e se ti chiedono: "Ma lei come se l'è comprato questo?"... "Oh, guadagno cinquanta milioni l'anno, permetti tu?"... A casa da me sono tutti pensionati... purtroppo adesso abbiamo bisogno di giustificare. Tu devi anche sapere riciclare... riciclare i soldi, quelli *illè*, li puoi fare spuntare *original*... tu devi fare lecito per la comparsa, illecito ti devi riempire i *sacchittuni*...»

«Hai capito, è questo il governo che abbiamo! Ora a chi sale a processo negli appelli, e fu assolto, va a pigliare trent'anni, ergastolo, è brutto per ora. Brutto... tutti. Perché stanno chiudendo tutte cose in fretta e furia. Le Corti d'appello non si è detto mai, cioè confermano le pene, cioè vanno a riprendere le assoluzioni... ma l'importante è che il pesce si smonta dalla testa! Partiamo da Roma, e poi vediamo quello che c'è da fare. Una volta che il comando generale è a Roma, uno smobilita Roma e già, minchia, può cominciare a discutere... Magistratura, cose... già tutti questi levali... quel Vigna, antimafia, poi si deve cominciare a discutere in un altro modo...»

# «Si prega di non disturbare»

## Maria Concetta Riina

«Non mi porto dentro i segni di un'infanzia negata e lo stesso vale per i miei fratelli. Non pensavamo: oddio, ci prendono, perché non avevamo la consapevolezza di essere ricercati. Noi siamo nati in una condizione che esisteva già e in un certo senso era normale non potere fare certe cose, quindi non ci sembravano delle privazioni. Quando hanno arrestato papà, è stato ancora più traumatico: è come se ci fosse crollato il mondo addosso.»

«Mi sento costantemente giudicata, assediata dai giornalisti. Mi sento osservata come fossi uno strano fenomeno, una cavia su cui fare esperimenti. Tutti esprimono giudizi sul mio conto, anche se nessuno mi conosce. Mi piacerebbe andare in giro con un cartello al collo con scritto: "Si prega di non disturbare". Sbaglia chi crede che io voglia nascondermi, che abbia paura di parlare. L'unica vera paura che ho è di essere strumentalizzata. Ogni banalità che mi riguarda viene gonfiata, travisata. Se vado al film sulla vita di Falcone vogliono sapere perché ci sono andata, se non ci vado dicono che mi sono rifiutata. Vuole sapere cosa ho provato? Pur non conoscendo il giudice Falcone, ho provato lo sgomento che ogni essere umano proverebbe davanti a scene così violente e crudeli.»

«Chiediamo solo di essere dimenticati e potere vivere una vita normale e dignitosa. Pare interminabile la ricerca di scoop giornalistici circa fatti inerenti la vita privata e, soprattutto, distinti e separati da quelli giudiziari che hanno fino a oggi interessato altri componenti della famiglia Riina. L'avvio di un'occupazione da condurre nel rispetto di una legge non può costituire occasione di scandalo. Voglio vivere come una cittadina italiana che vuole vedere rispettati i suoi diritti e non intende sottrarsi ai suoi doveri, con un amore che è una bella cosa, con i nuovi amici con i quali la domenica vado a fare una passeggiata o a mangiare una pizza.»

«La mafia è violenza, sopruso, intimidazione, mio padre ci ha sempre insegnato a non commettere violenze, né soprusi, né la minima mancanza di rispetto verso il prossimo... un padre che mi ha sempre dato affetto e amore, di cui sento molto la mancanza...»

«Ci ripeteva sempre che la cosa più importante è avere il coraggio di lottare per ciò in cui si crede e ribellarsi sempre alle ingiustizie. Poi avere rispetto delle persone a prescindere da quello che rappresentano. Essere sempre se stessi, onesti, e non giudicare chi non si conosce. E poi ci ha insegnato a manifestare i sentimenti senza timore di apparire per questo deboli.»

«Ho letto ciò che ha scritto la dottoressa Boccassini. Ho provato rabbia e un senso di infinito sgomento perché si è permessa di giudicarmi senza conoscermi. Da cosa dovrei dissociarmi? Dall'affetto e dall'amore che papà mi ha dato da quando sono nata? Come potrei smettere di andarlo a trovare, sapendo che dopo ogni nostro incontro, conta i giorni che lo separano dal successivo? E come potrei, ancora, impedirmi di volergli bene?... La dottoressa Boccassini, che pure sottolinea le rinunce a cui i suoi figli sono stati costretti a causa del suo impegno professionale, incita una figlia a rinnegare il genitore. Non so come si comporterebbe lei se, un giorno, suo padre o sua figlia commettessero un errore. Li cancellerebbe dalla sua vita oppure li perdonerebbe e continuerebbe ad amarli? Credo che il suo non sia un buon messaggio per i giovani.»

*Le sue focacce con la milza e il polmone e i riccioli di caciocavallo le hanno mangiate Francesco Crispi, Luigi Pirandello, i reali d'Italia, Spagna e Belgio. È nel 1902 che il locale prende il nome di Antica Focacceria San Francesco, i proprietari dopo cinque generazioni sono sempre i Conticello. Come tutti, a Palermo devono «mettersi a posto»: devono pagare il pizzo. Vincenzo Conticello si ribella, denuncia gli emissari del racket, al processo li riconosce davanti ai giudici della terza sezione penale. In aula, il 12 ottobre 2007, viene ascoltato anche uno dei mafiosi accusati dell'estorsione. È Francolino Spadaro, il figlio del re della Kalsa Tommaso. Alla fine del suo interrogatorio grida: «La mafia fa schifo». Francolino non è il primo a Palermo che pronuncia quella frase.*

# «Dormi dormi, Padrino»

## Constanzia Corleone detta Connie

Cannoli. I più velenosi sono quelli che strozzano l'infido don Altobello al teatro Massimo di Palermo. Omicidio all'opera, la «prima» della *Cavalleria Rusticana*.

Scorrono le ultime immagini de *Il Padrino III*, l'attore Eli Wallach – don Altobello – riceve in dono una guantiera di dolci da Connie, la sorella di Michael Corleone. Si spengono le luci, alla seconda scena una mano scivola nel buio e afferra un cannolo. Don Altobello lo odora, affonda i denti nella cremosa ricotta che fuoriesce dalla cialda, chiude gli occhi e sospira estasiato. Le dita sfiorano ancora il vassoio, cercano la crosta più ruvida, sollevano delicatamente un altro cannolo che poi scompare nella sua bocca. Non fa in tempo a mandarlo giù sino in fondo che don Altobello è già dolcemente morto. «Dormi dormi, Padrino» gli sussurra Constanzia Corleone detta Connie. È l'ottava scena, «Hanno ammazzato compare Turiddu», la più bella della *Cavalleria Rusticana*.

I cannoli più famosi della Sicilia sono quelli giganteschi di Piana degli Albanesi e quegli altri al profumo di cannella di Caltanissetta, *Kalt El Nissa*, «castello delle donne» in arabo. Secondo alcuni le origini del cannolo verrebbero proprio dall'altra sponda del Mediterraneo, dalle abili mani delle concubine di un harem che volevano conquistarsi le grazie del loro sultano. Secondo altri sarebbero nati invece nelle celle di clausura di misteriosissime monache, in un convento aggrappato alla schiena di una montagna. Dolce siculo arabo o dolce siculo siculo, il cannolo – con la cassata – è il trionfo della pasticceria isolana. La ricotta è rigorosamente di pecora, nella Sicilia orientale decorata con pistacchi tritati, in quella occidentale con pezzi di cioccolata amara e scorze d'arancia candita.

I cannoli più infidi sono quelli arrivati a Palazzo d'Orléans, nelle splendide sale della presidenza della Regione siciliana. Cannoli in onore del governatore Totò Cuffaro. Trentadue di numero, grandi e freschi, appena guarniti in un laboratorio dolciario di Castronovo di Sicilia, paese al confine tra le province di Agrigento e Palermo. Sono stati premurosamente spediti da Vincenzo Bonaccolta, un amico di Cuffaro, suo compagno di scuola ai Salesiani. I cannoli «festeggiano» una sentenza del tribunale di Palermo contro il governatore: cinque anni di reclusione. Favoreggiamento semplice e non favoreggiamento mafioso, come chiedono i pubblici ministeri. Per Totò Cuffaro è quasi un'assoluzione. «Resto, resto perché la maggioranza dei siciliani mi ha chiesto di restare» annuncia ufficialmente a poche ore dalla fine del suo processo.

È il 19 gennaio 2008, a Palazzo d'Orléans qualcuno sistema il vassoio con quei cannoli di Castronovo di Sicilia su un tavolo circolare dove Cuffaro sta per comunicare che farà ancora il governatore. Lui vede il vassoio, lo alza per passarlo a un commesso, è un attimo: *clic*, un fotografo immortala Totò Cuffaro con i cannoli fra le mani. La foto fa il giro del mondo con una didascalia: «Condannato e festoso, interdetto dai pubblici uffici e goloso».

Una settimana dopo l'uomo politico siciliano più potente, eletto con un milione e seicentomila voti, non è più governatore. La condanna a cinque anni i siciliani gliela perdonano. Le pericolose relazioni con i mafiosi pure. Ma quei cannoli lo tradiscono. «Mi hai rovinato» bisbiglia con rassegnazione Totò Cuffaro al fotografo Michele Naccari, quando da un giorno e una notte ormai non è più il governatore della Sicilia.

# «La mafia fa schifo»

## Campagna pubblicitaria Regione siciliana

I cartelloni sono vistosi, di colore azzurro e con lo stemma della Regione siciliana. La scritta è nera, grande: «La mafia fa schifo». Sono sui muri dei palazzi, nelle piazze, agli angoli di ogni strada dell'isola. È la controffensiva del governatore Totò Cuffaro. Sotto inchiesta per mafia lancia lo slogan contro la mafia. È il novembre del 2005, da tre anni Cuffaro è indagato. La procura di Palermo è divisa. Qualcuno vorrebbe contestargli il concorso esterno in associazione mafiosa, il procuratore capo Pietro Grasso – più pragmatico – chiede il suo rinvio a giudizio per favoreggiamento mafioso. Il governatore si difende in aula e fuori.

Dichiara: «Sono il primo a credere che l'antimafia non si faccia con gli slogan ma che contano gli atti di governo... mi sento un "secondo Andreotti"...». Attacca: «Se pensano di aprire la campagna elettorale in Sicilia con la presentazione di un libro contro di me e se alla presentazione c'è in prima fila il procuratore Gian Carlo Caselli, e persino alcuni pm che hanno indagato su di me, tutto ciò diventa inquietante. Se queste persone volevano lanciare un segnale di intimidazione, si sbagliano di grosso, io non mi faccio intimidire da nessuno». Spiega: «Stiamo conducendo una vera lotta, facendo crescere lo sviluppo e il lavoro, governando, tutto questo per uscire da questa dannata e schifosissima cultura mafiosa».

«La mafia fa schifo». È scritto dappertutto in Sicilia. In quei giorni il governatore è accusato di avere ricevuto dalle sue «talpe» notizie riservate dal Palazzo di giustizia. Di avere, in qualche modo, favorito il capomandamento di Brancaccio Giuseppe Guttadauro a eludere le indagini. Di avere aiutato l'imprenditore della sanità siciliana Michele Aiello, primo contribuente della provincia di Palermo e sospetto prestanome di Bernardo Provenzano.

«La mafia fa schifo» è una battuta pubblicitaria che piace anche ai mafiosi. Sono finiti i tempi che quella parola non si diceva mai, al contrario gli uomini d'onore in alcuni casi adesso possono esibire la loro «antimafiosità». Provano a infiltrarsi nelle associazioni antiracket, organizzano convegni, a volte sono i primi a sponsorizzare manifestazioni «contro» Cosa Nostra.

A Villabate gli amici di Bernardo Provenzano premiano – autorizzati dalla famiglia – Raoul Bova per una sua fiction, *Ultimo*, il carabiniere che cattura Salvatore Riina. A Enna finisce agli arresti il presidente degli imprenditori che scendono in piazza contro il pizzo. A Palermo i capi di Sicindustria tuonano pubblicamente contro i boss ma sono loro soci in segreto. Ad Altofonte un uomo d'onore allestisce anche una mostra di pittura «dedicata a Falcone e a Borsellino».

Dalla «mafia non esiste» alla «mafia fa schifo» sono passati soltanto vent'anni. È una mafia meno sfacciata, nei suoi riti e nelle sue regole sempre tribale ma quando guarda fuori da se stessa anche più moderna, più sofisticata, cangiante, pronta a inseguire ogni mutazione sociale. Una mafia che si nasconde dietro gli slogan dei propri nemici. È la mafia che scopre il valore dell'antimafia. L'«antimafia» è diventata un capitale anche per Cosa Nostra. Il mafioso antimafioso: il massimo.

# FONTI

*Sono riportate di seguito le fonti da cui sono tratte le citazioni delle «parole d'onore» contenute nel volume. Per la documentazione secondaria e i libri consultati si rimanda alla bibliografia.*

«Ha visto il mondo e gli è scoppiato il cervello»
Colloquio dell'autore con Gaetano Riina, Corleone, maggio 1993

La Commissione 1960-1975
Sentenza ordinanza contro Abbate Giovanni + 706, Palermo, 8 novembre 1985 (giudici istruttori Antonino Caponnetto, Giovanni Falcone, Paolo Borsellino, Giuseppe Di Lello e Leonardo Guarnotta)

«Come carta ti brucio, come santa ti adoro»
Audizione di Leonardo Messina, Commissione parlamentare antimafia, Roma, 4 dicembre 1992

«Il giuramento somiglia ai dieci comandamenti»
Deposizione di Salvatore Contorno al maxiprocesso di Palermo, udienze dell'11 e del 17 aprile 1986

«Lui è come a noi»
Audizione di Tommaso Buscetta alla Commissione parlamentare antimafia, Roma, 17 novembre 1992; sentenza ordinanza dell'8 novembre 1985 contro Abbate Giovanni + 706, Palermo (giudici istruttori Antonino Caponnetto, Giovanni Falcone, Paolo Borsellino, Giuseppe Di Lello e Leonardo Guarnotta)

«Siamo uomini d'onore, siamo l'élite della criminalità. Siamo i peggiori di tutti»
Tratto da Pino Arlacchi, *Gli uomini del disonore*, Mondadori, Milano 1992

«Non dobbiamo parlare di mafia, parliamo di amicizia»
Gaetano Savatteri e Pietro Calderoni, *Voci del verbo mafiare*, Pironti, Napoli 1993

«L'avete visto oggi, sul giornale, a Gina Lollobrigida?»
Tratto da Pino Arlacchi, *Gli uomini del disonore*, Mondadori, Milano 1992

«Voi federali vi occupate delle virtù dei cittadini, io penso ai loro vizi»
Archivi nazionali di College Park (Maryland), registro 170; scheda 71-3555 su Lucky Luciano, busta Drug Inforcement Administration/Federal Bureau of Investigation

«Io sono il Gianni Agnelli di Palermo»
Sentenza ordinanza dell'8 novembre 1985 contro Abbate Giovanni + 706, Palermo (giudici istruttori Antonino Caponnetto, Giovanni Falcone, Paolo Borsellino, Giuseppe Di Lello e Leonardo Guarnotta)

«L'ambiente dei contrabbandieri era poco dignitoso per un uomo d'onore come me»
Verbale di interrogatorio di Francesco Marino Mannoia al procuratore aggiunto della Repubblica di Palermo Giovanni Falcone, 9 novembre 1989

«Per me modica quantità sono quattro chili»
Audizione di Gaspare Mutolo, Commissione parlamentare antimafia, Roma, 9 febbraio 1993; Antonio Di Stefano e Lino Buscemi, *Signor giudice, mi sento tra l'anguria e il martello*, Mondadori, Milano 1996

«Ecco, lo dico: il danno»
Deposizione di Salvatore G. al processo in Corte d'assise per l'omicidio di Nené Geraci «il giovane», Palermo, 6 novembre 1999

«L'incaprettamento, come si faceva di solito»
Verbali di interrogatorio di Giuseppe Marchese, processo Mariano Agate + 51, quinta sezione penale del tribunale di Palermo

«Liberati del canuzzu»
Saverio Lodato, *Ho ucciso Giovanni Falcone*, Mondadori, Milano 1999; Vincenzo Vasile, *Era il figlio di un pentito*, Bompiani, Milano 2007

«Spara sempre due o tre colpi, vedi che in testa poi ti può sbrizziare»
Fermo di indiziati di delitto, procedimento n. 2474/05 del 20 giugno 2006 (Gotha), nei confronti di Antonino Rotolo + 51, Palermo (procuratore aggiunto Giuseppe Pignatone e sostituti Michele Prestipino, Domenico Gozzo, Maurizio De Lucia, Nino Di Matteo e Roberta Buzzolani)

La Commissione 1979
Sentenza ordinanza contro Abbate Giovanni + 706, Palermo, 8 novembre 1985 (giudici istruttori Antonino Caponnetto, Giovanni Falcone, Paolo Borsellino, Giuseppe Di Lello e Leonardo Guarnotta)

«1 metro e 59 centimetri»
Verbali di interrogatorio di Salvatore Riina dell'1 e del 4 marzo 1993 nei processi «delitti trasversali» e «delitti politici», aula bunker di Rebibbia, Roma

«Amo Totò Riina perché la Corte di Assise di Bari mi ha detto che non si è macchiato le mani di sangue»
Intervista di Mario Francese ad Antonina Bagarella, in «Il Giornale di Sicilia», 27 luglio 1971

«Io non l'ho mai visto arrabbiato»
Audizione di Gaspare Mutolo, Commissione parlamentare antimafia, Roma, 9 febbraio 1993

«Sembrano due persone ma è una persona sola»
Atti procedimento Giuseppe Agrigento + 17, strage di Capaci, 10 ottobre 1993 e 2 novembre 1993 (pm Giovanni Tinebra, Ilda Boccassini, Carmelo Petralia, Fausto Cardella)

«Troppe invidie, troppi tradimenti, troppe cose tinte»
Intercettazione telefonica del 12 giugno 1981, agli atti della sentenza ordinanza dell'8 novembre 1985 contro Abbate Giovanni + 706, Palermo (giudici istruttori Antonino Caponnetto, Giovanni Falcone, Paolo Borsellino, Giuseppe Di Lello e Leonardo Guarnotta)

«Gli esattori non sono mostri»
«Panorama», 5 luglio 1982

«Quel magistrato ha fatto cose da pazzi»
«l'Espresso», 4 luglio 1982; «Panorama», 5 luglio 1982; «Corriere della Sera», 17 settembre 1982

«Gesù Gesù, anche un parrino in Cosa Nostra»
Attilio Bolzoni e Giuseppe D'Avanzo, *Il capo dei capi*, BUR-Rizzoli, Milano 2007

«Cosa Nostra si vuole farla risalire all'apostolo Pietro»
Audizione di Leonardo Messina, Commissione parlamentare antimafia, Roma, 4 dicembre 1992

«C'è molta confusione fra peccati e reati»
Intervista di Salvo Palazzolo a Pietro Aglieri, in «la Repubblica», 14 marzo 2004

«Con il volere di Dio»
Salvo Palazzolo e Michele Prestipino, *Il codice Provenzano*, Laterza, Roma-Bari 2007

«Don Pino sorrise e disse: me l'aspettavo»
Francesco Anfossi, *E li guardò negli occhi. Storia di Padre Pugliesi, il prete ucciso dalla mafia*, Edizioni Paoline, Milano 2005; intervista di

Salvo Palazzolo a Salvatore Grigoli, in «la Repubblica», 8 settembre 1999

## «Questi sono gli omicidi che ti danno soddisfazione»
Atti sentenza processo Gaspare Spatuzza + 4, seconda Corte di Assise di Palermo, 14 aprile 1998

## «Quell'indimenticabile mangiata alla Settima sezione»
Atti sentenza processo Giuseppe Albanese + 54, quarta sezione penale tribunale di Palermo, 1 dicembre 2005

## «Parlare di celle è un modo di dire»
Audizione di Gaspare Mutolo, Commissione parlamentare antimafia, Roma, 9 febbraio 1993

## «Avevo mezza Cupola ricoverata in ospedale»
Atti sentenza processo Giuseppe Albanese + 54, quarta sezione penale del tribunale di Palermo, 1 dicembre 2005

## «La terra attira noi siciliani, latitanti o non latitanti»
Audizione di Gaspare Mutolo, commissione parlamentare antimafia, Roma, 9 febbraio 1993

## «Quando stai in quella pasta più la mangi e più ti piace»
Tratto da Gruppo Abele, *Dalla mafia allo stato. I pentiti: analisi e storie*, Ega, Torino 2005

## «C'erano uomini d'onore che avevano le amanti: non avevano moralità»
Audizione di Gaspare Mutolo, Commissione parlamentare antimafia, Roma, 9 febbraio 1993

## «Non potevo sposare una figlia di separati ma un'orfana sì»
«La Stampa», 10 gennaio 1993

## «Bagarella decise di sospendere gli omicidi perché era a lutto»
Antonio Di Stefano e Lino Buscemi, *Signor giudice, mi sento tra l'anguria e il martello*, Mondadori, Milano 1996

«Il marito uccideva anche i bambini e Dio puniva lei»
Verbale di interrogatorio di Tony Calvaruso al sostituto procuratore
della Repubblica di Palermo Teresa Principato, 23 ottobre 1996

«Le donne sono attirate dalla mafia, fino a che non vengono
scottate dal dolore»
Tratto da Pino Arlacchi, *Gli uomini del disonore*, Mondadori, Milano
1992

«Per un amore grande ho dovuto fare una cosa grande»
Intervista di Francesco La Licata per *Storie di mafia*, prodotto da Rai
Due; Liliana Madeo, *Donne di mafia*, Mondadori, Milano 1994

«Scomparsi tutti, scomparsi per sempre»
Verbali di interrogatorio di Salvatore Contorno al giudice istruttore
Giovanni Falcone, novembre e dicembre 1984

«La puliziata di pedi»
Verbale di interrogatorio di Calogero Ganci al sostituto procuratore
della Repubblica di Palermo Giuseppe Fici, 13 febbraio 1996

«Abbiamo dovuto prendere questa amara decisione»
Procedimento n. 5464/05 della direzione distrettuale antimafia di Palermo, richiesta per l'applicazione della misura cautelare contro Antonino Rotolo, Antonino Cinà e Diego Di Trapani

«Se in Italia c'è la democrazia dovete ringraziare me»
«Il Messaggero», 16 aprile 1986; «Corriere della Sera», 16 aprile 1986

«La mafia è un organismo democratico»
Audizione di Leonardo Messina, Commissione parlamentare antimafia, Roma, 4 dicembre 1992

«E poi si alzava la mano»
Atti del processo Giuseppe Agrigento + 51, sentenza Corte d'assise di
Palermo, 12 luglio 1997

«È il dittatore di tutto e per tutto»
Atti del processo Giuseppe Agrigento + 51, sentenza Corte d'assise di
Palermo, 12 luglio 1997

«"Secondo lei esiste la mafia?" "Se esiste l'antimafia..."»
Antonio Di Stefano e Lino Buscemi, *Signor giudice, mi sento tra l'anguria e il martello*, Mondadori, Milano 1996; intervista di Michele Santoro a Marcello Dell'Utri, *Moby Dick*, Italia 1, 11 marzo 1999

«Chiamatela pure mafia, conviene a tutti»
Intervista di Massimo Martinelli a Vito Ciancimino, in «Il Messaggero», 9 giugno 2000; Leo Sisti, *L'isola del tesoro*, Bur-Rizzoli, Milano
2007; atti sentenza processo Vito Ciancimino + 4, quinta sezione penale del Tribunale di Palermo

«Viva la mafia, viva Ciancimino»
Le parole di Massimo Ciancimino sono tratte da Leo Sisti, *L'isola del
tesoro*, BUR-Rizzoli, Milano 2007

«Era più pericoloso da pensionato che da prefetto»
Interrogatori di Vito Ciancimino del 17 marzo e dell'11 giugno 1993
agli atti del procedimento penale n. 3538/94 «instaurato nei confronti
di Andreotti Giulio»

*Il popolo di Cosa Nostra*
Squadra mobile e reparto operativo dei carabinieri di Palermo, Centro
Dia Roma

«Spara come un dio ma ha il cervello di una gallina»
Rapporto giudiziario n. 2734/116-1977, reparto operativo gruppo carabinieri di Palermo «concernente la denuncia di Riina Salvatore + 25 e
contenente le dichiarazioni rese dal noto mafioso Di Cristina Giuseppe»

«Ma dove è più questa mafia?»
Marina Pino, *Le Signore della droga*, Centro siciliano di documentazione «Giuseppe Impastato», Editore La Luna, Palermo 1988

«La vergogna era troppa»
Ansa, 30 giugno 1995

«Siamo nei paraggi di Mafiopoli»
Il verbale dell'omicidio Impastato è tratto dagli atti del Centro siciliano di documentazione «Giuseppe Impastato»

«Si fece ammazzare per non sopportare tutto questo»
Tratto da Felicia Bartolotta Impastato, *La mafia in casa mia*, Centro siciliano di documentazione «Giuseppe Impastato», Arci Donna, Editore La Luna, Palermo 1986

La Commissione, 1992
Sentenza n. 12/98 del 15 luglio 1998 nei confronti di Riina Salvatore + 31 (omicidio Lima), seconda Corte d'assise di Palermo

«63 colpi per sbaglio»
«L'Ora», 20 dicembre 1967

«I giudici parlati»
Audizione di Tommaso Buscetta, Commissione parlamentare antimafia, Roma, 17 novembre 1992

«Nessuno dice: voglio i soldi. Sono cose che succedono così...»
Audizione di Antonino Calderone, Commissione parlamentare antimafia, Roma, 11 novembre 1992

«La giustizia aggiustata»
Atti della sentenza di primo grado contro Giuseppe Madonia, Armando Bonanno e Vincenzo Puccio, Corte di Assise di Palermo, 31 marzo 1983; verbali di interrogatorio di Francesco Marino Mannoia al procuratore aggiunto Giovanni Falcone, novembre 1989

«Non c'è mai una porta chiusa»
Audizione di Leonardo Messina, Commissione parlamentare antimafia, Roma, 4 dicembre 1992

«Io la Noce ce l'ho nel cuore»
Verbale di spontanee dichiarazioni rese da Leonardo Vitale alla squadra mobile di Palermo, 30 marzo 1973

«Camminano a braccetto e dicono bugiarderie i pentiti»
Deposizioni di Salvatore Riina nei processi per «i delitti trasversali» e «i delitti politici» di Palermo, aula bunker di Rebibbia, Roma, 1 e 4 marzo 1993

«C'è quando mi ricordo e quando non mi ricordo»
Deposizione di Stefano Calzetta al maxiprocesso di Palermo, 4 luglio 1986

«Una manata di indegni»
Tratto da Gruppo Abele, *Dalla mafia allo stato. I pentiti: analisi e storie*, Ega, Torino 2005

«Cosa Nostra è finita, Totuccio puoi parlare»
Camilla Cederna, *Casa nostra. Viaggio nei misteri d'Italia*, Mondadori, Milano 1983

«Perché dovrebbero stare zitti?»
Antonio Di Stefano e Lino Buscemi, *Signor giudice, mi sento tra l'anguria e il martello*, Mondadori, Milano 1996

«Vi auguro la pace eterna a tutti voi»
Verbale di spontanee dichiarazioni rese da Michele Greco, maxiprocesso di Palermo, 14 dicembre 1987

«Ditemi in che cosa avrei mafiato»
«Corriere della Sera», 12 giugno 1986

«Socrate è uno che ammiro perché come me non ha scritto niente»
Gaetano Savatteri e Pietro Calderoni, *Voci del verbo mafiare*, Pironti, Napoli 1993

«Non siamo stati noi»
Udienza del maxiprocesso di Palermo, 7 ottobre 1986; la dichiarazione di Francesco Marino Mannoia è tratta da «la Repubblica», 7 dicembre 1989

«Quello era un processo politico, bisognava pagare il prezzo»
Verbali di interrogatorio di Gaspare Mutolo agli atti del procedimento penale n. 3538/94 «instaurato nei confronti di Andreotti Giulio»

«Per me il giudice Carnevale è giusto come papa Giovanni»
Colloquio dell'autore con Pieruccio Senapa, febbraio 1991

«Le cose sono sempre trubbole»
Intercettazione telefonica fra Giuseppe Joe Gambino e uno sconosciuto agli atti del processo per traffico di stupefacenti (Iron Tower), sentenza del tribunale di Palermo, 30 gennaio 1991

«L'antimafia non deve fare il gioco della mafia»
«Il diario», 11 settembre 1980; «Il Giornale di Sicilia», 28 giugno 1987; «Il Giornale di Sicilia» 23 marzo 1988

«Stanno ritornando»
Capitolo «Fatto e svolgimento delle indagini» dell'ordinanza di custodia cautelare contro Salvatore Riina e altri per l'omicidio di Salvo Lima, 11 ottobre 1992

«Quel giudice è uno che sente la retinata»
Atti della memoria depositata dal pubblico ministero di Palermo nel procedimento penale n. 3538/94 «instaurato nei confronti di Andreotti Giulio»

«Salutò con un bacio tutti e tre»
Atti della memoria depositata dal pubblico ministero di Palermo nel procedimento penale n. 3538/94 «instaurato nei confronti di Andreotti Giulio»

«Quella gobba è piena di omicidi»
Atti della memoria depositata dal pubblico ministero di Palermo nel

procedimento penale n. 3538/94 «instaurato nei confronti di Andreotti Giulio»

## «Di uomini come lui ce ne voleva uno per ogni strada di ogni città italiana»
Interrogatorio di Tommaso Buscetta dell'11 settembre 1992 ai procuratori di Palermo, atti del procedimento penale n. 3538/94 «instaurato nei confronti di Andreotti Giulio»

## «Una volta lo chiamavo Masino, adesso gli direi: signor Buscetta»
Intervista di Stefano Zurlo a Gaetano Badalamenti, in «Il Giornale», 18 ottobre 1999

## *La Corte assolve...*
I sentenza Andreotti, quinta sezione penale di Palermo, 23 ottobre 1999; II sentenza Andreotti, prima sezione Corte d'appello di Palermo, 2 maggio 2003; III sentenza Andreotti Corte di Cassazione, 15 ottobre 2004; I sentenza Carnevale, sesta sezione penale di Palermo, 8 giugno 2000; II sentenza Carnevale, terza sezione Corte d'appello di Palermo, 29 giugno 2001; III sentenza Carnevale, Corte di cassazione, 30 ottobre 2002

## «La carne è arrivata»
Atti sentenza strage di Capaci, Corte d'assise di Caltanissetta, 26 settembre 1997

## «Non ho sentito neanche il botto»
Verbale di interrogatorio di Gioacchino La Barbera nel processo per la strage di Capaci, 2 dicembre 1993 (pm Giovanni Tinebra, Carmelo Petralia e Ilda Boccassini)

## «L'attentatuni»
Atti procedimento Giuseppe Agrigento + 17, strage di Capaci, 10 ottobre 1993 e 2 novembre 1993 (pm Giovanni Tinebra, Ilda Boccassini, Carmelo Petralia, Fausto Cardella)

## «Io rappresento la fine di tutto»
Atti procedimento Giuseppe Agrigento + 17, strage di Capaci, 10 ot-

tobre 1993 e 2 novembre 1993 (pm Giovanni Tinebra, Ilda Boccassini, Carmelo Petralia, Fausto Cardella)

«La disgrazia»
Intervista di Antonina Brusca, Tg2, 24 maggio 1996; interviste a «la Repubblica», 22 e 24 maggio 1996

«Questa gente è la più abbietta del mondo dai tempi di Nerone»
Attilio Bolzoni e Giuseppe D'Avanzo, *Il capo dei capi*, BUR-Rizzoli, Milano 2007

«A Palermo sono molto educati nel pagare»
Audizione di Gaspare Mutolo, Commissione parlamentare antimafia, Roma, 9 febbraio 1993

«Così facevo la messa a posto»
Ordinanza di custodia cautelare contro Tommaso Lo Presti + 5, procedimento n. 5847/03, tribunale di Palermo

«Pure Garibaldi pagò il pizzo per sbarcare a Marsala»
Interrogatorio di Antonino Patti al pm Massimo Russo, Corte d'assise Trapani, 14 ottobre 1998

«Con un litro di benzina boom... puoi accendere il mondo»
Informativa del comando dei carabinieri di Monreale alla procura della Repubblica di Palermo, 3 dicembre 1997

«Questa notte ci mettiamo la colla»
Verbale di interrogatorio di Aurelio Neri al sostituto procuratore della Repubblica Maurizio De Lucia, 6 luglio 1996; documento di solidarietà tratto da Tano Grasso e Aldo Varano, *'U pizzu. L'Italia del racket e dell'usura*, Baldini Castoldi Dalai, Milano 2002

«Perché loro si mangiano tutte cose»
Ordinanza di custodia cautelare del gip Marcello Viola contro Luigi Adamo + 37, Palermo 27 aprile 2004

«Siamo stati ostaggi di quei signori»
Intervista di Attilio Bolzoni a Filippo Salamone, in «la Repubblica», 23 settembre 1997

«Lavorare in pace»
Tratto da Pino Arlacchi, *Gli uomini del disonore*, Mondadori, Milano 1992

«L'occhio di riguardo»
Intervista ad Angelo Siino, in «Sette», 20 gennaio 2000; intervista di Gianni Barbacetto ad Angelo Siino, in «Diario», 26 maggio 1999

«I politici diventarono pazzi: fu imposto il pizzo sulla loro tangente»
Intervista di Gianni Barbacetto ad Angelo Siino, in «Diario», 26 maggio 1999; verbale di interrogatorio di Angelo Siino al sostituto procuratore della Repubblica di Palermo Maurizio De Lucia, 23 luglio 1997

«Può fare la fine di Ciancimino»
Verbale di interrogatorio di Baldassare Di Maggio nel processo «Mafia e appalti», tribunale di Palermo, 14 settembre 2003

«Qualcuno si può fare sbirro»
Atti del processo per la strage di Capaci, Corte d'assise di Caltanissetta, 26 settembre 1997

«Voleva ammazzare i loro bambini fino al ventesimo grado di parentela»
Gruppo Abele, *Dalla mafia allo stato. I pentiti: analisi e storie*, Ega, Torino 2005; Salvatore Cancemi, *Riina mi fece i nomi di...*, a cura di Giorgio Bongiovanni, Massari, Bolsena 2002.

«Quella parola dice tanto, dice tutto, dice tante cose»
Verbale di interrogatorio di Salvatore Riina al procuratore di Firenze Pier Luigi Vigna e al procuratore di Palermo Giancarlo Caselli, 22 aprile 1996

«Mutolo, sei un grandissimo spionaggio»
Gaetano Savatteri e Pietro Calderoni, *Voci del verbo mafiare*, Pironti, Napoli 1993

«Sei tu, signor Riina, che hai ucciso Cosa Nostra»
Interrogatorio «all'americana» fra Tommaso Buscetta e Salvatore Riina, aula bunker di Rebibbia, Roma, 19 novembre 1993

Il Direttorio, 2000
Sentenza n. 12/98 del 15 luglio 1998 nei confronti di Riina Salvatore + 31 (omicidio Lima), seconda Corte d'assise di Palermo

«B. Bernardo Da Corleone Cappuccino»
Inventario del materiale ritrovato nel covo di Bernardo Provenzano, rapporto della squadra mobile di Palermo datato 11 aprile 2006 e trasmesso al procuratore aggiunto della Repubblica di Palermo Giuseppe Pignatone e ai sostituti procuratori Michele Prestipino e Marzia Sabella

«La curiosità è l'anticamera della sbirritudine»
Verbale di interrogatorio di Antonino Giuffrè al sostituto procuratore della Repubblica di Palermo Michele Prestipino, 30 gennaio 2004

«Mi fidavo e non mi fidavo, me lo controllavo fra virgolette»
Verbale di interrogatorio di Giovanni Brusca al pubblico ministero Antonino Di Matteo, processo Simone Castello + 5, 12 dicembre 2000

«Devi essere retto, corretto e coerente»
Ordinanza di custodia cautelare nei confronti di Bernardo Provenzano + 20, procedimento n. 4668/96 (gip Renato Grillo); ordinanza di custodia cautelare nei confronti di Salvatore Rinella + 13, procedimento n. 7106/02 (gip Antonio Caputo)

«M» «MM» «MMM»
Procedimento penale n. 4578/96, procura della Repubblica di Palermo

«Siamo un corpo solo: banditi, polizia e mafia. Come il Padre, il Figlio e lo Spirito Santo»
Documenti desecretati dell'Office of Secret Services su «Italia 1943-1948», archivi nazionali College Park, Maryland

«Quelli si sono fatti sotto»
Atti della sentenza sulla strage dei Georgofili, Corte d'assise Firenze, 13 febbraio 2001

«Gli ho presentato un papello grande così»
Tratto da Saverio Lodato, *Ho ucciso Giovanni Falcone*, Mondadori, Milano 1999

«Certo, poi, quando cade il Muro di Berlino...»
Verbale di udienza di Antonino Giuffrè, tribunale di Termini Imerese, 16 ottobre 2002; verbali di interrogatorio di Antonino Giuffrè al pm Michele Prestipino, processo «mafia e appalti», 8 e 9 settembre 2002

«A nome di tutti i detenuti del 41 bis...»
Verbale di udienza del 12 luglio 2002, Corte d'assise di Trapani, in Saverio Lodato e Marco Travaglio, *Intoccabili*, BUR-Rizzoli, Milano 2005

«Iddu pensa solo a iddu»
«La Repubblica», 7 settembre 2007

«Gli uomini d'onore erano abituati a contatti con persone altolocate»
Verbali di interrogatorio di Salvatore Cancemi del 18 febbraio 1994, di Antonino Calderone del 15 febbraio 1996 e di Francesco Di Carlo del 31 luglio 1997, procedimento n. 4578/96 nei confronti di Marcello Dell'Utri, procura di Palermo

«Vittorio Mangano è un eroe, a modo suo»
«La Repubblica», 8 aprile 2008; «Corriere della Sera», 21 marzo 1994; verbale di interrogatorio di Marcello Dell'Utri ai procuratori di Palermo, 26 maggio e 26 giugno 1996

«La rovina dell'umanità sono certi film»
Gaetano Savatteri e Pietro Calderoni, *Voci del verbo mafiare*, Pironti, Napoli 1993

«Un noto famoso»
Colloquio dell'autore con Umberto Castagna, Palermo, marzo 2000

«Dom, se hai ucciso per il governo allora puoi farlo anche per la famiglia»
Colloquio dell'autore con Dominick Montiglio, New York, giugno 2005

«Di questi Inzerillo non deve rimanere neppure il seme»
Fermo di indiziati di delitto, procedimento n. 2474/05 del 20 giugno 2006 (Gotha) nei confronti di Antonino Rotolo + 51

«Tu non sei qua perché sei tu, tu sei qua perché sei lui»
Fermo di indiziati di delitto, procedimento n. 2474/05 del 20 giugno 2006 (Gotha) nei confronti di Antonino Rotolo + 51

«Nel momento che dormiamo a sonno pieno può essere pure che non ci risvegliamo più»
Fermo di indiziati di delitto, procedimento n. 2474/05 del 20 giugno 2006 (Gotha) nei confronti di Antonino Rotolo + 51

«Ragazzi sfortunati»
Procedimento n. 38/08, direzione distrettuale antimafia di Palermo contro Alamia Pietro + 20, 16 gennaio 2008 (pm Marcello Viola, Domenico Gozzo, Gaetano Paci, Francesco Del Bene, Annamaria Picozzi e Alfredo Morvillo)

«Mio carissimo, non basta solo il mio parere»
Procedimento n. 38/08, direzione distrettuale antimafia di Palermo contro Alamia Pietro + 20, 16 gennaio 2008 (pm Marcello Viola, Domenico Gozzo, Gaetano Paci, Francesco Del Bene, Annamaria Picozzi e Alfredo Morvillo)

«Franky Boy è il tutto di là»
Procedimento n. 11059/06, decreto di fermo di indiziato di delitto

emesso nei confronti di Casamento Filippo + 29 (Old Bridge), Palermo, 7 febbraio 2008 (pm Michele Prestipino, Domenico Gozzo, Maurizio de Lucia, Antonino Di Matteo, Roberta Buzzolani, Giuseppe Pignatone e Guido Lo Forte)

## «Ce ne dobbiamo andare dalla Sicilia, dall'Italia, ce ne dobbiamo andare dall'Europa»
Rapporto squadra mobile di Palermo-Servizio centrale operativo polizia di Stato, procedimento n. 11059/06 trasmesso Procura distrettuale di Palermo

## «Divieti e doveri»
Procedimento n. 38/08 Direzione distrettuale antimafia di Palermo contro Alamia Pietro + 20, 16 gennaio 2008 (pm Marcello Viola, Domenico Gozzo, Gaetano Paci, Francesco Del Bene, Annamaria Picozzi e Alfredo Morvillo)

## «Ci vuole tempo, vossia me lo insegna»
Sentenza del giudice delle udienze preliminari del tribunale di Palermo Roberto Binenti, giudizio abbreviato nei confronti di Lipari + 16, 12 dicembre 2003

## «Prenditela con chiunque ma lo Stato non si tocca»
Sentenza del giudice delle udienze preliminari del tribunale di Palermo Roberto Binenti, giudizio abbreviato nei confronti di Lipari + 16, 12 dicembre 2003

## «Sopradetto. Unicamente parlando. Praticamente lui»
Procedimento n. 38/08, direzione distrettuale antimafia di Palermo contro Alamia Pietro + 20, 16 gennaio 2008 (pm Marcello Viola, Domenico Gozzo, Gaetano Paci, Francesco Del Bene, Annamaria Picozzi e Alfredo Morvillo)

## «Ho svitato e l'ho trovata»
Fermo di indiziati di delitto, procedimento n. 2474/05 del 20 giugno 2006 (Gotha) nei confronti di Antonino Rotolo + 51

«Ma quanto ti amavo (stronzo)»
Procedimento n. 38/08, direzione distrettuale antimafia di Palermo contro Alamia Pietro + 20, 16 gennaio 2008 (pm Marcello Viola, Domenico Gozzo, Gaetano Paci, Francesco Del Bene, Annamaria Picozzi e Alfredo Morvillo)

«Io sono un nemico della giustizia che è marcia e corrotta»
Settimanale siciliano «S», n. 5, 2008

«Io appartengo a lei»
Rapporto della squadra mobile di Palermo trasmesso al procuratore aggiunto della Repubblica di Palermo Giuseppe Pignatone e ai sostituti procuratori Michele Prestipino e Marzia Sabella, 11 aprile 2006

«Siete sempre stati catu e corda»
Procedimento n. 13100/00, procura distrettuale antimafia di Palermo

«La decisione fu quella: abbattiamoli. E sono stati abbattuti»
Procedimento n. 13100/00, procura distrettuale antimafia di Palermo

«Si prega di non disturbare»
Intervista di Sandra Amurri a Maria Concetta Riina, in «Panorama», 7 dicembre 1995

# BIBLIOGRAFIA

Alexander Stille, *Nella terra degli infedeli*, Mondadori, Milano 1995.

Anfossi Francesco, *E li guardò negli occhi. Storia di Padre Pugliesi, il prete ucciso dalla mafia*, Edizioni Paoline, Milano 2005.

Arlacchi Pino, *Addio a Cosa Nostra*, Rizzoli, Milano 1994.

Arlacchi Pino, *Gli uomini del disonore*, Mondadori, Milano 1992 (di prossima riedizione per il Saggiatore).

Bartolotta Impastato Felicia, *La mafia in casa mia*, Centro siciliano di documentazione «Giuseppe Impastato», Arci Donna, Editore La Luna, Palermo 1986.

Bellavia Enrico e Salvo Palazzolo, *Voglia di mafia*, Carocci, Roma 2004.

Biagi Enzo, *Il boss è solo*, Mondadori, Milano 1986.

Bianconi Giovanni e Gaetano Savatteri, *L'attentatuni*, Baldini e Castoldi, Milano 1998.

Bolzoni Attilio e Giuseppe D'Avanzo, *Il capo dei capi*, Bur-Rizzoli, Milano 2007.

Bolzoni Attilio e Giuseppe D'Avanzo, *La giustizia è Cosa Nostra*, Mondadori, Milano 1995.

Bonanno Joseph, *Uomo d'onore*, a cura di Sergio Lalli, Mondadori, Milano 1985.

Bongiorno Giulia, *Nient'altro che la verità*, Rizzoli, Milano 2005.

Camilla Cederna, *Casa nostra. Viaggio nei misteri d'Italia*, Mondadori, Milano 1983.

Cancemi Salvatore, *Riina mi fece i nomi di...*, a cura di Giorgio Bongiovanni, Massari, Bolsena 2002.

Ceruso Vincenzo, *Le sagrestie di cosa nostra. Inchiesta su preti e mafiosi*, Newton Compton, Roma 2007.

De Francisci Ignazio, *Cosa Nostra a tavola*, in «Slow Food», luglio 2002.

Deaglio Enrico, *Raccolto rosso*, Feltrinelli, Milano 1993.

Di Stefano Antonio e Lino Buscemi, *Signor giudice, mi sento tra l'anguria e il martello*, Mondadori, Milano 1996.

Dino Alessandra e Teresa Principato, *Mafia Donna*, Flaccovio, Palermo 1997.

Dino Alessandra, *La mafia devota*, Laterza, Roma-Bari, 2008.

Dossier dell'Alto commissariato per la lotta alla mafia sui «ricoveri facili» all'Ospedale civico di Palermo, maggio 1987.

Falcone Giovanni e Marcelle Padovani, *Cose di Cosa Nostra*, Rizzoli, Milano 1991.

Grasso Pietro, relazione su «Il sistema di protezione dei collaboratori di giustizia, situazione attuale e prospettive di modifica 1996/2006», Direzione nazionale antimafia, Roma, dicembre 1996.

Grasso Tano e Aldo Varano, *'U pizzu. L'Italia del racket e dell'usura*, Baldini Castoldi Dalai, Milano 2002.

Gruppo Abele, *Dalla mafia allo stato. I pentiti: analisi e storie*, Ega, Torino 2005.

Lirio Abbate e Peter Gomez, *I complici*, Fazi, Roma 2007.

Lo Verso Girolamo, *La psiche mafiosa*, Franco angeli, Milano 2003.

Lodato Saverio e Marco Travaglio, *Intoccabili*, Bur-Rizzoli, Milano 2005.

Lodato Saverio, *Ho ucciso Giovanni Falcone*, Mondadori, Milano 1999.

Lodato Saverio, *Quindici anni di mafia*, Rizzoli, Milano 1994.

Lupo Salvatore, *Storia della mafia*, Donzelli, Roma 1993.

Madeo Liliana, *Donne di mafia*, Mondadori, Milano 1994.

Mignosi Enzo, *Il Signore sia coi boss*, Arbor, Palermo 1993.

Nania Gioacchino, *San Giuseppe e la mafia. Nascita e svilup-*

*po del fenomeno nello Jato*, Edizioni della Battaglia, Palermo 2000.

Palazzolo Salvo e Michele Prestipino, *Il codice Provenzano*, Laterza, Roma-Bari 2007.

Pantaleone Michele, *Mafia e droga*, Einaudi, Torino 1966.

Pino Marina, *Le Signore della droga*, Centro siciliano di documentazione «Giuseppe Impastato», Editore La Luna, Palermo 1988.

Renda Francesco, *Storia della mafia*, Sigma, Palermo 1997.

Savatteri Gaetano e Pietro Calderoni, *Voci del verbo mafiare*, Pironti, Napoli 1993.

Sisti Leo, *L'isola del tesoro*, Bur-Rizzoli, Milano 2007.

Torrealta Maurizio, *La trattativa*, Editori Riuniti, Roma 2002.

Turone Giuliano, *Il delitto di associazione mafiosa*, Giuffrè, Milano 2008.

Vasile Vincenzo, *Era il figlio di un pentito*, Bompiani, Milano 2007.

# INDICE DEI NOMI

# SOMMARIO

LA TRAGEDIA
La Commissione, 1979

Finito di stampare nel mese di agosto 2008 presso
il Nuovo Istituto Italiano d'Arti Grafiche - Bergamo

Printed in Italy

**RCS** Libri

ISBN 978-88-17-02505-8